赢在体验

企业级体验从入行到精通

井然 · 著

電子工業出版社
Publishing House of Electronics Industry
北京•BEIJING

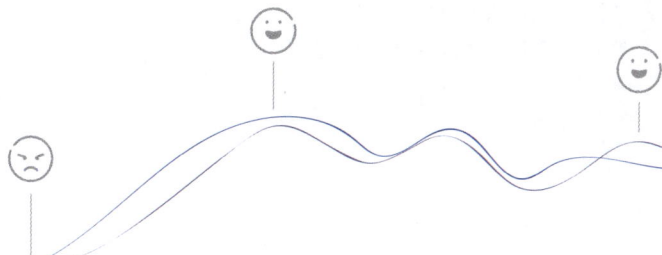

内容简介

体验领域发展到今天，如果还停留在交互、视觉层面，已经无法解决企业面临的各种商业问题，因此需要从更广泛和深入的角度来整体考虑。本书在企业级体验领域创造性地建立了一套完整的“理论+实践”体系框架，从“道”与“术”两个方面清晰地阐述了如何有效提升企业级体验。本书分为四个部分：第一部分介绍企业级体验的基础理论；第二部分主要帮助从业者打造职业核心竞争力；第三部分主要介绍企业级体验工作的实操方案，并辅以实战案例进行说明；第四部分简要说明企业级体验的发展现状、与AI技术的结合，以及未来的美好前景。

关于如何全面提升体验，书中有很多精彩的剖析与解答，本书既适合企业级体验领域的专业人士、设计界的同行阅读，也适合企业管理者、产品经理、HR、数字化从业者，以及想要进入体验管理领域的初学者、职业转型者、行业爱好者阅读。

图书在版编目（CIP）数据

赢在体验：企业级体验从入行到精通 / 井然著. —北京：电子工业出版社，2023.5
ISBN 978-7-121-45408-0

Ⅰ.①赢… Ⅱ.①井… Ⅲ.①企业管理 Ⅳ.①F272

中国国家版本馆CIP数据核字（2023）第062627号

责任编辑：董　英　　孙奇俏
印　　刷：中国电影出版社印刷厂
装　　订：中国电影出版社印刷厂
出版发行：电子工业出版社
　　　　　北京市海淀区万寿路173信箱　　邮编：100036
开　　本：720×1000　1/16　印张：16.75　字数：327千字
版　　次：2023年5月第1版
印　　次：2023年5月第1次印刷
定　　价：108.00元

凡所购买电子工业出版社图书有缺损问题，请向购买书店调换。若书店售缺，请与本社发行部联系，联系及邮购电话：（010）88254888，88258888。

质量投诉请发邮件至zlts@phei.com.cn，盗版侵权举报请发邮件至dbqq@phei.com.cn。

本书咨询联系方式：（010）51260888-819，faq@phei.com.cn。

谨以此书献给我最敬爱的父亲

推荐序 1

对于广大用户而言，体验是起伏的情绪，是难忘的感受，是问题的答案……

对于不少体验行业的从业者而言，体验是目的，是手头的工作，需要日复一日地坚持，精益求精，不断抵达“终点”。

对于商业公司的决策者而言，体验是可能的手段——帮助占据用户认知的头部位置，与友商拉开距离，创造可感知的价值。

本书围绕“企业级体验”展开，这是“题眼”，并从一个整体视角去审视体验——体验发端于企业高层，落地于体验行业从业者，感知于普通用户。这个体系内的人，都与体验有关，但对体验意义的感知，又各不相同。因此，逐层构建一个可量化、可追踪、可提升的企业级体验体系至关重要。

那么问题来了，为什么我们要从“企业级”的视角去看待和打造“体验”呢?

为了赢!

为了让企业比竞争对手更加出色地赢得客户，为了让企业持续比竞争对手表现更好，为了让企业不断地为客户创造价值并获得经济回报……

为了赢!

为了让用户持续感受美好与幸福，为了让用户始终相信企业并与企业共同成长……

这些是体验的核心价值体现。通过这本书，我感受到了作者井然的愿望与信念，这也正是行业发展的希望所在。

通过一本书就达到“精通”水准，实在困难。我所理解的这本书的意义是，在“入行”和“精通”之间架起一座桥梁，指明一条路径，如此读者就有了自己探索与前行的依据。

开卷有益，阅读愉快！

《体验思维：让品牌触动人心》《全面体验管理》作者
上海唐硕信息科技有限公司创始人 &CEO
中国用户体验专业协会（UXPA）联合创始人 & 名誉主席
哈佛商学院校友
黄峰

推荐序 2

在当今社会，任何商业活动最终都是服务于人的，由此便产生了体验。人们对美好的体验十分向往，对其孜孜不倦地追求，这也赋予了很多商业组织存在的价值与意义。

在科技不断发展的今天，各种新技术层出不穷，比如 AI 领域的弄潮儿 ChatGPT，人们之所以热议它，很多时候是因为对未知领域有恐惧。对于服务于各类目标人群的企业来说，如何处理好科技与人的关系，从体验层面抚慰人的情感，就变得至关重要。

企业需要向客户交付卓越的体验，这是一项系统工程，需要有好的理论体系来指导。这本书以一种全新的视角，带着我们跳出传统体验管理的桎梏，深刻感受体验的具体应用与商业价值。

井然曾任联易融集团首席体验官，其创造性地提出“企业级体验”的概念，并主导构建了公司完整的客户体验架构体系。联易融科技集团是一家服务于 B 端客户的 SaaS 公司，“企业级体验”对公司整体战略尤为重要。这种对体验价值全生命周期的剖析，让我们领会到，体验不只服务于目标客户，还服务于企业内部员工；我们的客户也不是单一的个体，而是由不同岗位、不同特质个体组成的群体。

井然的这些优秀经验、核心理念和实践方法在本书中体现得淋漓尽致。如果你是一名 B 端赛道的 SaaS 技术产品经理或研发工程师，这本书对你来说将是一份极佳的客户体验入门资料，不容错过！

联易融科技集团副总裁 &CTO

钟松然

推荐序 3

与井然的共事始于，腾讯用户研究与体验设计中心（CDC）开始深入各大业务的前夕，D2 设计室的 22 名同事怀揣憧憬投身这场变革的洪流。

那时，设计师思考的问题，除了如何了解业务、熟悉环境，还有如何打磨好设计细节。都说每一次大变革带来的皆是机会与挑战，也是这次变革，让我对设计（体验设计）有了新的认知：设计从最开始的交互推导、图形美学到顺滑时间流，让更多用户的体验从单帧界面交互，转变为一种操作手感，而后升华为一种习惯与认知。

用户并不是一开始就是你的朋友，他们对一个产品的喜爱大多源于一些非常偶然的契机，我们如何以他们的视角去琢磨、思考、完善，以及雕刻这个时间流上的每一处细节，然后尝试去预测他们的认知与习惯，抓住那一闪而过的契机……搞清楚这个问题的那一刻，将是体验设计师职业生涯中的英雄时刻。

时间过得很快，小作坊式的细作开始逐渐被较大规模团队的协作所代替，如何从个体至目标群体，全面提升体验，关于这个问题，本书中有不少精彩的剖析与解答，相信这些内容对于看到本书的体验设计同行们会是一种激励与启发。

体验设计是一个涵盖宽泛的领域，并不只有设计师群体才需要关注，了解体验提升、度量的原理是一件对商业和企业都颇为有益的事情，真正重视体验的企业实属幸运。

资深体验管理专家

杜健 (Nick Du)

推荐语

用户体验的概念传播及业界实践，在国内已经有超过 20 年的历史。如果再把早期的可用性研究相关工作算上，这一行在国内已经蓬勃发展了近 30 年。多年前，井然先生与我在阿里巴巴的同一个部门共事过。很高兴他将自己在不同领域感悟到的“企业级体验”成功经验精心整理为这本书。值此付梓之际，期待本书能为业内同行带来新的启发，并不断促进中国用户体验行业的蓬勃发展。

中国用户体验专业协会（UXPA）前主席、中国人类工效学学会前理事

陶嵘 博士

自 1995 年 Donald Norman 先生提出“用户体验”一词，距今已近 30 年。如今，这个概念在产品设计、营销和其他领域均得到了广泛应用，并成为现代商业界非常重要的概念。井然先生是国内第一批用户体验设计领域专家之一，拥有丰富的行业经验。他的这本书从“道”与“术”两个方面清晰地阐述了如何有效提升企业级体验，并全面系统地回答了体验的价值是什么。

德邦快递首席设计师、中国用户体验专业协会（UXPA）前副主席

贺炜

中国用户体验领域的发展经历了 20 余年，我们用数不胜数的实践呈现体验设计的价值，而今，体验设计将进入一个新的时期。企业不仅要保持对单项目的成功交付，而且要注重对体验的统一部署，以保障企业可持续发展。为此，我们需要有更高的视角（体验战略）、更明确的目标（体验价值）、更广泛的思考（体验策略）、更细致的关注点（体验质量）和更强的团队（体验协同），从而更好地交付体验。希望本书能为大家带来新的思考。

北京光华设计发展基金会服务设计人才和机构评定委员

万九

体验领域发展到今天，如果还停留在交互、视觉层面，已经无法解决企业面临的各种商业问题，因此需要从更广泛和深入的角度来整体考虑，包括体验的战略、组织、文化、流程、技术等各方面的问题。井然此时提出的“企业级体验”正是最好的体现，这源自他在体验领域丰富的从业经验。相信本书总结的框架、方法、实战经验，对体验领域的从业者，以及致力于交付卓越体验的企业，都非常有价值。

中国电信广东研究院消费者实验室主任、《客户体验 101：从战略到执行》作者
刘胜强

在竞争激烈的商业市场中，客户体验业已成为一个无所不在的概念，但为何往往建立了体验团队却没能构建企业的体验竞争力？井然的这本书从企业级体验管理与运营的视角论述了体验如何成为企业级战略，以及如何通过组织架构、能力建设、目标设计等来实现企业级体验管理体系。有体系有框架，能成为企业的转型指南。

小鹏汽车数据智能中心官渠智能部高级总监
罗伟

2022 年，“优化”风波此起彼伏；2023 年，ChatGPT 等 AI 产品的快速迭代更加速了设计从业者的淘汰。时代大潮变化之下，设计的定义和边界也在发生变化。作为从业者，更需要了解当前环境下的生存方式，细心洞察所服务的产业、客户、链路之变革。井然从业多年，在书中介绍了较为完善的体验方法、流程和工具，结合其打造“企业级体验”的经验，善用案例，讲解深入浅出，相信能为迷茫中的设计从业者带来启发。

腾讯设计专家、设计总监
潘伟彬

本书深入浅出地阐明了企业级体验的重要性。确立一个企业级体验目标需要自上而下进行，一般要从行业环境、竞争对手、客户价值、不可替代性和先进性等方面进行系统规划。企业员工或部门负责人也可以站在业务角度去设计单点体验目标、指标体系及实现路径。本书中的案例是跨行业的，对读者会有很好的启发。

阿里巴巴资深体验专家
何成龙

受疫情影响，全球消费业态基本是用户增量停滞、消费力下滑、各品牌之间互吃存量……此时，“体验”成为消费类企业的“必争之地”。个人和企业如何共赢于体验之争，相信本书会给出深入浅出的解读。

荣耀终端全球新零售体验与解决方案部部长
欧阳俊遐

体验是一个大命题，作为一名从业十多年的体验设计师，我一直以来都只关注设计体验和用户体验。但这本书能站在企业视角介绍如何交付企业级体验，因此，我推荐设计界的同行阅读本书，也推荐企业管理者、产品经理、HR 及数字化从业者阅读。这本书介绍了一种顶层设计理念，其中蕴含着一些潜在的促进企业业绩增长的方法。在国外，顶层设计其实十分流行，希望这本书能将这种理念带给国内的企业。这本书可以帮助设计师用设计的力量为产品赋能，提升企业的竞争力，从而提升设计师在企业中的重要性。

中国电子云设计总监
于东

本书汇聚了作者从业 16 年以来对企业级体验领域及诸多细分市场的经验、洞察、感悟。本书立足于作者的工作经验，深入浅出地介绍了企业级体验的基础理论与实战案例，详细讲解其中涉及的指标体系和工具平台，并给出通过体验驱动企业转型的建议，是产品经理、用户体验设计师等体验领域从业者的案头书。

北京师范大学心理学部用户体验方向负责人
刘伟

一本好书就像一位良师益友。本书通过基础理论和实践案例，深入浅出地讲解了企业级体验的产生、架构和价值，并将其上升到企业核心竞争力的高度。井然基于自己在知名企业的多年工作经验，极富见解地解答了企业体验转型过程中的一系列问题。本书理念新颖、落地性强，看完让人耳目一新，非常值得体验从业者和设计求学者阅读。

UXTIME design 品牌创始人、2019 年德国红点最佳设计奖获得者
姜霄

我与井然相识已久，有幸在本书正式出版前阅读了样稿。我对书中提出的“企业级体验”这一概念有很大兴趣，体验源于人类在某一场景下的记忆与感知，将企业级体验定义为商业场景下的企业实践，这也是我非常认同的观点。我曾在金蝶大数据担任首席体验官，相比于 C 端产品，B 端产品更复杂，企业所需交付的体验也更密集。因此，从概念层面来定义企业级体验，会更易于我们理解在商业环境下应该如何提升体验。我想将这本书推荐给企业高层管理人员，也推荐给正在进行职业转型的体验设计师，书中清晰定义了企业级体验的岗位模型，相信会给你一定的指导和参考。

金蝶大数据前首席体验官

刘云天

跟井然认识十年有余，在近些年的交流沟通中，如何量化用户体验价值，以及如何为企业创造商业价值，成了我们经常探讨的话题。这本书结合了井然多年的从业经验及实操案例，完整阐述了企业级体验的知识体系框架，并且详细讲解了企业级体验平台工具是如何量化体验并体现体验价值的。本书理论结合实践，不仅能助力企业成为领域的佼佼者，还能帮助众多体验领域从业者在不同的职业生涯阶段找到方向。非常推荐企业管理者和体验设计从业者阅读本书。

卯时创意创始人、顺丰科技前用户体验总监

张真

前　言

我从事企业级体验相关领域的工作已十六载有余，曾经就职的企业既有阿里巴巴、腾讯这样的互联网“大厂”，也有顺丰、龙湖这样的线下“传统”企业。在这些企业中，我所工作的场景横跨了软件、电商、互联网、物流、零售、地产、金融等诸多业务领域，为不同业务场景下的目标人群提供定制化的体验设计服务。在此过程中，我越来越感受到了体验设计所产生的巨大价值。

比如，通过设计把一张普通的，甚至有点丑的商品图片变成精美的图片，它就能吸引上百万名用户点击查看并最终下单购买，以此产生几千万元的线上销售额。

再比如，微信因为给用户提供了极致的体验，其使用人数和频率在极短时间内超越了 QQ，成为国民应用。微信不仅成为腾讯旗下的核心产品，而且帮助腾讯在竞争激烈的移动互联网市场中“一骑绝尘”，成就了腾讯在移动互联网时代的垄断地位。

因为这种巨大的商业价值，我更加坚定了自己投身体验设计领域的信心。随着工作经验的不断增加和对体验设计的深入思考，我开始对体验设计在未来企业中的商业价值和定位有了更多的想法。

记得刚工作不久时，我在书中看到：“人生的境界有三个层次，看山是山、看山不是山、看山还是山。”当时看到这句话，我有自己独到的理解，然而最近几年再看这句话，我又变得感触更多。自己在体验设计领域的摸爬滚打何尝不是如此。

“体验是什么？”

“体验设计的价值是什么？”

“体验设计的商业价值如何得到最大的体现？”

“体验设计未来的发展之路是什么？”

这些问题经常萦绕在我的脑海中，随着外部商业环境的不断变化和自己在工作中的成长，我发现这些问题的答案是随时变化的。起初，我觉得画一个好看的图标就能将体验设计的商业价值最大化；后来，我觉得让用户拥有更好的操作体验才能将体验设计的商业价值最大化；再后来，我发现如果只局限于体验设计本身，那么体验设计师的未来职业发展之路将会面临巨大的挑战！

体验设计工作中的困惑：体验设计在很多企业不灵了

随着近几十年互联网技术的兴起与发展，互联网企业对于线上产品体验的重视程度越来越高。广阔的发展前景和相比于很多行业还算不错的薪资水平，使得体验设计师迅速成为体验领域非常庞大的一类职业群体。但是伴随而来的是，当下的互联网企业进入存量用户零和竞争的时代，企业的经营战略已经从快速获取增量客户变为激活现有的存量客户，由此，体验设计工作也面临着越来越多的巨大挑战，从而给从业者带来了许多困惑，如图 1 所示。

图 1　体验设计工作中的困惑

类似的困惑还有很多，我对这些问题进行了梳理，大致可分为以下三类。

- 如何解决体验设计工作中越来越多的过度设计问题？

- 如何对体验设计进行量化与验证？
- 如何打破体验设计自身商业价值的局限性？

越来越多的传统行业，如制造业、金融业，甚至采矿业，都开始大力进行数字化转型，并纷纷引入体验设计。然而随着越来越多的体验设计师进入这些行业进行体验设计实践工作，上述三类问题也变得愈发尖锐和突出。

在当前的商业环境下，如果体验设计师不能很好地解决以上三类具有代表性的职业发展问题，那么体验设计行业将无法应对“体验设计不灵了”这个巨大挑战，体验设计师将面临巨大的职业发展瓶颈，也必然无法获得较高的职业成就感。

所以，体验设计师亟须转型！

解决之道：从体验设计转型为企业级体验

挑战已经摆在那里，需要体验设计从业者直面和应对。很多时候，我们要想解决问题，就要从问题中跳出来，从外往里看，同时要把关注问题的视角提高，从更加宏观的层面来认清问题背后的逻辑与本质，只有这样才能从根本上解决问题。

“体验设计工作本质是一种交付行为，其在企业中的价值取决于向目标人群所交付体验的质量高低。”

在国内上一波互联网发展浪潮下崛起的众多互联网企业，其所服务的核心目标人群是国内十几亿线上数字化产品个体使用者（用户）。企业通过提供免费的线上产品获取巨大的用户流量，从而获得实际的企业营收。在这样的商业盈利模式下，把线上产品的体验设计做到极致，就约等于将企业交付的整体体验做到卓越。因此，体验设计可以为互联网企业创造非常高的商业价值。这也使得很多体验设计师产生了巨大的认知错觉：体验设计的质量 = 企业交付的整体体验的质量。

然而随着线上人口红利的消退，越来越多的互联网企业开始下沉到线下市场。如做电商的阿里巴巴，已经开了越来越多的线下盒马门店。其需要交付的体验已经不限于传统意义上的线上使用体验，还包含线下实体店的购物体验、供应链上各类合作伙伴的合作体验等。由此，盒马所服务的目标人群也从传统意义上的“用户”扩展到“客户”“合作伙伴”“内部员工”等。以前从互联网企业中孕育出来的体验设计方法论，已经无法满足类似盒马这样的企业对于交付多维度、整体性体验的需求。

因此，企业向目标人群交付体验的模式也亟须转变！

随着数字化对企业的全面渗透，如零售、医药、物流等各类线下传统企业也越来越重视体验的价值。但因其产业供应链的复杂性、所服务目标人群的多元化及目标人群之间的强关联性，企业需要对其交付的体验进行更多的规划与管理，保证交付体验的卓越性。

在未来的体验经济时代，各个企业之间围绕交付的体验质量高低而产生的竞争会变得愈发激烈。而且竞争的核心不是某个单一维度的体验（如品牌体验、使用体验等），更不是某类特定人群（如客户、内部员工等），而是针对多类目标人群与多维度体验组合而成的整体体验。这样的整体体验，我称之为“企业级体验”。

综上所述，体验设计师的职业发展转型要面向企业级体验，企业交付体验的模式转型也要面向企业级体验。

作为体验设计从业者，我们只有把自己的职业发展之路从体验设计转型到企业级体验，才能让体验在企业中发挥出更大的商业价值，同时获得更高的职业成就感。这样我们也能从根本上解决之前提到的体验设计工作中的三类问题。

在不断推动体验在企业中落地与实践的过程中，我对企业级体验有了如下认识。

“企业级体验是体验在商业场景下的企业实践。”

经过十六年多的探索，我已经在企业级体验领域摸索出了一些方法论与实践经验，并最终构建起完整的企业级体验体系。正因如此，我才有了撰写本书的强烈愿望。希望可以把自己探索出来的体系完整输出，与大家一起分析、一起探讨，也希望借此让更多志同道合的朋友加入企业级体验领域，我们一起为企业级体验的未来发展摇旗呐喊！

本书内容简介

本书分为四部分，共 12 章，内容简介如下。

第一部分 企业级体验基础理论（第 1~3 章）

这一部分主要从基础知识层面进行讲解。从体验的产生讲起，阐述企业级体验的内涵与外延、企业级体验的五个关键要素、企业级体验分类。接着对企业为什么需要企业级体验、企业级体验的商业价值等进行深入说明，提出企业级体验体系框架。本部分力求帮助各位读者快速建立起对企业级体验的理论认知。

第二部分 打造企业级体验职业核心竞争力（第 4~6 章）

这一部分主要介绍进入企业级体验领域需要具备的专业能力。首先说明企业级体验领域中各个具体岗位的职责，然后详细介绍企业级体验从业者的主要能力——旅程管理能力。最后探讨一个有趣的问题：谁为企业级体验负责？从这个问题出发，我们将介绍企业级体验领域的高级管理岗位——首席体验官。

第三部分 推动企业进行体验转型的五个问题（第 7~11 章）

做事讲究“知行合一”，这一部分也是本书最重要的部分，主要介绍如何“行”。从转型为体验驱动型企业所面临的五个问题出发：当前处于什么阶段、方向在哪里、质量好不好、问题在哪里、该如何解决，给出解决这些问题的实践方案，最终成功推动企业转型。

第四部分 走向企业级体验理想国（第 12 章）

这一部分主要介绍企业级体验的发展困境、应对策略，以及如何进行职业转型。另外，本部分对 AI 重塑企业级体验也进行了展望。

希望这本书可以成为大家进入企业级体验领域的第一本书，让各位在属于自己的“试验田”——目前就职的企业中，对企业级体验工作进行实践、探索和创新。当然，书中肯定会有很多不成熟的内容，欢迎各位读者批评指正，愿与大家共同探讨企业级体验发展的各种可能性。

井然
2022 年 12 月 于深圳

读者服务

微信扫码回复：45408

- 加入本书读者交流群，与作者互动
- 获取【百场业界大咖直播合集】（持续更新），仅需1元

目 录

第一部分 企业级体验基础理论

第三部分 推动企业进行体验转型的五个问题

第四部分 走向企业级体验理想国

第一部分 企业级体验基础理论

相信大家看了本书的前言部分，应该会对企业级体验工作有一些模糊的认识，但也可能会产生更多的疑问：

什么是企业级体验？

企业级体验工作具体做些什么？

企业级体验和体验设计，以及现在经常听到的客户体验，到底有什么关系？

企业级体验能为企业提供什么样的价值？

企业级体验的未来职业发展前景如何？

……

别着急，关于以上这些疑问，我会在本部分中从理论层面进行全面阐述，让大家对企业级体验的理论知识有清晰认知，为后面开展企业级体验具体实践工作提供理论依据。

第1章 什么是企业级体验

任何新生事物都不是凭空出现的，而往往是由与其相关联的事物发展、演化而来的，企业级体验当然也不例外。通过本章对企业级体验本质的深入剖析，大家会对企业级体验有深入、全面的理解，只有这样我们才能更好地开展工作，让企业级体验成为企业未来发展中新的营收增长点。

1.1 体验的产生

在谈论体验是什么之前，我想先问问大家，一瓶普通的纯净水应该卖多少钱？

如果这瓶水放在街边的便利店，售卖价格是 10 元，很多人会觉得贵而不愿意买。

我们再换个场景，在一个环境优美、高雅的高档西餐厅，你和心仪的女神在愉快地用餐，心中很是雀跃。这个时候女神想要喝一瓶水，你立马叫服务员拿了一瓶，这瓶水的售价是 30 元，我想你也会感觉很开心，觉得蛮值得。

为什么同样一瓶水，在不同场景下的售卖价格可以差那么多呢？其实这就是“体验”的不同所导致的。

我们日常生活中所说的体验其实隐含了一个明确的主体对象——人。如果没有人的存在，体验就无从谈起。那什么是人的体验？

人的体验无时无刻不在发生，吃东西的时候会有体验，购物的时候会有体验，工作的时候会有体验……体验像空气一样包围着我们。

举个例子，我从深圳出发，打算乘坐飞机去北京出差，我要提前去深圳机场的候机大厅等待航班。如图 1-1 所示，当我进入深圳机场航站楼的时候，我已经在这个场景下通过身体的各个器官与机场航站楼进行交互并产生体验了。我听见的声音，我看到的场景，我闻到的味道……经过大脑的综合加工，我就可以给出对进入深圳机场航站楼的真实体验——哇，深圳机场航站楼真不错，干净、漂亮，就是登机口距离有点远……

图 1-1　与机场航站楼交互并产生体验

当然，除了个体的体验，如果一群人有过相同的经历，他们往往会产生群体性的共同体验。譬如在大学生活中，一个宿舍的同学在一起生活了四年，所以他们会有共同的情感体验，大家会经常一起怀念大学四年的美好宿舍生活。我们可以用一段话来简单概括什么是人的体验。

“体验是人在日常工作生活中，与各种事物交互而产生的整体感受。体验是主观的，每个人有自己独特的体验。同时，个体的体验必须通过人的眼睛、耳朵、嘴巴等不同渠道反映，汇聚在一起后对所接触的事物给出综合性判断，即自己对事物的态度是好是坏。”

因为这样的主观感受每个人都会有，所以我们也把这种日常生活中最常见的体验称为“人的普遍体验”。

通过上面举的去机场的例子可以看出，体验会影响人对事物的看法，左右人们对事物的喜好。体验更会直接影响具体行为，比如一位女士因为试用了一款新口红，由此产生了好的使用体验，那么她可能会在家里已经有类似口红的情况下做出感性的购买行为。

1.2 企业级体验的定义

前面我们简单谈论了人的普遍体验的产生，现在我们基于企业这个特定场景讨论体验的产生、特点、价值。

企业在为客户提供产品 / 服务的时候，也同时向客户交付了产品体验、品牌体验等各类客户体验；企业在为其上下游的合作伙伴提供产品 / 服务的时候，也同时向合作伙伴交付了合同审批流程体验、支付货款等合作伙伴体验；企业在为内部员工提供办公场所、举办团建活动的时候，也同时向内部员工交付了办公体验、团建体验等各类内部员工体验。

从以上示例可以看出，这些客户体验、合作伙伴体验、内部员工体验的产生都有一个共同的触发主体——企业，所以我们可以称这类体验为企业级体验。

“企业级体验是指企业所服务的客户、供应链上的各级合作伙伴、企业内部员工等目标人群在特定场景下与该企业提供的产品 / 服务进行交互，所产生的主观情感与态度。”

在对企业级体验的概念描述中，需要重点说明以下几点。

1. 特定场景

人的普遍体验是以场景为基础的，企业级体验更是如此。

譬如同样是企业的软件系统界面，为什么员工端的界面文字排列密集，显得比较“丑”，而客户端的界面文字排列稀疏，相对简洁且时尚美观?

这是因为员工和客户所处的场景是不同的，员工处于工作场景下，对于界面美观度要求较低，关键是要能快速完成一系列的操作。而客户所处的场景也许是躺在家里用手机查看该企业提供的信息，他们的诉求是信息清晰、文字简洁、界面赏心悦目。

所以说，场景不同，人的需求就不同。好的企业级体验一定是建立在对特定场景深入分析的基础上的。

2. 产品 / 服务

无论是外部客户对于企业品牌的认知，还是企业内部员工的工作体验；无论是顾客对于企业推出的产品 / 服务的使用体验，还是员工对于审批流程的体验……这些都属于与企业提供的“产品 / 服务”交互的体验。这里的“产品 / 服务”范围非常广泛，不仅仅指企业对外部提供的，也包含了企业对内部提供的各种产品 / 服务。

3. 主观情感与态度

企业所服务的目标人群，无论是客户、合作伙伴还是内部员工，最终的主体依旧是感性的“人”，因此企业级体验也会充满个人主观感受。前面已经介绍过，人的普遍体验具有主观性，企业级体验也继承了这个特点。

我们可以把体验分为两大类：一类是人的普遍体验，一类是企业级体验，如图 1-2 所示。比如，在家看书、在海边晒太阳等交互行为产生的体验就是人的普遍体验，谈企业合作、去公司上班、购买产品等交互行为产生的体验就是企业级体验。在本书的讨论中，我们只关注企业级体验。重点讨论的是，如何基于我建立的企业级体验体系框架，来解决企业中的体验交付问题，最终建立符合企业需要的企业级体验工作体系。

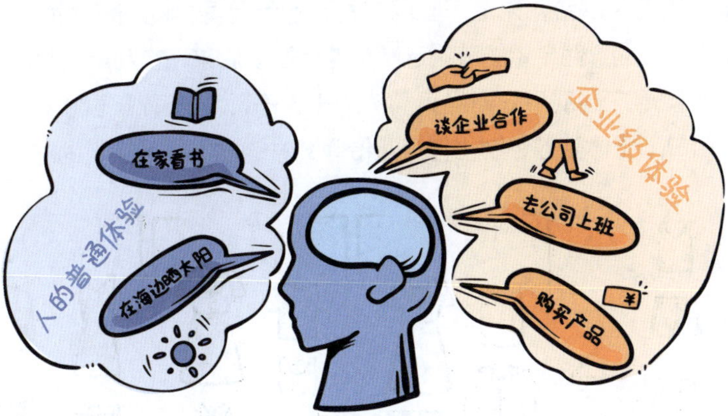

图 1-2　人的普遍体验与企业级体验

那么，企业级体验有什么基本特点？

企业级体验主要有三个显著的特点：定制化、伴随性、主观性。

- 定制化：不同的场景、交互过程和人群，会导致不同的体验。定制化是企业级体验与生俱来的特点。定制化的对立面是标准化，然而标准化往往是企业最喜欢的。

- 伴随性：企业级体验是伴随着人与企业提供的产品 / 服务交互而产生的，是一种无形的、精神层面的感受。体验会存在于整个交互过程中，既不会延迟产生也不会提前结束，更不能被存储起来。
- 主观性：主观性是企业级体验的本质特点。人与企业提供的产品 / 服务交互后产生感受，这些感受经过大脑的加工并混入过往经验、心理状态等一系列因素，而后产生精神层面的输出，这就是体验的主观性。

企业之所以重视和研究在企业场景下的目标人群体验，主要是想通过向目标人群交付卓越的企业级体验，获得高额的附加价值。对于企业来说，无论是给目标人群提供的产品 / 服务，还是交付的体验，这些最好都是标准化、工程化、可量化的。这样才能大批量交付，最大化降低交付成本。但是这又和企业级体验的定制化、伴随性、主观性的基本特点相矛盾。而这就是我们在企业级体验工作中需要解决的难题。

那如何解决？我们要善于利用数字化技术手段。我给大家举一个运用数字化技术解决类似问题的例子。

对于最早的淘宝平台，无论哪些用户看到的都是同样的商品页面，但是每个用户的需求是不一样的，他希望能获得定制化的体验。后来淘宝利用大数据算法技术，推出了针对不同用户展现不同商品页面的“千人千面”方案（见图 1–3），很好地解决了电商用户浏览体验的定制化与企业希望交付的体验标准化之间的矛盾。

图 1–3 淘宝的“千人千面”方案

用户在浏览淘宝页面的时候，后台系统通过用户 ID 的购买记录及商品收藏记录为他们进行推荐，使得他们总能看到自己所喜欢的商品，由此产生良好的浏览体验。因为每个用户的行为数据不太一样，所以每个用户看到的淘宝页面都是不一样的。对于企业来说，通过算法进行工程化处理，就实现了标准化和可复制。

1.3　企业级体验的五要素

想象一下：你想去家附近的购物中心购买一件衣服，到达购物中心后从地下停车场直接来到 2 楼服装区；逛了几家服装店，最后在一家店里找到了自己想要的款式；该服装店的导购细心帮你安排了试衣间，试穿后你决定买下这件衣服；因为是新顾客，付款时还享受了 9 折优惠；最后你开心地离开了购物中心。在这段描述中，作为顾客的你应该算是获得了一次很好的购物体验。

再想象这样的场景：你是一家企业新招聘的员工，今天是上班第一天，要办理入职手续；刚到公司门口，前台的小姐姐就及时询问你的姓名，得到你的答复后就带着你去找 HR；HR 将你带到提前准备好的会议室，仔细告诉你入职注意事项及需要填写的资料；你在 HR 的帮助下顺利办理了入职手续，刚准备离开，HR 突然送给你一份小礼物，于是你开心地去部门报到了。看得出来，你今天的入职体验也是不错的。

这是两种不同类型的企业级体验，两者的共同点有哪些呢？首先，这两类企业级体验中必须要有一个主人公。另外，两者都有一个具体的场景。接着我们发现，为了完成购物、入职这样的最终目标，主人公产生了一系列行为。最后，我们之所以认为这两次体验都很好，是因为，在购物过程中主人公和服务员、收银员接触后感受到了很好的服务，而在入职过程中主人公与前台小姐姐和 HR 接触后得到了细致周到的帮助。

从中我们可以总结出，企业级体验是由五个关键要素组成的，分别是目标人群、企业场景、体验旅程、触点、道具（产品 / 服务），如图 1-4 所示。只要紧紧抓住这五个关键要素，我们就可以打造出卓越的企业级体验。

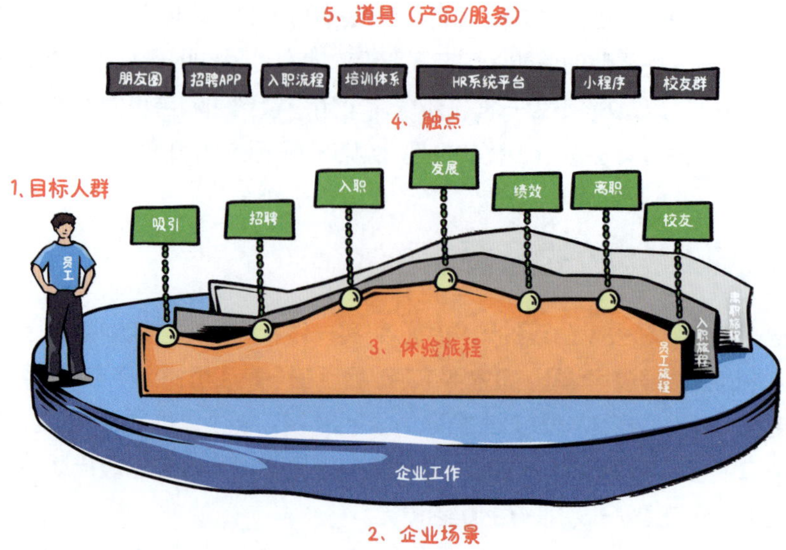

图 1-4 企业级体验的五个关键要素

1.3.1 目标人群

如果企业想获得更多的利润，除了向其服务的目标人群提供有价值的产品/服务，更重要的是向其交付卓越的体验。根据一份统计资料显示，iPhone 获得的利润是三星手机的 3.6 倍，更是中国四大手机品牌总利润的 3 倍多，数字惊人。原因是，苹果公司向用户提供了更好的产品体验，收获了更高的附加值。但是提供卓越体验的前提是关注企业所服务的目标人群，知道他们是谁，他们的体验需求是什么，以及如何打造体验尖叫时刻。

企业级体验的目标人群是指当前企业所服务的客户（个人和企业）、供应链上的各级合作伙伴、企业内部员工等利益相关方。

1. 客户（个人和企业）

客户一般是指能直接给企业带来营收的个人或企业，是企业所服务的核心人群。客户一般又可再次细分为个人客户（个人消费者，也就是我们平时说的 C 端客户）和企业客户（产业客户，也就是我们平时说的 B 端客户）。

可以思考这样一个问题：为什么在有些企业，副总裁会亲自决定一个按钮的位置和颜色，而在另一些企业，按钮的位置和颜色只有设计师关注？

同样一件事情，为什么差别这么大？主要原因就是企业所服务的目标人群是不一样的，从而导致企业的决策不同。

针对按钮位置和颜色这件事，个人客户的体验需求有以下特点。

- 个人决策，激情消费。
- 感性，注重界面的美感。
- 交互流程简单、操作步骤少。

基于上述特点，按钮的位置和颜色将直接影响客户的行为，即直接影响转化率和公司营收。而企业客户的体验需求具有以下特点。

- 组织决策，理性采购，决策因素多。
- 理性，多为工作任务，不太关注界面是不是符合视觉潮流。
- 业务流程复杂、操作步骤多。

基于上述特点，按钮位置和颜色与企业客户的行为没有直接关系，是否有间接关系也不好说。

在具体实践中，我们需要对企业所服务的目标人群进行合理的分类，研究不同层级的目标人群特有的体验需求并认真分析和洞察，只有这样才能抓住某一类目标人群的体验需求特点，以便向其交付卓越的企业级体验。

2. 供应链上的各级合作伙伴

对于大多数企业，其服务的目标人群除了上面提到的客户，还有企业上下游供应链上的合作伙伴。企业的发展离不开与其他企业的合作，这样能够帮助企业对资源进行最优配置，获得丰厚的收益。特别是需要建立行业联盟生态的企业，他们需要为生态系统中的合作伙伴交付卓越的合同审批体验、招标体验等各种合作体验。

苹果公司就是一个特别注重合作伙伴体验的企业，通过 App Store 构建开发者生态，苹果公司不断提升了交付给开发者的各种体验，由此与合作伙伴建立了良好的合作关系。

对于开发者在 App Store 开发 App 的体验旅程，苹果公司发现“在 App 审核上线”这个触点的体验不佳，App 审批时间过长，经常需要 2~3 天才能完成审批上线。对此，苹果公司通过以下方式进行了改善。

- 为开发者群体建立官方社区 Apple Developer Forums，这是一个很好的交流平台，能让全球各地的开发者们交流经验、交换观点，也能帮助开发者和审核人员了解其他开发者的意见与建议，有针对性地进行改善和调整。
- 在面对全球各地开发者复杂的审核需求时，App Store 审核团队对于审核机制也进行了便利性调整。比如在多数情况下，开发者只需要通过自己熟悉的语言联系审核团队就能提交问题和建议。在更为复杂和紧急的时候，App Store 审核团队也会通过电话与开发者更加直接地进行沟通，以期更加快速有效地帮助他们解决问题。

得益于这些举措，App Store 的审核速度相较之前已经有了非常明显的提高，大多数情况下应用都能在 24 小时之内完成审核，有时甚至几分钟内就能完成审核并上线。

最终，苹果公司通过服务好各类开发者，提高了开发者在 App Store 的忠诚度。截至 2022 年 4 月 29 日，App Store（中国区）中 App 数量达 131 万，全球有来自 175 个国家的 6 亿名用户使用 App Store，苹果公司也成为美国首家市值破 3 万亿美元的企业。

3. 企业内部员工

所有的企业都是通过员工向所服务的目标人群提供卓越体验的，因此，各种类型的体验都与内部员工息息相关。

“企业交付的所有卓越体验背后都有一群快乐的员工。”

员工知道企业交付给目标人群体验时发生了什么，他们同样知道目标人群对企业提供的产品 / 服务的主观感受怎么样，因为他们每天都会与客户、合作伙伴等目标人群交流和沟通。他们可以判断哪些流程会浪费合作伙伴的时间以至于体验很差，哪些流程因为非必要而导致客户产生了很多抱怨。他们更知道哪些行为会影响企业向客户和合作伙伴交付卓越的体验。

同时，企业所服务的目标人群也知道自己在与企业交互时发生了什么，他们知道自己正在尽力实现的目标是什么，自己什么时候会在不合理的流程中进行无谓的漫长等待……他们厌倦了向同一家企业的不同部门员工重复输出同样的信息，他们可以判断员工何时能够提供帮助，或者何时不得不与糟糕的企业制度作斗争。

在餐饮界，一般的餐饮企业会把营业额、翻台率、利润率等业务指标作为核心考核指标，而以体验闻名的海底捞，他们考核店长业绩的指标只有“客户满意度”和“员工满意度”这两项。特别是在员工体验方面，海底捞几乎做到了极致，比如员工宿舍都是单间，换下的工装不需要自己洗等。他们充分做到了尊重人性，满足员工最基础的生活需求与安全需求，让员工拥有很好的工作体验。一群快乐的员工，必然会把好的体验带给他所服务的客户。通过对员工体验进行有效管理，海底捞为员工树立了良好的体验愿景，在此基础上规划员工在企业的未来发展，在员工实现价值的同时走向成功。

企业需要给内部员工带来卓越的入职、工作、培训等各项体验，不断对其进行投资，这样企业也会良性发展，创造商业价值，如图 1–5 所示。

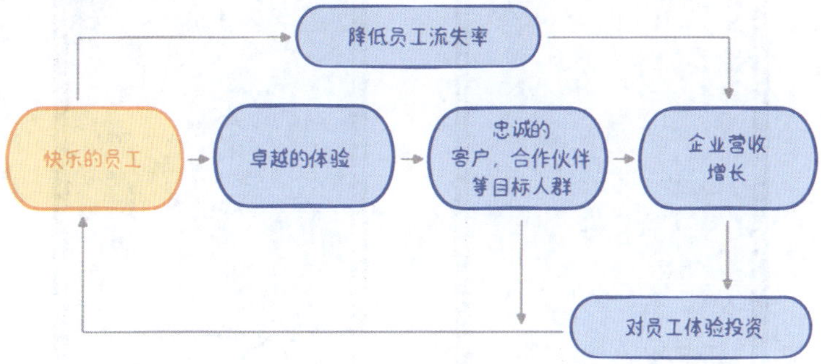

图 1–5　投资内部员工体验，创造商业价值

当然，除了以上三类目标人群，像企业的投资方 / 股东、政府部门的工作人员等，也是要注意维护的，他们也会影响企业交付体验的卓越度，最终影响企业级体验管理战略的实现。

1.3.2　企业场景

企业场景是一切企业级体验的基础和前提，就像拍摄电影一样，如果没有场景就无法推进情节发展，也就无法完成一部电影。无论是“用户体验”、“品牌体验”

还是“员工体验”，都是发生在某个具体场景下的。只有把人物放在特定的场景下才会触发人特定的主观感受。

那什么是企业场景呢?

“企业场景是指由目标人群在与企业相关联的时间、空间（主要是空间）内为完成某项任务而发生的一系列行为动作所构成的具体画面。”

场景是如何影响人的具体体验的呢？我们可以给大家举一个现实生活中的例子。

当你正在使用手机的时候，突然有电话打来，这时你肯定希望尽快接听，所以只需要轻轻一点即可接通来电；当手机处于待机状态时，手机并不一定在你的手里，或许在你的口袋里，这个时候如果有电话打来，你从口袋拿出手机时很容易手指误触，所以你必须滑动按钮才能接听电话，如图1-6所示。提高接通电话的难度以防止误触，可以确保只有当你想接电话时才能顺利接听。

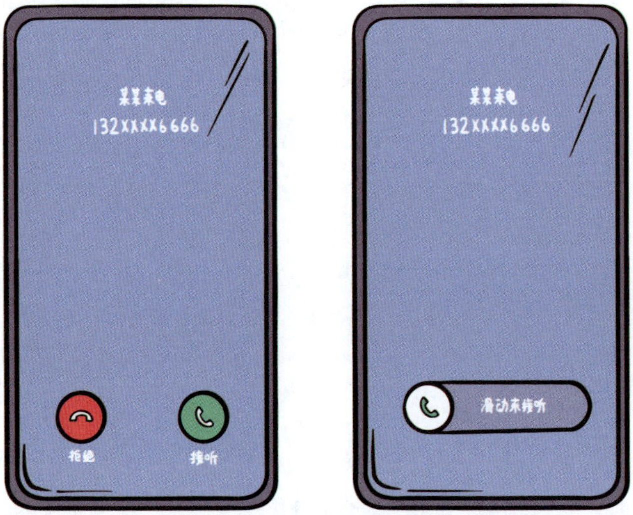

图 1-6 不同场景下接通电话的操作界面

同样是接电话这个行为，为什么会有两种不同的操作方式？其根本原因就是当时所处的场景不同。

在这个例子中我们会发现，正是因为对接电话这一动作所处的不同场景进行了准确分析，才设计出了不同的手机操作界面。我想，这种使用体验必然是卓越的。

回到企业场景也是一样的，我们如果没有对特定的目标人群当前和企业进行交互的特定企业场景进行深刻的研究，必然交付不了卓越的企业级体验。比如对于企业内部员工的入职场景，我们只有深刻理解员工入职的痛点和爽点，然后对该场景进行针对性的体验优化与改进，才能让新员工获得超出期望的极佳入职体验。

那么，我们如何提升对企业场景的理解和洞察，准确把握目标人群在特定场景下的体验需求呢？可以参考以下几点建议。

1. 打破思维固化，建立企业场景意识

在企业做体验管理，一定要弄清楚企业所服务的目标人群是谁，与企业交互的真实场景是什么。在工作中，因为所在部门、知识领域的限定，我们很容易陷入特定的思维定式中，在脑海中想象着企业所服务的目标人群是谁，他们在什么场景下与企业进行交互，这样很容易把想象当成现实。所以我们要经常反思自己，反问自己有没有站在目标人群的视角看待他们所处的场景，有没有多用、多看、多体验、多感悟。

2. 主动接触目标人群，从中获得企业场景

我们要想办法多接触所服务的目标人群，走出办公室，深入目标人群中了解情况。特别是对于那些主要服务于 B 端客户的企业，其企业场景通常具有特定行业属性的商业特点，与服务于 C 端客户的企业相比，接触目标人群更加不易，所以这类企业更需要有主动接触目标人群的意识。常见的手段有建立有效的目标人群反馈通道、主动预约典型目标人群进行深度访谈、多参加行业活动和聚会等。

3. 充分挖掘目标人群的企业场景，将其作为体验机会点

我们要基于目标人群的需求，对他们所处的企业场景进行大胆的挖掘和探索。比如，做凉茶的王老吉，这家企业通过对消费者使用场景的挖掘分析，发现很多消费者会在吃火锅的时候饮用凉茶。在这个场景下，消费者的体验需求是怕吃火锅上火，所以在其后续的品牌宣传中重点推广凉茶的降火作用，很好地满足了消费者对于怕上火的体验需求，从而极大提升了吃火锅时喝王老吉的饮用体验，在该赛道一骑绝尘。

企业场景又分为单一场景和连续场景，如图 1-7 所示。单一场景是指某一时刻定格的场景，而连续场景是一系列单一场景按照时间先后顺序组成的片段。

图 1-7 单一场景和连续场景

1.3.3 体验旅程

在具体的企业级体验管理实践中，目标人群对于企业交付体验质量的评价常常是整体的。很多时候，当一个体验项目被交付给目标人群后，如果交付项目的一些触点对目标人群来说体验很好，但是另一些触点带来的体验很差，最终该体验项目的整体体验质量在目标人群心中肯定不会太高，甚至会被评价为差。

对于上述情况，其中很大一部分原因就是我们没有很好地对项目要交付的体验进行体验旅程梳理、研究和洞察。

“企业级体验旅程是指客户、供应链上的各级合作伙伴、企业内部员工等企业所服务的目标人群为达成某一目标，在各个阶段与企业在一系列触点上进行交互的集合。”

在后面的章节中，我们会运用体验旅程图来对企业级体验旅程进行梳理、测量与监控。较好地完成体验旅程图绘制的前提就是清楚了解体验旅程的相关专业知识。

在实际的企业级体验管理工作中，我梳理出了体验旅程的三个特点。

1. 目标人群中的每类人群和每个个体的体验旅程都是独特的

因为企业级体验是目标人群与企业交互后产生的主观感受，所以即使是拥有同样的目标，且与企业进行交互的方式一致，最终每类目标人群获得的主观感受也是有差异的。所以我们在梳理不同目标人群的企业级体验旅程时，要强调体验旅程的差异性，在差异性中求同存异，获得该目标人群的普遍性企业级体验旅程。

2. 体验旅程可以划分为不同的阶段

企业级体验旅程是企业所服务的目标人群实现某个确定目标的行动路线。为实现目标，往往需要完成一系列动作。所以我们可以把完整的体验旅程划分为几个不同的阶段，这样可以方便我们对每个阶段进行深入研究，找到该阶段的痛点、痒点等。而且在体验旅程中，行为不一定是线性的，其中会有阶段性的暂停、跳跃、往复。譬如，对于新员工入职的体验旅程，我们可以将其拆分为入职前的沟通准备、入职当天、入职后三个月的跟踪服务这三大阶段。

3. 体验旅程可划分为微观、中观及宏观三个层面

随着数字化的发展，现在企业所服务的目标人群与企业的交互触点和渠道越来越复杂、多元。为了方便我们对目标人群的体验旅程进行细致、多层次的分析研究，从而深刻洞察和预判，我们可以把体验旅程分为微观体验旅程、中观体验旅程和宏观体验旅程。

微观体验旅程主要是指体验旅程中的某个触点或渠道。还是以新员工入职的体验旅程为例，入职前的沟通准备阶段一般会有通过电话进行入职前关怀这个体验触点。

中观体验旅程主要是指体验旅程中的某几个触点或一个完整阶段。譬如新员工入职当天的体验旅程就属于中观体验旅程，其中包括与前台沟通、对接 HR 入职引导、资料填写录入、入职办理等环节。

宏观体验旅程主要是指体验旅程中的所有触点或全部渠道，是进行整合后的完整体验旅程。比如新员工入职的宏观体验旅程可能包括入职前的体验旅程、入职当天的体验旅程和入职后三个月的关怀及培训体验旅程。

这里需要说明的是，无论在体验旅程的哪个层面，一旦出现问题，最终反馈的一定是对整体体验的不满意。所以我们要关注体验旅程中的每个阶段和每个触点，只有这样才能保障整体体验的质量。

1.3.4 触点

目标人群之所以会对企业产生主观感受，前提一定是和企业产生了互动，与企业互动的触点，包括人的视觉、听觉、嗅觉、味觉、触觉及心理上所接触的每一个点。

那触点具体来说是什么呢?

“触点是指企业所服务的客户、供应链上的各级合作伙伴、企业内部员工等目标人群与该企业进行交互时的每一个界面。”

在企业的日常经营中，企业与目标人群交互的触点分为有形触点与无形触点两种。有形触点主要是指交互过程中可以看得见的接触点，如线上的数字化手机App、小程序，线下产品门店的装修，员工享受企业提供的免费体检，合作伙伴参加企业的招投标活动等。而无形触点主要是指目标人群与企业交互过程中虽看不见但可以感受到的接触点，如客服与顾客的语言沟通态度等。这些触点都非常重要，每一个都关乎企业最终交付的体验质量，需要认真分析、洞察和管理。

同时我们为了方便对体验触点进行有效的管理，可以把触点分为首触点、核心触点及结束触点。

1. 首触点

首触点是指目标人群第一次和企业进行交互时产生第一印象的触点，在这个时刻，目标人群往往抱着试探的心态和企业进行接触。这个时期是企业最容易通过好的体验和目标人群建立良性互动的时期。大家都知道“第一印象”的重要性，很多时候首次体验会决定目标人群是否会和企业持续交互下去。所以首触点时刻是企业和目标人群建立情感连接，转化目标人群的最佳时机。

我们设想一下，如果合作伙伴第一次来企业谈合作，刚进入企业就发现前台人员状态不佳，没有很好地接待，进入会客区发现里面比较凌乱，接待员工迟迟不见踪影，那么这个首次接触必然是比较失败的，合作伙伴肯定会对企业预期合作的诚意、实力等产生怀疑，合作也许不会成功。

2. 核心触点

核心触点是指企业所服务的目标人群已经通过使用企业的产品和服务产生了企业级体验的一系列接触点。核心触点会决定目标人群在这个任务阶段获得的整体体验的好坏，进而影响这些人后续是否还能成为企业的目标人群。

例如一家电商企业，前期通过首触点体验顺利吸引到用户来到自己的电商平台购物，但是在购物的过程中，购物车操作和支付流程这两个核心触点的体验很糟糕，用户对自己这段购物旅程的整体体验是负面的，也许就终止了本次购物旅程，而且以后也不会再光顾了。

3. 结束触点

结束触点就是企业所服务的目标人群在任务完成时与企业交互的接触点。目标人群体验旅程完成后，也可能对过程中的体验进行回味。就像看电影一样，不论什么样的结局，让人回味无穷的结局才是完美的结局。很多时候，仪式感是非常重要的，譬如在员工的离职体验中，如果我们为离职员工送上一些独特的小礼物或是代表他工作业绩的奖状，他们会有非常好的离职体验，以后还可以经常回味，甚至再次回到原企业或推荐其朋友加入原企业。

触点是企业与所服务目标人群交互的“神经末梢”，对于触点的研究和管理是对企业级体验进行全面、有效管理的基石。只有做好触点体验，企业所交付的整体体验才能是卓越的。

1.3.5 道具

道具其实就是企业所提供的产品 / 服务。为什么叫道具呢？是因为企业级体验是不能独立于企业提供的产品 / 服务而单独交付给目标人群的，产品 / 服务是体验的载体。就像电影或话剧中需要通过实物来表达演员的内心情感或借助道具来推动剧情发展一样。所以我们把“道具”这个名词从影视界引入企业级体验领域。

“企业需要通过某种载体（具体的产品 / 服务）来传递、激发出所服务目标人群的主观感受（企业级体验），这样的载体称为道具。”

在企业的实际运营中，譬如去线上的电商平台购物，因为购买流程设计得很好，我获得了很好的购物体验，那么这个线上的购物流程就是一个道具，这个道具激发了目标人群对于购物平台的主观认可，使目标人群获得了很好的体验。

服务也是一样的，在员工入职场景下，企业前台和 HR 同时对入职员工提供了很好的服务，员工对企业的初步好感度也会直线上升。

“产品 / 服务属于企业，而企业级体验却属于企业所服务的目标人群。体验可以由企业提供的产品 / 服务激发出来。企业通过对产品 / 服务的相应管理，可以引导目标人群的主观感受走向正面。”

企业提供的产品 / 服务越优质，越能激发出目标人群的正面主观感受。产品 / 服务与企业级体验之间有强烈的正向因果关系，道具本身的优质程度是决定企业交付的体验质量高低的关键因素之一，所以企业必须不断提供优质的产品 / 服务。

通过对目标人群、企业场景、体验旅程、触点和道具的详细解读，大家会发现这五个要素是缺一不可的，如图 1-8 所示。我们在对企业级体验进行管理时，很重要的工作就是对这五个关键要素进行精心设计规划，落地实施，确保企业向目标人群交付的体验是卓越的。

图 1-8 五个要素缺一不可

1.4 企业级体验分类

企业级体验是各类体验有机组合而成的。我们要对企业级体验进行有效管理，以完成阶段性的体验目标。如果想要做到这一点，我们必须能对企业交付的各类体验进行合理的分类。在工作实践中，我们经常按照以下维度对企业级体验进行分类。

1.4.1 按目标人群分类

当目标人群不同时，企业需要交付的体验也会衍生出很多不同类型。只有对企业所服务的目标人群进行细分，才能更好地研究各类目标人群对体验的需求。按照目标人群分类，企业级体验划分如下。

1. 客户体验

客户与企业提供的产品 / 服务互动产生的体验。如消费者使用手机的体验、顾客购物的体验、情侣在电影院观看电影的体验等，这些都属于客户体验。

2. 员工体验

员工在工作中与企业内部互动产生的体验。如员工入职时的体验，企业提供的培训体验，甚至是企业内部线上财务报销系统的使用体验等，这些都属于员工体验。

3. 合作伙伴体验

供应商在工作中与企业互动产生的体验。如开发者在苹果 App Store 开发 App 的体验、供应商给大卖场供应商品时获得的体验、外包企业员工在合作企业驻场工作的体验等，这些都属于合作伙伴体验。

4. 股东体验

股东与企业互动产生的体验。如企业每年举行的股东大会的参会体验、企业官网投资者板块的使用体验等，这些都属于股东体验。

企业可以充分利用其服务的不同目标人群的相互关联，建立起可以相互促进的“体验生态”。例如在安卓应用市场，员工体验、应用开发者体验、个人用户体验，这三类体验形成了一个体验生态。企业交付好的员工体验，员工就会向应用开发者提供好的开发工具和审批流程，最终创造出优秀的应用 App，为个人用户交付好的产品使用体验。反之，企业减少对员工、应用开发者的投入，反过来就会对个人用户体验造成巨大的影响，导致复购率降低，最终使企业的利润降低。

所以作为体验管理的从业者，需要理解和运用各类目标人群体验之间的关联关系。

1.4.2 按影响范围分类

按照影响范围分类，企业级体验可分为触点类体验、旅程类体验、整体关系类体验，如图 1-9 所示。

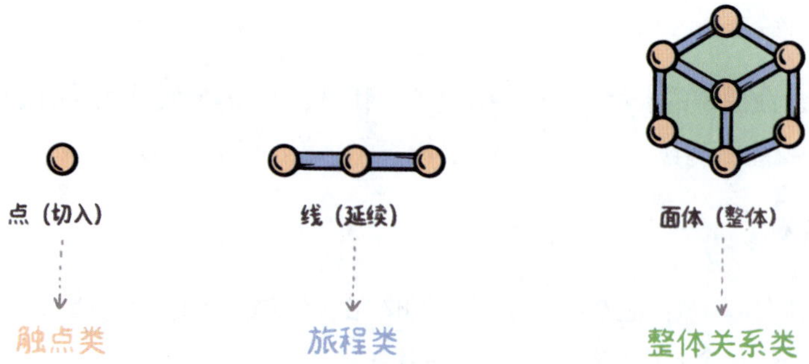

图 1-9 企业级体验按影响范围分类

1. 触点类体验

目标人群在和企业提供的产品 / 服务交互的过程中，因某一具体触点而产生的体验。在整个交互过程中，触点类体验往往不止一个。

触点可以是有形的也可以是无形的。比如你去一家热水器线下门店购买热水器，对于生产热水器的企业来说，线下门店就是一个体验触点，同时这个触点是有形的。在购买过程中，门店服务员为你介绍产品的过程也是一个触点，只不过这个触点是无形的，但是作为顾客的你能感受到。

2. 旅程类体验

旅程类体验是目标人群为完成某项任务所经历的一系列触点类体验的集合。

比如你去购物中心买衣服，从开车进入停车场，到购物结束离开购物中心，一系列触点类体验将组成购物旅程类体验。

3. 整体关系类体验

目标人群在和企业提供的产品 / 服务交互的过程中，通过几段旅程的交织和组合，最终完成任务目标而产生的整体体验。

整体关系类体验体现了目标人群对企业的产品 / 服务的整体评价。比如你通过线下购物、线上使用购物小程序、观看购物中心宣传广告等建立起来的对购物中心的整体体验。有的时候整体关系类体验会表现为品牌体验，比如当你打算买一双好的运动鞋时，在商场看到知名品牌的品牌 LOGO，就会产生很好的体验，有想进去试试的冲动。为什么很多企业喜欢投入很多资源打造品牌，就是因为企业想要交付的客户体验等同于品牌体验。

1.4.3　按其他维度分类

除了按照目标人群、影响范围来对企业级体验进行分类，还有很多不同的分类方法。

- 按照渠道类型分类：App 体验、PC 端体验、实体店体验、线上视频体验等。
- 按照感知类型分类：视觉体验、听觉体验、触觉体验、味觉体验等。
- 按照企业运营环节分类：宣传体验、产品体验、服务体验、购买体验、售后体验等。
- 按照活动类型分类：新人试用体验、企业团购节体验、投资人参观日体验等。

以上这些分类方法只是一些经验总结，不是金科玉律，大家可以根据你所在企业的实际情况灵活分类。

1.5　基于企业自身情况选择企业级体验组合

企业最终向目标人群交付的体验是整体的，里面也许包含了品牌体验、线上 App 使用体验、线下购物体验等。每一家企业都有自身的特点和所处的不同发展阶段，所以必须要对企业交付的各类体验进行组合，交付出能推动企业达成现阶段商业目标的整体体验。要想建立体验组合，需要确定以下几点。

- 确定企业现阶段的核心经营目标。企业重视体验的根本目的是经营和获取利润，所以最开始一定要弄清楚现阶段企业最关心的经营目标是什么，可以转化为哪些业务指标，如复购率、满意度、忠诚度等。
- 确定企业现阶段的关键体验指标。要搞清楚企业在现阶段要交付的体验是什么，是产品使用体验、客户体验、品牌体验、员工体验还是合作伙伴体验？只有搞清楚这个问题才能更好地搭建现阶段的体验组合。
- 确定现阶段体验组合内各类体验的相互关系。比如我们确定了企业现阶段的关键体验是供应商体验，那就要搞清楚供应商体验是由哪些具体体验构成的，如供应合同签署体验、货款支付体验等。还要搞清楚这些体验的占比、权重和它们之间的逻辑关系等。

例如，对于某家互联网企业现阶段的发展来说，其核心商业模式是让用户使用免费提供的数字化产品，并尽可能地增加用户使用产品的时长，不断提升用户数，进而产生巨大的线上流量，然后利用流量进行各种商业变现。那么，这家企业现阶段的企业级体验可以是这样的：企业级体验 = 数字化体验 + 品牌体验 + 使用体验，如图 1-10 所示。

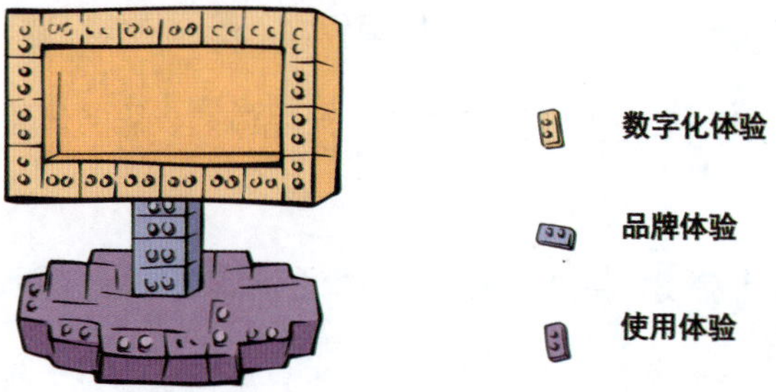

图 1-10　某互联网企业的企业级体验

而对于某家电企业来说，其核心商业模式是让客户购买家电产品，获得产品的销售利润，那么这家企业的企业级体验可以是这样的：企业级体验 = 服务体验 + 数字化体验 + 品牌体验 + 产品体验，如图 1-11 所示。

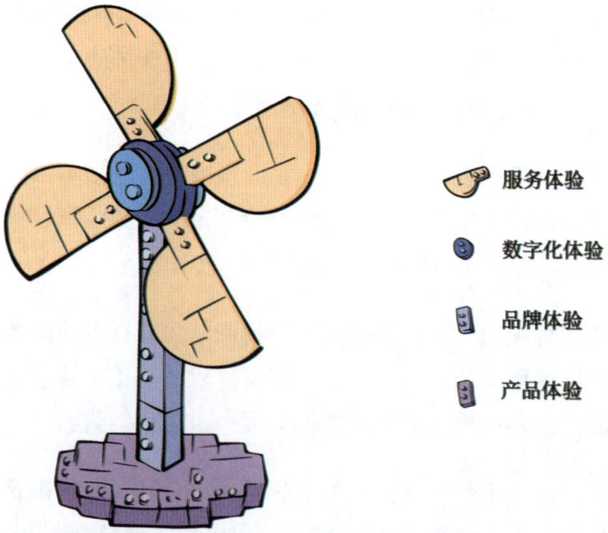

图 1-11　某家电企业的企业级体验

再例如，某家企业最近员工流失严重，特别是核心和骨干员工主动离职的情况频发。在这样一个背景下，这家企业决定在下一季度将企业体验工作的重心调整为提升企业内部员工的体验，那么这家企业现阶段的企业级体验应该是这样的：企业级体验 = 文化体验 + 入职体验 + 工作体验 + 薪酬福利体验，如图 1-12 所示。

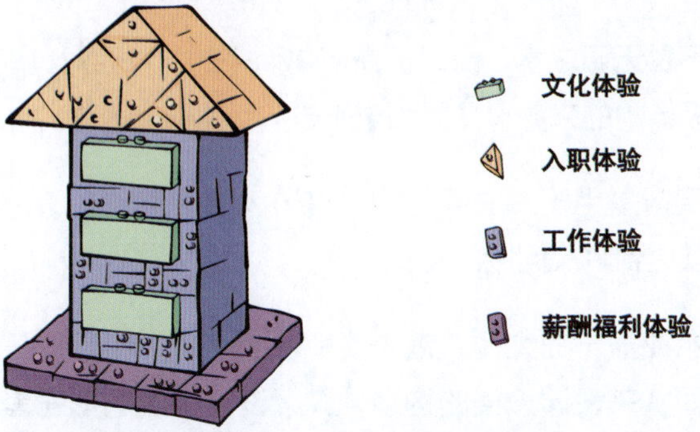

图 1-12 某员工流失企业的企业级体验

以上所举例子说明，如何对各类体验进行组合并没有固定的架构和所谓的套路，而应该参考企业自身的行业属性、商业模式、发展阶段等诸多因素。建立了企业级体验后，就可以以此来对各类体验进行有效的管理，推动体验管理工作的落地。

第 2 章
企业级体验演变及体系框架

企业级体验不是无源之水，而是不断演化而来的。我们对其演变历史进行探究，有利于了解企业级体验的来源、发展和未来走向。就像古人说的，“读史使人明鉴”。

任何体系框架都是用于解决问题的，其最大的价值就在于可以通过理论指导具体的工作实践，以达到解决问题的目的。

就像房地产企业盖一栋大楼，首先要解决的问题，不是找一个施工队来盖楼，而是找一个设计团队来设计大楼的构造，并以设计图纸的形式表现出来。这里的设计图纸就是“体系框架”，而施工团队要做的就是在拿到图纸后去盖楼，即“实践”。

在本章中，我们要研究企业级体验体系框架，了解该框架是如何运转的，并介绍如何利用它解决问题。

2.1 从体验设计到客户体验

客户体验最重要的起源就是体验设计的兴起。

21 世纪初期，随着互联网技术在世界范围内的迅速发展，越来越多的企业开始利用互联网发展自身业务。在发展过程中，因为体验设计起到了核心推动作用，因此企业充分认识到体验的巨大价值，特别是能促进企业营收。

这里我们来看一个维珍美国航空的故事。早在 2014 年，维珍美国航空（现为阿拉斯加航空公司的一部分）就着手改进在其网站预订航班的用户体验。他们创建了世界上第一个响应迅速的航空公司网站，目标是更有效地满足现代旅客对于机票预订的需求。

为了改善用户体验，他们重新设计了机票预订网站，加入了全屏订单滚动预订功能，并选择一次只向用户展示一个时段的航班情况。他们整理并简化了流程，也获得了很好的反馈。

通过以上一系列的体验优化，维珍美国航空让客户购票成功转化率提高了 14%，减少了 20% 的电话预订量。而且，由于重新设计，用户预订机票的速度比原来几乎提高了一倍。

但是随着体验经济的快速发展，企业对于体验需求的深度和广度都变得要求更高。仅仅从设计的维度进一步提升体验深度和广度变得困难重重。

"企业所服务目标人群的体验需求是多维度的，而体验设计师仅能在设计这个单一维度交付体验。"

例如，某个线下大卖场想提升月营业额，通过研究发现改善顾客的购买体验可以提升营业额，所以企业设定的阶段体验目标就是改善购物体验。设计团队对卖场内的产品海报进行了重新设计，发现并没有提升了顾客的购物体验，对月营业额自然没有任何提升。

这就是体验设计在交付体验时面临的最大挑战！

2020 年开始，一些 SaaS 软件企业开始倡导通过数字化系统对客户体验进行管理，主要工作就是跟踪、测量、分析和改善客户体验。这使得我们可以从更多维度来提升体验，这些维度也许与设计无关，或者说设计不是主要维度。

还是刚才那个大卖场的例子，后来商场开通了客户体验管理系统，通过对顾客态度和行为数据进行分析，发现提升购物体验的核心维度是商品的陈列方式，后期通过对商品陈列方式进行重新布置，最终将顾客满意度提升了 30%，月营业额提升了 5%。

越来越多的企业认识到客户体验的价值，因此，体验设计开始向客户体验升级，如图 2-1 所示。

我们可以通过建立体验指标体系来对客户体验进行高效管理。体验指标体系强调以客户体验为中心，充分把握与客户的每一个体验触点。对企业而言，就是要把握客户使用产品或服务时的每一个触点，聚合和分析全渠道体验数据，洞察客户的喜好与诉求，挖掘客户的体验需求和痛点，通过产品 / 服务这样的道具来满足客户的体验需求，最终通过塑造良好的全链路触点体验提高客户对企业或品牌的忠诚度。

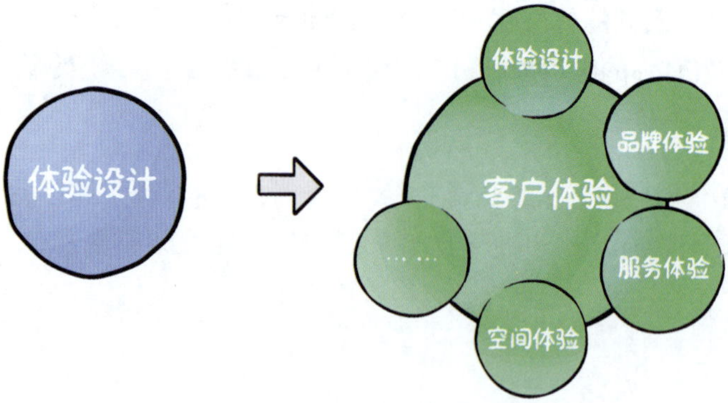

图 2-1 从体验设计到客户体验

2.2 客户体验面临的问题

最近几年，客户体验领域越来越火热。国外的 SurveyMonkey、Medallia、Qualtrics 等企业陆续上市，传统的 IBM、埃森哲、益普索等各大咨询公司都把客户体验作为新的业务增长点。国内如倍市得、云听、数字 100 等公司通过体验管理 CEM 数字化系统切入了客户体验领域，做设计咨询的公司唐硕也通过收购加大了对客户体验领域的投资。

根据国际体验设计大会发布的《2021 中国互联网行业体验设计工具趋势研究》显示，当前国内客户体验工作在企业中的开展情况如下，如图 2-2 所示。

- 国内企业对客户体验的重视程度越来越高，其中被调研的企业中有 85.8% 开展了客户体验相关工作。
- 按照企业规模来看，大型企业（人数 > 1000 人）开展客户体验工作的比例明显高于中小型企业。
- 按照企业类型来看，传统企业、互联网企业和咨询企业开展客户体验工作并使用客户体验管理工具的比例略高于其他企业。

随着客户体验领域热度的不断上升，关于客户体验的阐述和定义也五花八门，通过客户体验关键词星云图（见图 2-3）可以看出，各行各业根据自身的行业特点与企业发展实践，对客户体验的内涵和外延有着不同维度的思考与理解。

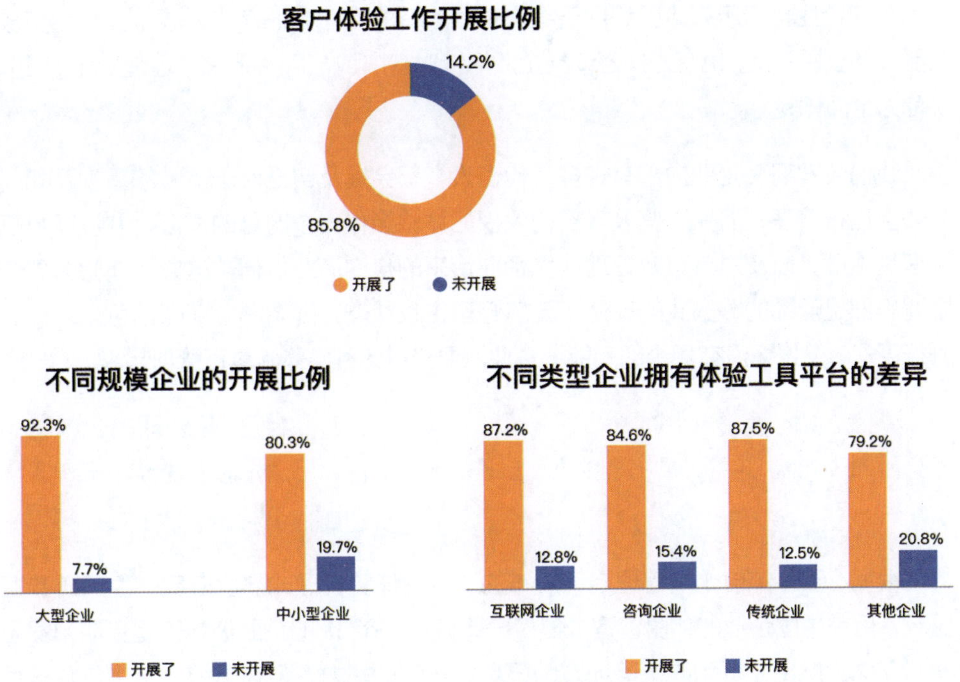

图 2-2　客户体验工作在企业中的开展情况

图 2-3　客户体验关键词星云图

有的企业会把所有体验等同于客户体验，有的企业会把客户体验工作的重点放在品牌体验提升上，也有一些咨询类企业把针对客户、员工、品牌的体验等放在一起，统称为全面体验。

我们会发现在企业内部有许多“代言人”都会提及自己对于体验的重视及如何对体验进行管理，而另一些人或部门仅仅把体验当作一个时髦的词汇，并没有真正认识其本质，以及对其有效管理能为企业带来的长期商业价值。这导致体验管理在企业内部是混乱的、多头的，处于无序野蛮生长状态，好像哪个部门都可以对体验进行管理，又好像没有哪个部门能把企业需要交付的各类体验真正管理起来。

“在企业内部，无论是 CEO、COO、CTO，还是产品经理、设计师、市场人员，甚至是 HR 团队，都在谈论体验。体验好像无处不在，但又好像无法被触摸、定义和评估。”

根据 2022 年倍比拓管理咨询发布的《客户体验管理成熟度白皮书》调研数据显示，目前中国企业的体验管理成熟度整体偏低，62% 的企业仍处于起步期和发展期，在体验度量分析和改善落地方面已具备一定的能力，但在组织、文化与数据系统支撑方面仍须加强，应继续深化体验管理，与企业战略更好融合，有 24% 的企业尚未设立核心体验指标，如图 2-4 所示。

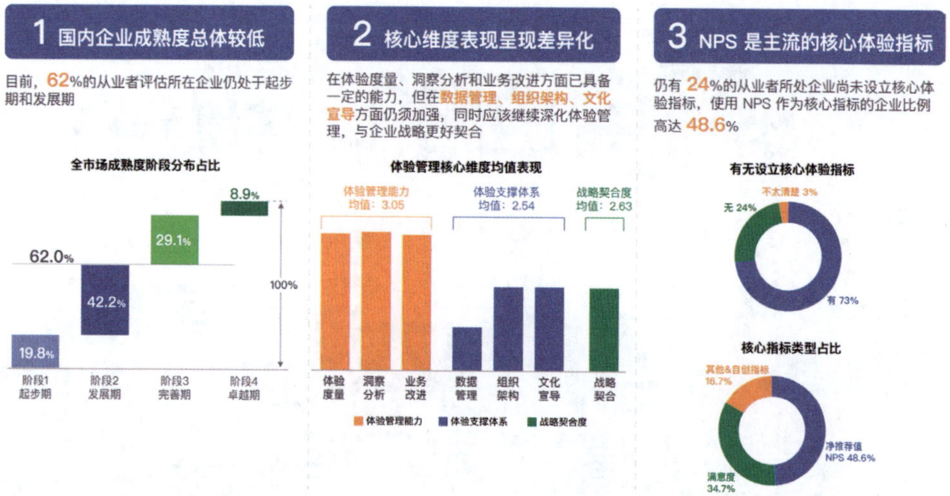

图 2-4 国内体验管理成熟度情况

目前，客户体验工作在企业内部仍是混乱的，其混乱表现在以下方面。

- 聚焦的核心目标人群仅仅是客户，无法满足企业所服务的各类目标人群对体验的需求。
- 体验推动工作没有专职部门来负责。
- 没有很好的体验运营机制。
- 体验目标没有在企业内部达成共识。
- 内部员工是以旁观者的心态来看待客户体验工作的。

以上种种，归根结底就是当前围绕着客户开展的体验工作与企业实际的体验交付需求相差甚远，同时也没有建立完备的理论体系。面对当前客户体验工作的种种问题，我们需要建立可以满足当前企业交付体验需求的一整套理论体系。

2.3　什么是企业级体验体系框架

体系的作用是什么？回答这个问题前，我先给大家举个例子。

面对商场里标价 500 元一双的名牌女士皮鞋，丈夫感觉很贵，妻子却认为便宜，为什么面对同样一个事实，两人却得出截然相反的结论？

根本原因在于这对夫妻对于如何花钱的认知不在同一个体系里。在丈夫的认知体系中，把钱花在房子、车子上可能更划算，而妻子却认为花在打扮上更划算。在工作中同样如此，同事们对于同一事实有分歧与争执，其背后的原因是他们没有在同一套认知体系中看待事物。

现在大家应该明白了，建立完整的企业级体验体系框架，就是为了在企业场景下把所有体验工作纳入同一套认知体系中，为推动企业内部的体验工作指明方向。这样大家的立场和视角才会统一，这也是在企业中推进体验管理工作的必要前提。

我们建立的企业级体验体系框架，是为了解决以下核心问题。

"如何让企业从关注商业目标到交付卓越体验，并最终转型为体验驱动型企业。"

为了便于大家理解和记忆，我对企业级体验的关键点进行了总结提炼，最终绘制出企业级体验体系框架，如图 2-5 所示。

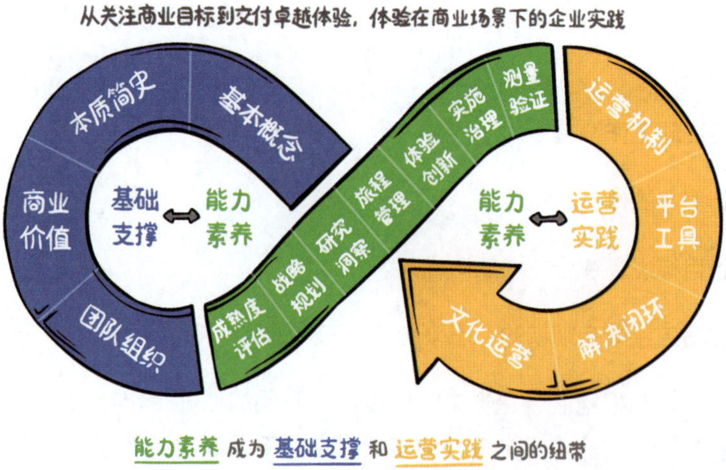

图 2-5　企业级体验体系框架

通过体系框架，我们可以看到，企业级体验包含三大部分：基础支撑、能力素养、运营实践。

- 基础支撑为我们提供保障。我们可以通过对企业级体验理论知识的学习，建立一支敏捷而专业的多元化团队，为我们在各类企业推动实施企业级体验工作保驾护航，提供理论、组织支持。
- 能力素养让我们获得力量。通过对七大体验工作能力的打造，我们可以推动企业级体验工作不断前进，并收获源源不断的动力。
- 运营实践让我们行动起来。通过不断在企业与目标人群之间建立更好的联系，企业将交付更好的体验，目标人群的体验需求将不断被满足。

企业级体验体系框架的外形类似于数学符号“∞”（无穷大），说明企业级体验是通过这三部分之间的相互促进、不断升级迭代，以满足不断发展的企业需求的。

2.4 体系框架的三大组成部分

企业级体验体系框架就是体验工作的底层方法论。该方法论从基础支撑，到能力素养，再到运营实践不断循环。下面我们分别对这三个部分进行详细说明。

2.4.1　基础支撑

如图 2-6 所示，基础支撑是该体系框架的理论来源与组织保障，主要包含四个小模块。

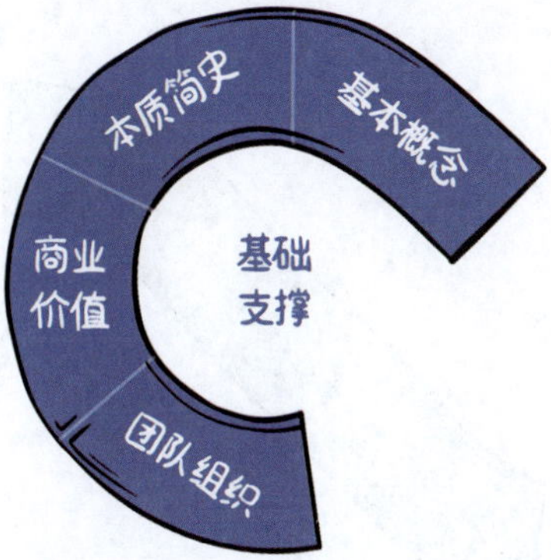

图 2-6　基础支撑

- 基本概念：体验的发生机制，企业场景下体验的内涵及外延。
- 本质简史：企业级体验的本质和发展历史。
- 商业价值：企业级体验如何推动企业的营收与利润增长，如何量化体验带来的商业价值。
- 团队组织：如何组建专业化的体验团队，如何对团队进行有效管理，如何将团队培养成企业级体验工作落地实施的坚强后盾。

企业级体验是一个新兴的、快速发展的领域，我们需要不断完善其理论知识，完善团队组织管理方法。在该部分中，首先需要关注的就是“商业价值”，企业级体验管理工作最终是为企业经营发展服务的，体验的价值主要取决于对企业营收的贡献度。因此，体验工作的核心是不断推动企业进行体验创新，提升体验回报率（ROX）。

其次，我们要重视“团队组织”的重要性。如果没有一支专业、强大、高执行力的多元化团队，在企业内部落地体验工作无疑是虚无缥缈的。至于如何组建一支优秀的体验专业化团队，本书后面会进行详细说明。

2.4.2 能力素养

如图 2-7 所示，想要进入企业级体验领域从事各类工作，需要具备相应的能力素养。这些能力素养具体可细化为成熟度评估、战略规划、研究洞察、旅程管理、体验创新、实施治理、测量验证这七个部分。

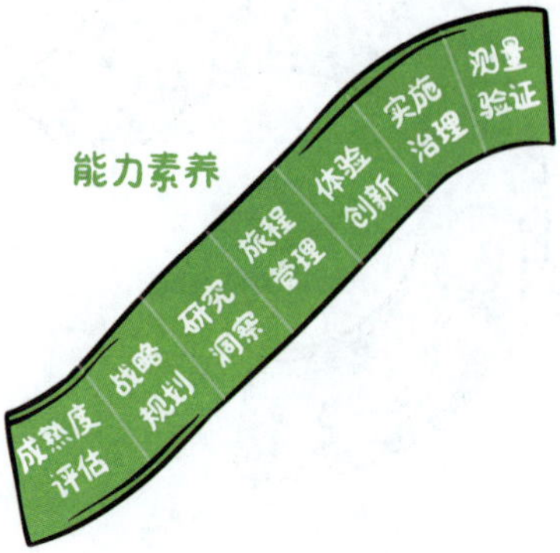

图 2-7 能力素养

1. 成熟度评估

这个能力是在企业内部推进体验工作的前提，具备该能力可以深入和客观地了解企业当前的经营战略、目标人群对企业级体验的诉求、当前体验工作面临的困境、各类可用资源等。只有对企业的情况进行准确把脉，才能为后面的体验工作提供现实依据和可参照的基线。该能力可细化为以下四个方面。

- 建立成熟度评估模型，开展内部调研。
- 对评估结果进行数据分析，整理、撰写评估报告。
- 在企业内部对成熟度评估结果进行拉通、对齐。
- 通过评估报告确定行动方案。

2. 战略规划

通过打造该能力，我们能针对企业当前阶段的实际需要与企业总体的经营目标，确定兼具全局性和前瞻性的企业级体验管理目标、愿景、行动路线图、里程碑管理计划，以及资源分配方案。该能力可细化为以下三个方面。

- 设定体验整体愿景和目标。
- 规划体验战略实施方案。
- 管控体验战略。

3. 研究洞察

通过打造该能力，我们可以对企业日常经营数据、多渠道和触点体验数据进行收集整合，同时对目标人群和市场进行调查、测试、评估与分析，将洞察成果在目标人群之间进行传播，在企业内外部形成一致的理解，从而为企业级体验管理决策者提供信息，降低决策风险。该能力可细化为以下三个方面。

- 运用研究方法。
- 落实研究。
- 总结研究成果。

4. 旅程管理

通过打造该能力，我们可以绘制体验旅程图，分析、设计、编排体验旅程，以监测和分析目标人群的行为与态度，优化全周期、全触点体验。该能力可细化为以下四个方面。

- 体验旅程图绘制。
- 体验旅程的测试与数字化。
- 体验旅程的拆分与整合。
- 体验旅程的分析、迭代与创新。

5. 体验创新

体验创新的核心是具备设计思维能力，通过对该能力的打造，我们能够交付满足目标人群体验需求的创新方案，并不断进行迭代优化。设计思维的五个阶段为：培养同理心、定义（问题）、构思、原型设计（制作）、测试。

6. 实施治理

通过打造该能力，我们可以根据企业级体验项目的实施需要，确定具体的项目实施人，对马上要实施的体验项目进行任务分解、工期评估、人员资源规划评估、里程碑制定，确定项目各个阶段和最终交付物的标准。同时在体验项目实施的各个阶段，通过提前识别项目实施风险，对体验项目风险进行分级，制定相应的预防措施。还要及时对项目进度进行把控，例如通过每日站会、周会、周报等方式快速对齐进度，暴露问题，及时清除风险。该能力可细化为以下五个方面。

- 利益相关方管理。
- 计划管理。
- 进度管理。
- 风险管理。
- 沟通协调。

7. 测量验证

通过打造该能力，我们可以设计多层级、多维度的指标体系，通过多渠道收集数据，对基于体验旅程或关键触点的体验质量进行量化监测、分析和优化，并建立体验北极星指标与企业总体经营指标之间的关联。该能力可细化为以下三个方面。

- 体验指标体系设计。
- 问题定位和优化方案设计。
- 项目复盘。

2.4.3 运营实践

如图 2-8 所示，运营实践是企业级体验管理体系落地的核心。只有对体验进行持续不断的运营，才能使企业向目标人群交付的体验越来越卓越。该部分具体可细化为运营机制、平台工具、解决闭环、文化运营这四个模块。

图 2-8　运营实践

- 运营机制：主要包含组织架构、绩效考核、内部沟通三大机制。
- 平台工具：主要是指能满足体验管理工作数字化需要的各种工具。
- 解决闭环：主要包含体验指标监控、体验指标分析、体验问题实施推动三方面。
- 文化运营：主要是指在企业内部通过各种手段进行体验文化的宣导，培育体验文化土壤，建立体验文化。

基础支撑、能力素养和运营实践是相互依赖、相互促进的。学习基础支撑部分的理论知识，可以对能力素养中各项体验能力进行有针对性的培养。然后通过不断的实践，最终能提升企业营收和利润。增强体验运营能力，最终也能让基础支撑部分得到有益补充。由此，企业级体验体系框架的三部分就能持续运转起来，产生飞轮效应。

第 3 章 企业级体验商业价值

虽然体验管理已变得日益火热，但其在企业中的落地实践依然步履艰难。当你向企业高层汇报体验工作的时候，CEO 向你询问以下问题，你会如何作答？

“企业级体验能为企业带来什么商业价值？”

“企业级体验为企业带来了多少营收，提升了多少购买转化率？”

“员工的忠诚度提升了多少？”

我想很多从事企业级体验工作的从业者都无法清楚地回答以上问题，这也是体验的落地方案总是雷声大雨点小的原因。也正因为如此，体验工作在企业内部始终不能成为核心战略，企业也缺乏转型为体验驱动型企业的内在驱动力。

“想要成为体验驱动型企业，必须通过管理手段让体验成为商业的一部分。”

由此我们将在本章深入讨论企业级体验的商业价值，介绍如何通过建立体验投资回报率模型验证体验的商业价值。

3.1 现在是什么在打动消费者

大家在思考“现在是什么在打动消费者”这个问题前，可以先尝试着回答这个问题：从咖啡豆到咖啡，它的价格提升了多少倍？

2006 年上映了一部讲述咖啡生产供应链的纪录片《黑金》，其中有一段记者和非洲当地咖啡种植者的对话。

记者：“在西方国家，1 杯咖啡被卖到 25 比尔（2.90 美元）。”

记者：“你们知道 1 公斤咖啡豆可以制成多少杯（咖啡）吗？”

记者：“1 公斤咖啡豆可以制成 80 杯（咖啡）。”

记者：“当你把 25 比尔乘以 80 杯时，会得到多少？”

咖啡种植者：“那就是 2000 比尔（230 美元）。”

记者：“这说明 1 公斤咖啡豆值多少钱？”

咖啡种植者：”2000 比尔（230 美元）。”

记者：“在这里，你从 1 公斤咖啡豆里得到多少钱？”

咖啡种植者：“2 比尔（0.23 美元），如果我们幸运的话。”

我们从上述对话中可以知道，从咖啡豆到咖啡，其价值翻了 1000 倍，那么为什么消费者愿意花 1000 倍的价格来购买它？

当你坐在装修精美的咖啡店中，咖啡师通过娴熟的技术把咖啡豆制成一杯冒着热气的咖啡，周边响起轻柔的钢琴声，四周弥漫着慵懒的气息时，我想你应该知道这个问题的答案了。是的，现在的消费者会为体验买单，个人感受非常重要。

为什么体验会变得如此重要，这就要从人类社会经济发展模式的历史演变说起了。

“仓廪实而知礼节，衣食足而知荣辱。”

这句话出自《管子 · 牧民》，其字面释义为：粮仓充实就知道礼节，吃饱穿暖就懂得荣辱。这句话深刻揭示了物质和精神的辩证关系，物质条件的极大丰富必然催生出越来越旺盛的精神层面需求——也就是体验需求。

随着市场经济的不断发展，人类社会的物质已经极大地丰富起来，人们开始从追求物质享受转为追求精神享受。现代社会产业迁移也印证了这一趋势。商业资本投资的重心已经从第一产业——农业，迁移至第三产业——服务业。在服务业中，消费者对于体验的需求或多或少占据了价值链的一定比重。因为体验经济的重要性，不少学术界的学者都在以不同的方式不断探索体验经济的内涵和外延，试图从理论层面对体验经济进行清晰的界定。

1999 年，约瑟夫 · 派恩和詹姆斯 · 吉尔摩合著的《体验经济》一书问世，“体验经济”这一概念正式出现。这本书构建了体验经济的理论体系和实践框架，使体验经济不再处于无意识的探索阶段。书中认为，体验经济作为一种经济载体，是继农业经济、工业经济、服务经济之后，市场经济模式发展的必然，如图 3-1 所示。

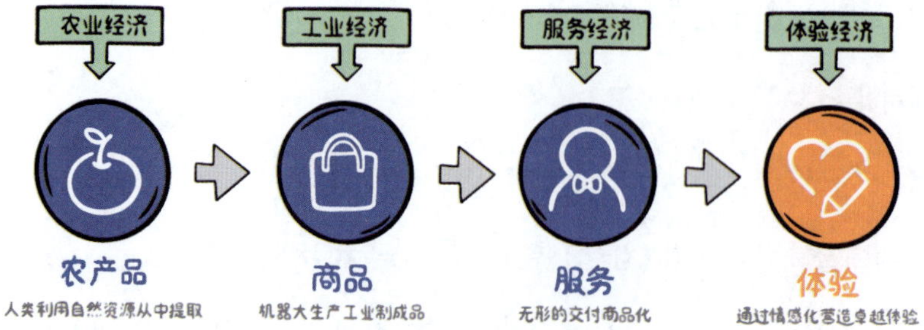

图 3-1　市场经济模式发展的四个阶段

农业经济也被称为农耕经济，此阶段主要以耕地为核心生产要素，以农产品为交易对象。同时因为受到低下的劳动力水平和生产效率的束缚，人们的基本生活需求较难得到满足。

工业经济也称商品经济，此阶段以机器大生产而带来工业革命为标志，生产力得到了极大的释放和提升，大宗社会产品被生产，人们的物质需求得到了极大的满足。

服务经济是在商品经济充分发展的基础上发展起来的，在这个阶段，因为科学技术呈现爆炸式发展，大数据、人工智能、互联网技术迅速发展，使得企业在保证产品质量的基础上，更多开始注意与消费者的互动，提供了产品以外的更多附加价值。

体验经济则是在服务经济的基础上深化而来的。在产品本身的质量普遍保持了一定水准的基础上，企业更多关注目标人群与企业互动过程中的定制化、主观性、场景化需求。需求由外在的物质需求转为内在的精神需求，企业更加注重个体的主观感受。

体验经济在未来很长一段时期内，都会是市场经济模式中的重要一环。虽然体验经济在目前的经济模式中所占的比重较小，但其必然是未来经济模式发展的大趋势，也将成为市场经济中占比最重的一种经济模式。企业必须要顺应经济发展潮流，对体验进行全方位管理，以此在未来的市场竞争中占据有利位置。

3.2　企业建立差异化竞争需要

如果我问大家：吃火锅，哪家的就餐体验是最好的？

我想绝大部分人首先想到的就是“海底捞”吧。

在火锅这个竞争激烈的行业中，产品创新变得越来越难，而海底捞则通过不断向就餐人群交付卓越的就餐体验，从而在火锅行业建立了差异化竞争优势。

海底捞对于卓越体验的管理很注重细节，比如对就餐前等候区的设计就是一个很好的创新。在餐饮行业，人多等位的时候，设置一定面积的等候区是很常规的做法，但是海底捞的等候区设计得更精心。不同于其他餐厅的等候区仅提供小零食，海底捞会派服务员与顾客沟通，根据每个人的特定需求提供定制化服务，比如为口渴的就餐者提供饮品，为需要零食的就餐者提供零食，甚至可以为就餐者提供跑腿服务。

海底捞的这一做法顺应了体验经济的潮流，其通过有效管理对体验进行创新，在体验层面建立差异化竞争策略。通过该策略，海底捞获得了商业上的巨大成功，成为火锅行业的标杆企业。

差异化竞争策略是企业间竞争时经常使用的一种策略，其主要特点是重点打造差异性。

差异化竞争策略可以通过各种不同的维度来体现，前面提到的海底捞是在体验维度打造差异化的。在火锅行业，产品已经相对标准化，很难有更大的突破，所以选择体验维度进行差异化打造就是一个很好的方向。

当前，第三产业在经济类型占比中的份额越来越高，人们对产品功能的需求已经慢慢让位于情感需求。在众多差异化竞争维度中，表现最强的便可以说是体验差异化。就像现在非常流行的露营，给人带来了新奇的户外野营体验。通过体验差异化竞争，露营在各种户外活动中成为爆品。

3.3　通过企业级体验提升企业营收

虽然企业级体验的发展还处于初期阶段，但其已经在以下四个方面为企业营收带来了巨大而深远的影响。

1. 提升品牌影响力

品牌影响力从某种程度上来说已经成为左右顾客选择商品的重要因素，而一个品牌所具有的核心影响力和外延影响力，更是品牌市场影响能力在更高层次上的体现。品牌影响力的大小很大程度上取决于企业向目标人群交付的品牌体验质量如何。

可口可乐的传奇总裁罗伯特说过："如果可口可乐的全部工厂一夜之间被大火烧掉，给我三个月时间，我就能重建可口可乐。"罗伯特之所以有这样的底气，就是因为可口可乐的品牌还在，可口可乐在饮料行业的品牌影响力还在。

2. 增加业务营收

推进企业级体验可以提高目标人群的留存率和忠诚度。业界的研究和实践充分证明，企业提供卓越的体验会带来更高的忠诚度和参与度。目标人群会由此购买、续订企业的产品 / 服务，最终增加企业的销售业绩，让业务营收不断增长。

通过建立目标人群的体验旅程图，企业能对目标人群的体验痛点进行梳理和深挖，进而充分掌握如何刺激目标人群的购买冲动，如何设置提高购买转化次数的关键旅程触点和关键瞬间（MOT），也可以让企业业务营收不断增长。

譬如，在线上购物中，精致的产品图片、赏心悦目的页面设计、便捷的购买流程和五星好评的打分设计，这样好的体验，必然会极大提升购买转化率，进而增加企业业务营收。

3. 降低经营成本

企业级体验可以降低获客成本。企业的获客很大程度上要看其建立的口碑如何，好的企业级体验可以直接让企业的市场营销成本大幅下降。因为我们为目标人群提供了卓越的体验，企业所服务的目标人群肯定会自发进行口碑营销，必定会吸引更高质量的新客。在当前各类媒体十分发达的今天，肯定也会引发各类媒体的争相播报，这是免费的品牌宣传和营销。

企业级体验还可以降低企业售后服务维护成本。在与目标人群的初次接触中，若企业为其提供了卓越的体验，自然能降低与目标人群进行后续沟通的可能性，也就很大程度上降低了老客户的维护成本。而且闭环的客户体验管理还有助于发现企业存在的冗余和低效问题，实现现有流程精简化、标准化，甚至自动化，节省人力和资金投入。

4. 降低决策风险

好的体验可以帮助企业收集到更多有价值的数据及信息，从而帮助企业更好地了解客户、合作伙伴、内部员工等各类目标人群，更准确地预测和评估经营风险，减少企业的潜在损失。这样一来，企业就可以不断发展壮大，走上高速发展之路。

3.4　体验驱动型企业的优势

2018 年，世界著名研究咨询公司 Forrester 与世界著名图形创意软件公司 Adobe 合作，以体验回报率为研究主题，对企业内部进行了深度调查，对企业外部客户进行了广泛调研，通过对内外部调研数据的整合、分析，系统研究了体验在日常经营的各个层面对企业的影响，以及对企业的商业价值贡献度。

这项研究的实施过程主要分为以下三个步骤。

- 第一步，主要通过发放线上调查问卷，收集世界各主要城市和主要行业的企业在体验方面的战略规划和资源投入，以及体验成果给企业带来的商业价值。
- 第二步，提出“体验驱动型企业”（Experience- Driven Businesses，EDBs）这一概念，并建立划分 EDBs 的评估模型，再结合收集的各类数据，对照评估模型对参加调研的所有企业进行分类，评估企业是否属于 EDBs。
- 第三步，把 EDBs 作为实验组，将非 EDBs 作为对照组，对比两组企业日常经营的各个阶段，得到体验在推动企业取得商业成功方面的贡献情况。

咨询公司 Forrester 通过发放调查问卷，在线上收集了 1269 份来自 9 个国家和地区的企业内部员工的相关数据。调查问卷的题目涉及企业所面临的商业挑战、工作优先情况、为了支持企业提供的产品 / 服务的全生命周期客户体验所采取的工作措施，以及营销和客户体验工作在商业指标上的具体表现。

从收集整理的企业业务优先级数据（见图 3-2）来看，对于当前企业来说，有关体验最紧急的工作分别是提高客户留存率 / 忠诚度、改善客户体验、增加收入、改进产品 / 服务。基于改善客户体验与提高客户留存率 / 忠诚度之间的强因果性，这两项亟待进行的工作可以归结为同一工作事项，就是提升客户体验。

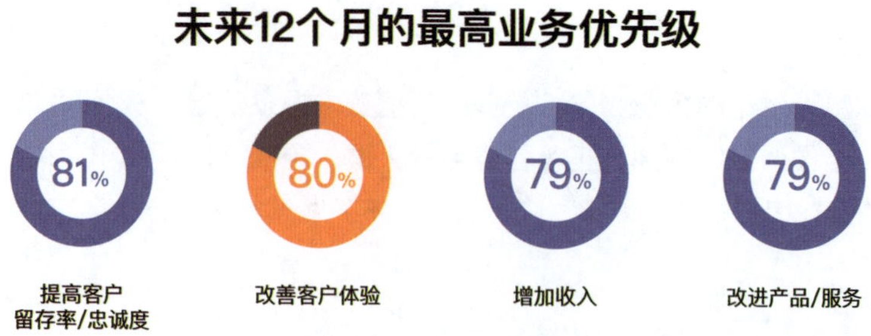

图 3-2 企业业务优先级

资料来源：*The Business Impact Of Investing In Experience*

依据企业的投入情况，Forrester 对受访企业进行了企业级体验成熟度评估，挑选出 EDBs，如图 3-3 所示。具体的评估思路是使用三支柱评分框架，即企业必须在人员、过程及技术这三个核心维度上都充分投入并获得好的表现，才能成为一个体验成熟度高的企业，即 EDBs。

基于这一思路，Forrester 在本次调查中询问了一系列关于组织、流程，以及技术的使用效率的问题，评估企业在各个方面的投入和效果、体验成熟度，并由此判断其是否属于 EDBs。根据以上评估模型，参与本次调查的受访者所在企业中，31% 的企业被评为 EDBs，其余 69% 的企业为一般性企业。

图 3-3 企业级体验成熟度评估

资料来源：*A commissioned study conducted by Forrester Consulting On behalf of Adobe*, February 2018

在划分出 EDBs 和一般性企业后，Forrester 对这两类企业在各个阶段和维度的表现进行了分析和对比，一是对比员工满意度，二是对比经营业绩。

如图 3-4 所示，在员工满意度方面，Forrester 对比分析了个人满意度、团队满意度及部门满意度，EDBs 在这三方面均明显高于一般性企业。在经营业绩方面，Forrester 按照完整的客户旅程，对比分析了客户从发现、探索、购买、使用、反馈到互动的六个阶段，对于 14 个常见商业指标，EDBs 的最低表现也是一般性企业的 1.4 倍，最高的达到 1.9 倍。提炼总结出几个综合性商业指标，在企业最关注的忠诚度（重复购买率）上，EDBs 是一般性企业的 1.9 倍，EDBs 的客户生命周期价值达到一般性企业的 1.6 倍。

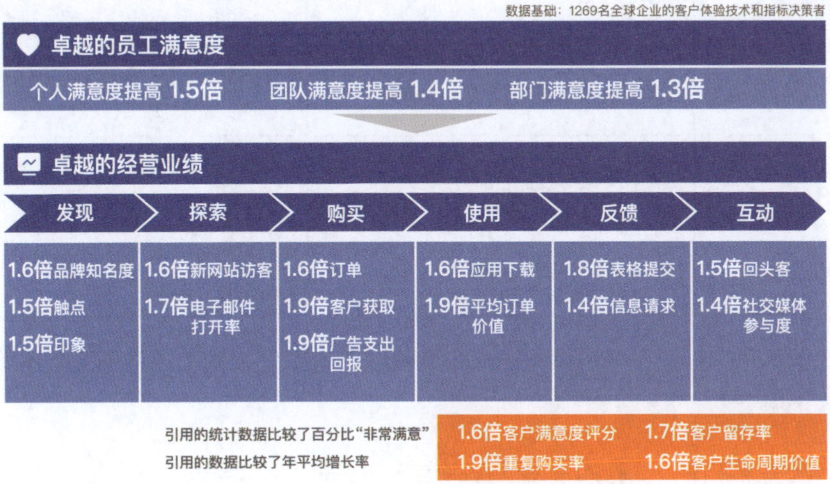

图 3-4　EDBs 与一般性企业的对比

资料来源：*A commissioned study conducted by Forrester Consulting On behalf of Adobe*, February 2018

Forrester 还对比了不同行业中 EDBs 与一般性企业的商业表现。在总共调查的八个行业中，除了媒体和娱乐行业的 EDBs 在新产品面市速度上较一般性企业稍有落后，其他行业的 EDBs 均全面领先于一般性企业，如表 3-1 所示。

表 3-1 各行业 EDBs 与一般性企业对比

行业	最关键的优先事项	EDBs 与一般性企业的对比
制造	产品体验需应对不断上升的客户期望	1.3 倍的转化率 2 倍的客户忠诚度
金融服务 / 保险	增加收入	1.3 倍的收入增长 1.9 倍的股价预期
政府	降低成本	1.6 倍的员工满意度 1.6 倍的软件开发效率
保健	改善客户体验	1.9 倍的客户满意度 1.3 倍的客户支持率
媒体和娱乐	加速数字业务	90% 的新产品上市时间 1.5 倍的体验指标质量超出预期
零售	在新的市场 / 细分市场中获得客户	1.6 倍的客户支持率 1.8 倍的品牌资产
B2B 技术	提高市场影响力和品牌影响力	1.7 倍的品牌资产 1.7 倍的产品评论和评级
旅行和招待	提高客户留存率 / 忠诚度	1.7 倍的客户忠诚度 2 倍的客户宣传活动

对于不同的行业，客户体验投入和增长潜力这二者之间的函数关系是不同的，如图 3-5 所示。

函数关系不同，体验的投资回报率也不同。对于三角函数关系，随着客户体验投入增长到一定程度，体验带来的商业效果（增长潜力）会逐步弱化，投入回报较低，此时追求极致体验并不划算。对于指数函数关系，客户体验投入越多，增长潜力上升越快，即带来的投入回报越丰厚，此时可以把“追求极致体验”挂在嘴边。

这个研究结果对于各个行业进行体验投资决策是非常具有参考价值的。例如，对于移动通信运营商、航空公司、信用卡提供商等，先解决问题最多、客户意见最大的体验问题是最合理的；而对于银行、酒店来说，可以不断地进行体验优化和创新，这样带来的价值最大。

增长与体验投入步调一致	投资体验获得增长逐渐变小	投资体验获得增长逐渐变大
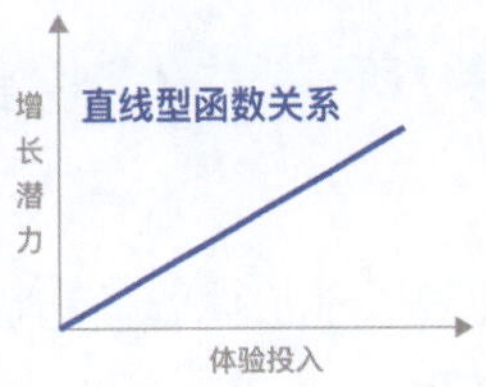	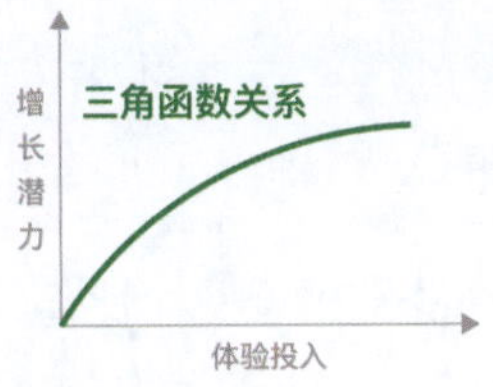	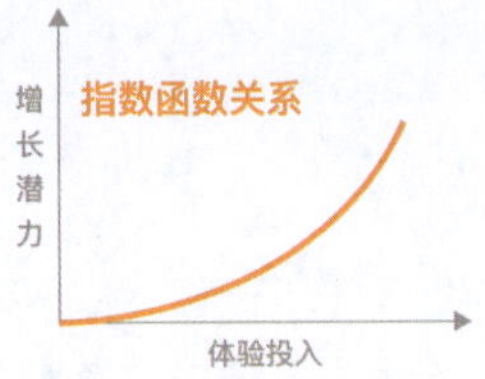
电视服务提供商 互联网服务提供商 大型零售商 租车供应商 健康保险提供商	移动通信运营商 航空公司 信用卡提供商	银行 酒店（高档） 汽车制造商：大众型 汽车制造商：豪华型 全方位服务投资公司 经纪公司

图 3-5　客户体验投入与增长潜力的关系

资料来源：*A commissioned study conducted by Forrester Consulting On behalf of Adobe*, February 2018

3.5　体验回报率模型

企业推进体验工作时，经常会面临一个挑战：如何通过对企业级体验成果进行量化来验证体验为企业带来的收益?

比如，销售部门通过卖出产品的数量、销售额等指标来衡量商业价值。IT 部门可以通过代码的缺陷率、产品开发时长和质量等指标来衡量商业价值。如果不能量化体验管理带来的商业价值，体验战略和规划也无法落地实施。那么，我们该如何量化呢?

3.5.1　体验回报率

在企业经营中，要想判断是否要对一项业务进行人力物力投入，往往要测算这项业务的投资回报率（Return on Investment，ROI），以此来辅助判断。所以我们在企业级体验领域也可以参照该指标测算体验回报率（Return on experience，

ROX），以此来验证企业是否从体验投资中得到了经济回报，并通过建立符合当前企业自身发展的体验回报率模型来获取管理层对于体验的资源投入支持。

“体验回报率是指在对体验进行全方位的管理下，企业所获得的业务价值，即企业从体验管理中得到的经济回报。”

如图 3-6 所示，体验回报率的结果是一个比值，是衡量企业级体验盈利状况的比值，数值越大越说明企业级体验为企业贡献的商业价值越大。

$$\frac{\textbf{业务影响（比如利润）}}{\textbf{体验投入成本（比如软件、人力、资金等）}} \times 100\%$$

图 3-6 体验回报率计算公式

假设你所在的互联网电商企业发起了一项针对用户购买流程体验进行优化的任务。通过体验优化设计，购买转化率（完成付款的用户与进入该页面的用户的比值）提升了 2%，根据常规测算，购买转化率每提升 1%，公司获得的利润增量大概为 20 万元，即此次体验优化为公司带来的利润增量为 40 万元。体验成本投入包括一位产品经理、两位设计师、三位开发工程师耗时一个月的人力成本，还包括几台服务器的设备成本，这些费用共计 50 万元。那么，该公司的体验回报率为 40 万 /50 万 ×100%=80%

在这个案例中，体验回报率是 80%，根据体验管理领域体验回报率的水平来看，属于值得一做的项目。因为这里的 80% 只是初步的体验回报率，体验类项目投资的显著特征是，后期持续投入会越来越少，而边际收益会越来越高。随着持续投入，该项目后期的体验回报率达到 150%、300%，甚至更高，都是很有可能的。

通过上面的小例子，我想告诉大家，通过对体验回报率 ROX 的计算，我们可以很好地对项目的商业价值进行精确计算。一方面可以更好地说服上级对项目进行投资，另一方面也可以更加精确地、从投入产出的角度来说明体验项目的商业价值。希望大家在做企业级体验项目的时候对 ROX 进行准确的测算。

3.5.2 建立体验回报率模型

我们可以对企业整体的体验工作进行回报率测算，当然也可以对某个项目、某款产品、某项功能进行体验回报率测算。对单个项目进行体验回报率测算就必须借助体验回报率模型，那如何建立体验回报率模型呢？通常分为以下四步。

1. 收集体验指标数据

建立体验回报率模型的第一步是收集相应的体验指标数据。如果你还没有搭建起完善的体验指标体系，就需要思考一下：有哪些结果能够证明目标人群体验的提升？

根据工作实践，常见的体验指标及其获取渠道如表 3-2 所示。

表 3-2　常见的体验指标及其获取渠道

体验指标	获取渠道
满意度评分、易用性评分、可用性感知度、量表得分	触点问卷调研
功能使用情况、新注册用户 / 访客量、转化率、回访率回访次数、续费率、流失率、完成率、出错率 / 出错次数	后台大数据
任务成功率、任务完成时间、任务完成效率、出错率	可用性测试
客服支援工单、电话 / 对话 / 邮件 / 文本记录、培训时长、用户投诉数量	售后客服反馈

例如，有一家电商企业，我们需要对其网站注册流程进行优化，此时需要先设定用于量化体验的指标，可能的体验指标如下。

- 任务成功率（来自可用性测试）：寻找若干名目标用户，为其设置测试任务（在规定时间内完成注册），看看完成任务的用户比例是多少。
- 完成率（来自后台大数据）：从系统后台提取一段时间内曾经尝试注册的所有用户，统计其中注册成功的用户比例。
- 易用性评分（来自触点问卷调研）：设计调研问卷，让用户填写问卷，对注册流程的难易程度打分，看看他们会给多少分。
- 客服支援工单（来自售后客服反馈）：统计有多少用户联系过客服人员，让客服协助完成注册。

在体验量化过程中，我们通常选取其中一个或综合其中几个指标进行评估，以此收集体验指标具体数值。

2. 选择业务指标

我们需要选择一项能够与体验指标紧密关联的业务指标（KPI）：企业关心的是什么？有哪些指标是所有人都很关注的，而不是只有体验团队才关注的？

或者，再深入思考一下：你之后会将体验回报率的计算过程展示给谁？上级领导、CEO，还是客户？他们关注的是什么？

业务指标往往和企业的营收直接挂钩，如销售额、利润、成本等，要不就和影响企业营收的核心因素挂钩，如顾客生命周期价值、员工离职率、合作伙伴再次合作率等。总之，业务指标都离“钱”很近。

我们最终会把体验转换成可量化的指标，体验回报率的计算过程是为了展示体验对业务及企业营收的影响情况，因此选择业务指标非常重要。

3. 将体验指标转化为业务指标

计算体验回报率，本质就是进行测量单位的转换，是将一种测量单位转换为另一种测量单位。如图 3-7 所示，大家算一算，1 美元等于多少人民币？

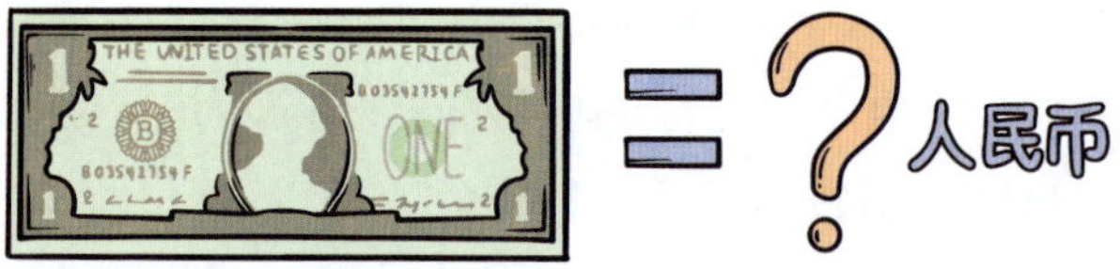

图 3-7 美元和人民币兑换

如果大家知道了美元和人民币之间的汇率，就会知道答案了。我们假设汇率固定是 7.26（实际汇率是不断变化的），那就可以得出结论：1 美元 =7.26 元人民币。

其实将体验指标转化为业务指标的原理和货币兑换原理是一样的，我们也必须知道两者之间的转换率。

如何得到这个“转化率”呢？还是以前面提到的优化注册流程体验项目为例，假设我们确定量化注册流程体验指标的是客服人员，具体指标为因注册问题而产生的客服工单数量，而业务指标是该项目为企业节约了多少成本。

我们假设在体验优化项目之前客服平均每月处理有关注册问题的工单数量为

1000 单，通过这个体验优化项目，客服平均每月处理的有关注册问题的工单数量变为 300 单，即减少了 700 单。我们已知每个工单的成本（需要花费的钱）是 8 元，则说明这个项目为企业节约了 5600 元（8 元 ×700 单），即业务指标为 5600 元。

我们再来计算一下这个项目投入的成本，项目的成本主要是设计师的人工成本，我们评估得出这个项目中体验设计师的时薪为 100 元，工作时长为 32 小时，因此体验投入成本为 3200 元（100 元 / 小时 ×32 小时）。因此，该项目的体验回报率如下。

$$\text{ROX}=5600\text{元}/3200\text{元}\times100\%=175\%$$

4. 对体验回报率模型进行宣导

建立了体验回报率模型后，最重要的就是对模型进行宣导，如果建立的是战略性、整体性的体验回报率模型，就需要在全公司范围进行宣导，要获得企业各级人员，特别是核心管理层的高度认可。如果建立的是项目级别的模型，则至少需要向项目所有利益相关方进行汇报，在项目内部达成意见一致。

在模型宣导的过程中，必须把模型建立的过程公开，这是建立体验回报率模型公信力最核心的一点。确定宣导对象清楚每一个数字是怎么来的，这样才能建立对模型一致的认知和期望，更重要的是让建立模型的过程也是可信的。

如果有可能，尽量与企业的财务人员或 CFO 沟通，让模型建立过程更加严谨，甚至将其加入财务预算中。也许可以把体验回报率模型升级为企业核心财务指标，这样一来对体验的管理就会成为企业的核心战略管理，体验管理工作的价值也将最大化。

通过以上四步就可以建立具有企业自身特点的体验回报率模型，实现企业级体验管理的业务化、可量化，促进体验工作的落地实施，建立以人为本的企业理念，激发员工参与体验优化工作的热情，提升员工体验，实现企业营收的增长。

第二部分 打造企业级体验职业核心竞争力

在 2016 年的吉隆坡世乒赛团体赛决赛上，日本的《东京乒乓球新闻》节目在直播过程中用六维图展示了每一位选手的实力，这六个维度包括力量、速度、技巧、发球、防守、经验。

我国选手马龙出场，旁边的实力图显示，其六个维度均达到满格，日本媒体心服口服，“六边形战士”“地表最强破坏龙”等称号也随之而来。

那么，在企业级体验领域，该如何将企业打造成“六边形战士”，成为领域的佼佼者呢？本部分的核心是为大家详细说明如何在企业级体验行业建立职业核心竞争力。

第 4 章 企业级体验职业发展体系

要想成为领域佼佼者，我们首先要了解企业级体验领域的能力模型是什么样的，对照模型查缺补漏，提升相应的能力。我们还要了解体验团队中各个岗位的能力要求是什么。

4.1 职业发展体系的三要素

企业级体验作为一个新兴领域，还处于不断发展与探索阶段，目前该领域并没有公认的职业发展体系。我根据自己在该领域工作多年的经验心得和对未来体验工作发展趋势的预判，建立了该领域的职业发展体系。

该体系主要由三部分组成：能力模型、岗位模型、发展规划。该体系主要帮助大家解决三个职业发展核心问题：我在哪儿，要去哪儿，怎么去，如图 4-1 所示。

图 4-1 职业发展体系

通过职业发展体系的三要素，大家可以很好地对自己当前的能力有一个精确的评估，找到自己的职业发展短板，明确自己的职业发展方向和目标，最终成为企业级体验领域的领军人物。

4.2　我在哪儿：企业级体验能力模型

如图 4-2 所示，企业级体验能力模型中主要涉及七项能力：成熟度评估、战略规划、研究洞察、旅程管理、体验创新、实施治理和测量验证。通过培养这些能力，大家能成为企业级体验领域的“七边形战士”，在这个新兴领域勇往前进，战无不胜。

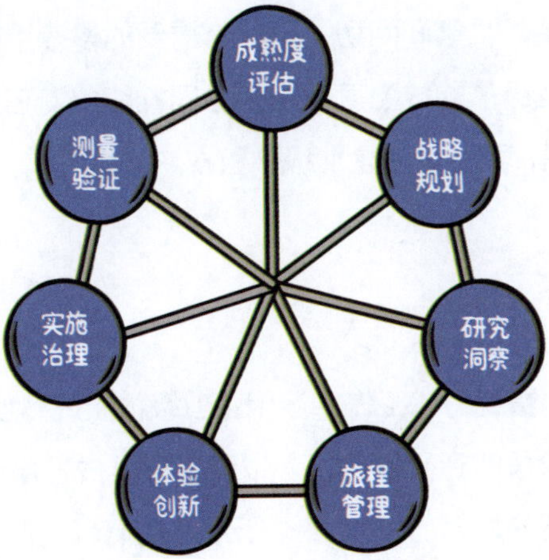

图 4-2　企业级体验能力模型

企业级体验工作是需要团队去推动执行的，上述七项能力可以说是团队中的每个人都必须具备的，但因为不同岗位的能力要求是不一样的，所以不同岗位对于这七项能力的掌握程度也各不相同。

如图 4-3 所示，在团队中，体验设计岗对体验创新能力的要求特别高，而体验运营岗对旅程管理能力的要求最高。本章后面会详细介绍每个岗位的能力模型雷达图，这里不做详细说明。

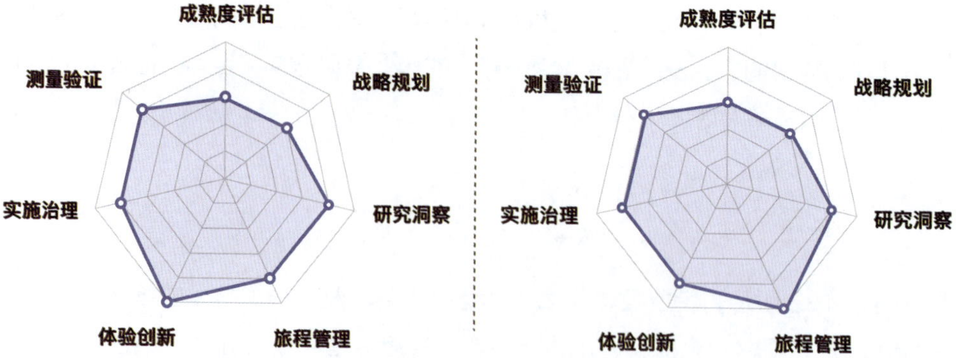

图 4-3 体验设计岗（左）与体验运营岗（右）能力模型雷达图对比

4.2.1 成熟度评估

在传统中医理论中，“望闻问切”是非常重要的诊疗手段，也是一名优秀中医必备的基本能力。企业级体验成熟度评估能力同样如此，它是从业者在企业内部推进体验工作的基础前提，那什么是企业级体验成熟度呢？

“企业级体验成熟度是衡量在企业中建立可持续、多方共赢的体验生态，转型为体验驱动型企业已达什么程度的指标。”

成熟度评估主要是看我们在工作中运用企业级体验成熟度评估工具的熟练程度、对企业所处的成熟度阶段的评判准确度，以及在标准成熟度评估工具的基础上根据企业自身情况进行创新的能力。如表 4-1 所示，我们可以把成熟度评估能力分为五个等级，得分越高，说明能力越强。

表 4-1 成熟度评估能力 1~5 分标准

成熟度评估能力得分	详细说明
1 分	理解企业级体验成熟度概念，能协助其他同事完成体验成熟度评估工作
2 分	理解企业级体验成熟度概念，可以独立完成体验成熟度评估工作并出具报告
3 分	深刻理解企业级体验成熟度概念，能独立完成体验成熟度评估工作并出具报告，对当前企业所处的成熟度阶段判断基本准确

续表

成熟度评估能力得分	详细说明
4 分	能熟练运用成熟度评估工具并进行部分创新，出具的成熟度报告内容翔实，对企业当前所处成熟度阶段判断准确，并对成熟度评估报告有深度分析
5 分	出具的成熟度报告可作为体验管理战略规划的核心材料，对体验成熟度评估标准、工具和方法论能不断创新，引领领域的发展

4.2.2　战略规划

有句话大家肯定听说过："不努力并不可怕，真正可怕的是沿着错误的方向努力干。"这句话充分说明了战略的重要性，在体验工作中如果缺乏战略规划能力，也会导致体验工作"南辕北辙"。

战略规划能力是指，能针对企业当前阶段的实际需要与企业总体经营目标，确定具有全局性和前瞻性的企业级体验目标、愿景、行动路径图、行动计划及资源分配方案的能力。

如表 4-2 所示，我们把战略规划能力分为五个等级，得分越高，说明能力越强。

表 4-2　战略规划能力 1~5 分标准

战略规划能力得分	详细说明
1 分	对企业级体验战略规划相关知识有初步的了解
2 分	清晰认识企业当前所处的发展阶段及特点，能协助其他同事确立企业级体验战略规划
3 分	在深刻理解企业级体验战略规划的基础上，分拆并确立部门 / 团队的体验管理战略规划
4 分	熟练应用 SWOT、BCG 矩阵、五力模型等工具分析并确立企业级体验战略规划，明确企业的体验愿景、目标
5 分	能提出企业级体验愿景、目标，并基于战略规划确定体验行动，通过体验价值和战略鼓舞和激励员工，促进企业级体验远景规划的实现

4.2.3 研究洞察

当人们都还在使用诺基亚这样的功能手机时，乔布斯已经洞察到了手机未来的发展方向，于是他打造出体验卓越的 iPhone 智能手机，让其他手机厂商望尘莫及。足见，研究洞察能力对于企业创业及发展十分重要。

基于目标人群的态度数据、行为数据和企业的经营数据等，对特定目标人群、市场进行调查、测试、评估与分析，并将结果在企业内部、合作伙伴等目标人群之间进行传播，形成对企业内外部的一致理解，从而为企业级体验决策者提供信息，降低企业级体验决策风险，这便是企业级体验的研究洞察能力。

如图 4-4 所示，要想培养这项能力，要熟练掌握常见的调研工具，知道在什么情景下如何综合运用调研工具，达到洞察效果。

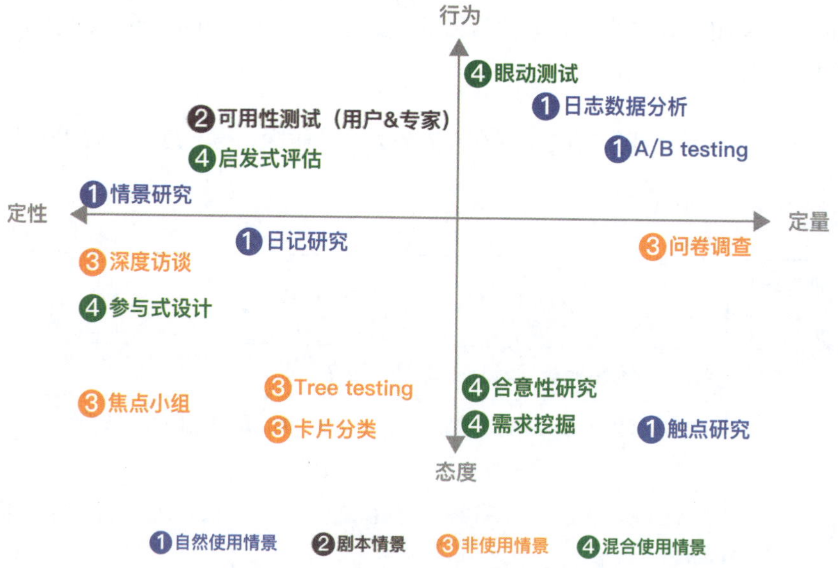

图 4-4 调研工具及使用情景

如表 4-3 所示，我们把研究洞察能力分为五个等级，得分越高，说明能力越强。

表 4-3　研究洞察能力 1~5 分标准

研究洞察能力得分	详细说明
1 分	了解基本的调研方法，对目标人群的体验需求有直观和敏感的认知
2 分	掌握体验数据统计分析方法，能够独立进行复杂的体验需求管理及优先级排序
3 分	主动进行目标人群调研，洞察挖掘各类体验数据，对体验需求精准把握，具备影响体验战略规划方向的能力
4 分	善于分析业务环境变化带来的体验需求变更，主动对目标人群进行体验洞察，深刻理解体验问题背后的逻辑，帮助目标人群分析、澄清并推进体验优化的实施
5 分	通过对各类目标人群的体验需求洞察，引领与主导确立企业级体验战略，同时对相关的研究洞察方法论和工具进行创新

4.2.4　旅程管理

体验旅程是企业级体验的五要素之一，所以对体验旅程进行管理的能力也是非常重要的能力。旅程管理能力是指，基于对人群画像和触点的管理，通过体验旅程图绘制、旅程分析，以及旅程设计编排等实践活动，监测、分析目标人群的行为，优化全周期、全触点体验的能力。

如表 4-4 所示，我们把旅程管理能力分为五个等级，得分越高，说明能力越强。

表 4-4　旅程管理能力 1~5 分标准

旅程管理能力得分	详细说明
1 分	了解体验旅程的相关知识，能协助其他同事绘制体验旅程图
2 分	深刻理解体验旅程相关知识，能对旅程要素进行管理，可单独绘制体验旅程图
3 分	在单独绘制体验旅程图的基础上，能完成对体验旅程的测试与走查，同时可以实现体验旅程图的线上数字化，做到动态监控
4 分	善于通过对体验旅程的分析与研究，做到熟练对体验旅程进行整合与分拆，不断满足业务场景的体验需要
5 分	能够通过对体验旅程的监控来不断改善体验，同时可以做到对目标人群的体验进行创新，不断交付超越目标人群期望的卓越体验

4.2.5 体验创新

我们从事企业级体验工作需要有很强的创新能力，而且这种创新往往是复杂的、没有唯一答案的、非线性的。而设计思维是一种设计方法论，主要用于解决问题，特别是解决那些答案不唯一或未知的复杂问题。因此，培养设计思维有利于提高体验创新能力。

如图 4-5 所示，了解设计思维五阶段可以帮助我们解决企业级体验中的很多创新问题。这里我们选取斯坦福大学设计学院提出的五阶段模式进行介绍。斯坦福大学是设计思维专业领先的学府，其定义的设计思维五个阶段为：同理心、定义（问题）、构思、原型（制作）和测试。

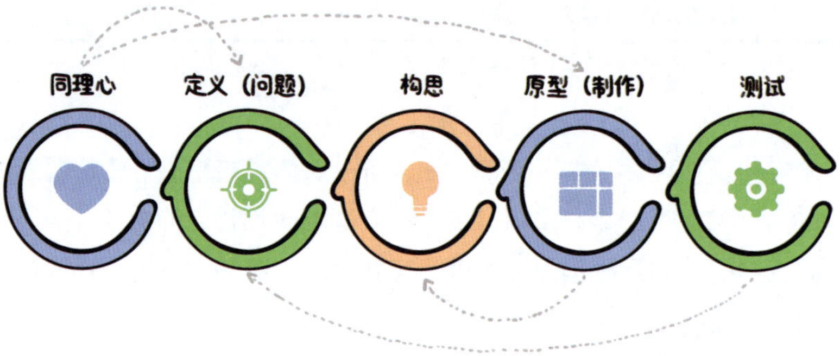

图 4-5 设计思维五阶段

1. 同理心

同理心即对试图解决的问题的共鸣。我们可以咨询相关领域的专家，观察，参与其中，与受众产生共鸣，从而了解他们的经验和动机。也可以沉浸在物理环境中，以便更深入地了解要解决的问题。

同理心对于以人为中心的设计过程至关重要，同理心要求使用设计思维的人放弃他的假设，切身了解用户及其需求。该阶段将收集大量信息以供下一阶段使用。

2. 定义（问题）

在此阶段，我们需要将上一阶段收集的信息进行分析、合成，定义核心问题，提出以人为本的问题描述。

我们不能按自己的想法或公司的需要定义问题，比如，我们需要将针对年轻女孩群体的食品市场份额增加 5%，对于这种定义，更好的表述为，十几岁的女孩需要摄入有营养的食物，以便健康茁壮地成长。

定义阶段将帮助团队中的设计人员收集好的想法，为第三阶段做准备。而收集想法可以通过提出问题来引导，可以问：“我们如何才能使年轻女孩购买，既有益于她们的成长，又能增加公司的食品销量或服务水平？“

3. 构思

在这一阶段，设计师将开始创造想法。在前两阶段，我们已经逐渐了解用户的需求，并提出了以人为本的问题描述。有了这个前提，我们可以跳出思维局限，寻找新的解决方案，从另一个角度来思考问题。创意技巧数以百计，如头脑风暴、书面头脑风暴法、列出最糟糕的想法和奔驰法。头脑风暴和列出最糟糕的想法刺激自由思维，能扩大问题空间。在构思开始阶段，要尽可能多地获得想法。在构思结束阶段则要测试你的想法，找到解决问题的最佳方法，或提供规避问题的方案。

4. 原型（制作）

设计团队将做出许多粗糙的、简单的产品，或者产品中的特定功能原型，以此测试上一阶段提出的问题解决方案。原型可以在团队中其他部门或设计团队之外的一小群人中共享和测试。这只是一个实验阶段，目的是找出前三阶段确定的问题的最佳解决方案。所有解决方案都在原型中实现，基于用户体验的方案可能会被接受、改进，或者拒绝。到本阶段结束时，设计团队将更好地了解产品的局限性和目前出现的问题，对用户与终端产品互动过程中的行为、想法和感觉有一个更全面的理解。

5. 测试

设计人员或评估人员使用上一阶段确定的最佳解决方案严格测试产品。这是五阶段模式的最后阶段，也是一个迭代过程，测试阶段所产生的结果常常被用来重新定义一个或多个问题，并告知对用户、使用条件、用户思维方式、行为和感觉的理解，产生同理心。

如表 4-5 所示，我们把体验创新能力分为五个等级，得分越高，说明能力越强。

表 4-5 体验创新能力 1~5 分标准

体验创新能力得分	详细说明
1 分	具备接收新知识的能力，能在指导或要求下完成学习任务
2 分	能自主学习或向他人学习，保持专业知识技能的更新
3 分	对本领域知识能够融会贯通，举一反三，充分组合，灵活运用
4 分	能利用自己的综合能力打破以往的模式和框架，另辟蹊径针对性地解决体验问题
5 分	对创新方法和规律运用自如，能为团队建立可复用的新思路、新方法、新工具、新流程，并取得业绩上的突破

4.2.6 实施治理

企业级体验工作最终是需要落地实施的。具备企业级体验实施治理能力主要是指，在体验工作推动过程中能并行多个体验项目，有效达成部门战略目标，全方位、多角度地从产品、成本、技术等方面考虑部门总体资源，减少重复和浪费，合理安排计划和进度，并对计划做出模拟预测，提前规避重大风险，处理解决重大变故和突发事件。具体来讲，实施治理能力可以拆分为五个方面。

1. 利益相关方管理能力

什么是利益相关方？简单来说，就是跟具体的体验项目相关的、会对项目的最终结果产生影响的人和团队，如目标人群、领导、协作同事，甚至竞争企业。体验项目最终能否顺利实施，往往取决于企业是否能很好地理解利益相关方的诉求。所以，具备快速识别利益相关方并管理好他们的能力，是让体验工作顺利落地实施并取得成果的重要前提。

2. 计划管理能力

制订计划是项目管理的基本功之一。这里的常见内容是任务分解、工期评估、人员资源规划评估、里程碑制定、交付物定义。计划越详细，和实际结果的偏差就越小。

3. 进度管理能力

如何保证项目按计划执行？这就需要考查进度管理能力了。例如可通过每日站会、周会、周报等方式，快速对齐进度，暴露问题，及时清除风险，直至进度回到正轨。同时，设置关键的评审会议和检查点，也可保证各阶段产出物的质量符合需求，减少返工时间，进一步保证项目的推进。

4. 风险管理能力

在项目的各阶段，通过提前识别、让项目成员上报等方式，可及时找出风险，分等级确定应对策略。如果项目风险总能及时被清除，那么该项目基本上不会出什么问题。

5. 沟通能力

至少要逻辑清晰，能听懂不同团队所表达的意思，并能结构化表达自己的想法。

如表 4-6 所示，我们把实施治理能力分为五个等级，得分越高，说明能力越强。

表 4-6　实施治理能力 1~5 分标准

实施治理能力得分	详细说明
1 分	了解体验项目实施治理相关知识，能协助其他同事完成企业级体验项目的实施治理工作
2 分	掌握体验项目计划制订的步骤和方法，能独立为小型项目制订计划，能进行合理的工作量估算、任务分解和进度安排
3 分	具有丰富的体验项目计划制订经验，能为中型体验项目制订有效计划，从风险、费用、质量、资源等多角度考虑，高效合理地分配现有资源
4 分	能针对大型体验项目或项目群进行综合整体的项目规划及资源协调，可以从项目整体战略角度出发获得项目成果，特别是面对突发的项目风险可以很好地进行预判，能高效处理项目中的突发问题
5 分	能负责企业级战略性体验项目的计划制订和过程推进，始终从体验战略角度出发，提出独到见解或优化建议，并以非凡的魄力和协调能力推动体验项目战略的落实和执行

4.2.7　测量验证

测量验证能力是指，设计多层级、多维度的指标体系，通过多渠道收集数据，对基于客户旅程或触点的体验质量进行量化、分析和推动实施，建立体验与组织总体指标之间的关联，进行体验评估和优化的能力。将测量验证能力细化，可分为三个方面。

1. 体验指标体系设计能力

可以从体验战略层面建立整体的企业级体验指标体系，深入研究企业当前对体验的需求，通过目前收集的各类体验数据，结合企业的绩效考核指标，综合考量后建立体验北极星指标体系。该指标体系可以充分反映体验质量与企业业务指标的联动关系。

2. 问题定位和优化方案设计能力

通过对体验指标的监控，发现并定位体验问题，可分析出问题的本质。在此基础上，可以结合当前企业、部门的资源情况，提出切实可行且具有一定创新性的体验问题解决方案。

3. 项目复盘能力

可以通过回顾体验目标、实施过程分析、总结反思，对解决方案的整体情况进行把握，总结规律，建立流程规范，做到可复用、可推广。

如表 4-7 所示，我们把测量验证能力分为五个等级，得分越高，说明能力越强。

表 4-7 测量验证能力 1~5 分标准

测量验证能力得分	详细说明
1 分	了解体验指标相关知识，能协助他人搭建体验指标体系并推动验证指标
2 分	深入理解测量验证相关知识，能独立对体验指标进行监控，可以对发现的体验问题进行简单分析
3 分	具备一定的体验指标设计经验，能够及时跟踪具体问题的体验指标，提出合理的解决方案
4 分	具有丰富的体验指标设计经验，能够及时跟踪具有问题的体验指标，提出合理的解决方案，推动项目落地实施，获得较好的业务成果
5 分	可以从体验战略层面建立体验指标体系，通过对体验指标的监控和深入分析，发现关键体验问题，并给出富有创造性的解决方案，获得巨大的商业价值

通过上面对企业级体验能力模型中七项能力的详细解析，大家应该对每项能力有了深入的理解，可以参照每一项的1~5分给自己打分，得到自身的能力模型雷达图。图 4-6 反映了一位体验设计师根据前面的介绍对自己的能力进行打分的情况，从中可以看出，这位设计师的成熟度评估、战略规划、研究洞察、旅程管理等能力还是偏弱的。

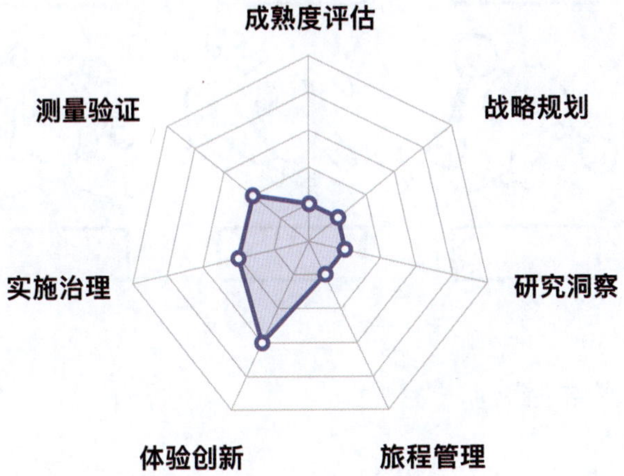

图 4-6　某体验设计师的能力模型雷达图

4.3　要去哪儿：企业级体验岗位模型

4.2 节解决了职业发展中 “我在哪儿”这个问题，本节将解决“要去哪儿”这个核心问题。“要去哪儿”指明了目标，这里的目标就是你想从事的具体岗位。因为每个岗位对于能力要求的侧重点是不一样的，所以我们必须先了解清楚企业级体验领域的具体岗位细分及其专业背景、工作职责和能力模型。

企业级体验领域的岗位模型主要包含两部分，一部分是细分专业岗位，一部分是细分岗位的专业级别。

1. 细分专业岗位

在目前的工作实践中，体验团队中一般包含团队管理岗、体验研究岗、体验运营岗、体验设计岗、项目管理岗、数据分析岗这几个常见专业岗位，如图 4-7 所示。当然具体的专业岗位还要根据各企业的背景、发展阶段、实际需求等因素综合设定。

图 4-7 体验团队中常见专业岗位

2. 细分岗位的专业级别

一般企业中的细分岗位分为初级、中级、高级、资深、专家这五个专业级别，每个级别的简要说明如表 4-8 所示，当然具体的专业岗位级别还要根据各企业的背景、发展阶段、实际要求等因素综合考虑。

表 4-8 企业级体验细分岗位的专业级别

专业级别	详细说明
初级	能独立完成各项简单的体验工作
中级	熟练做事，有经验，能独立承担体验项目工作
高级	核心骨干，具备体验设计规划落地或综合解决方案规划及推广能力
资深	具备体验工作的全局思维和前瞻性视角，具有战略执行和落地能力
专家	体验领域的权威，具备所在领域的战略规划能力，在业界具有一定的影响力

4.3.1 团队管理岗

团队管理岗主要负责体验团队搭建、专业能力培养、人员绩效考核等工作，对部门的各项工作进行综合管理。

这个岗位一般对专业背景没有限制，主要是看体验战略规划、团队综合管理和资源协调能力等。岗位常见的工作职责如下。

- 全面统筹体验工作，根据公司战略确定体验管理的整体规划和近、中、远期的行动路线图。
- 主导整个企业层面的体验工作，负责从体验战略规划到实施治理的全流程工作，向企业所服务的目标人群交付卓越的体验。
- 从体验管理层面提供专业意见与优质解决方案，协同其他团队完成体验指标及业务营收目标。
- 负责团队的搭建与管理，推动团队专业能力、组织氛围建设的持续改进与提升。

团队管理岗的能力模型雷达图如图 4-8 所示。

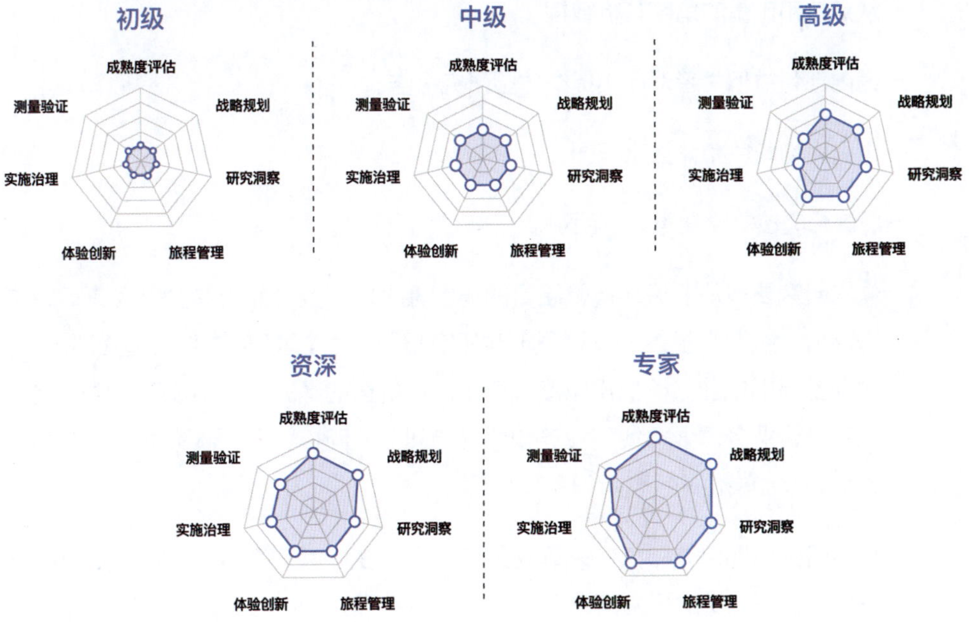

图 4-8　团队管理岗的能力模型雷达图

4.3.2　体验研究岗

体验研究岗是专门研究目标人群体验需求的，通过开展定性、定量的目标人群研究，洞察特定目标人群的需求、行为和体验预期。

体验研究岗要求岗位人员具有市场营销、认知科学、心理学、经济学、信息科学、人类学或类似学科背景，熟悉企业级体验研究管理工作，对企业级体验有深刻的理解，有很好的分析定性定量数据的能力，具备很强的同理心和理解人类行为的能力，同时具有优秀的沟通和协作能力。该岗位常见的工作职责如下。

- 基于对现有体验需求、业务场景、体验管理项目目标和风险的分析，确定需要研究的体验问题和达成的体验目标。
- 将目标人群的体验结果转化为体验战略。
- 进行目标人群访谈、问卷调查、可用性测试、情景查询、日记研究等各类调研工作。
- 从定性和定量的角度分析数据。
- 为内部利益相关者设计和提交体验研究报告。
- 创建人物角色和体验旅程图。

一般这个岗位需要注意以下两点。

- 体验研究要多从业务与体验结合的角度着手：很多企业的体验研究岗不是核心岗位，经常被动接受需求，同时也不全程跟进某个项目，岗位价值受到挑战。企业都是围绕业务价值贡献度来衡量岗位价值的，因此在实践工作中一定要紧密结合业务需要，找到业务和体验的利益共同点，通过体验价值赋能业务价值，增加岗位的“含金量”。
- 体验研究员要以体验为主来确定工作内容：在日常工作中，千万不要把自己限定在传统意义的研究工作中，认为体验研究应该做什么，而是应该抱着“在体验领域，需要我做什么，我就做什么”的工作态度。

体验研究岗的能力模型雷达图如图 4-9 所示。

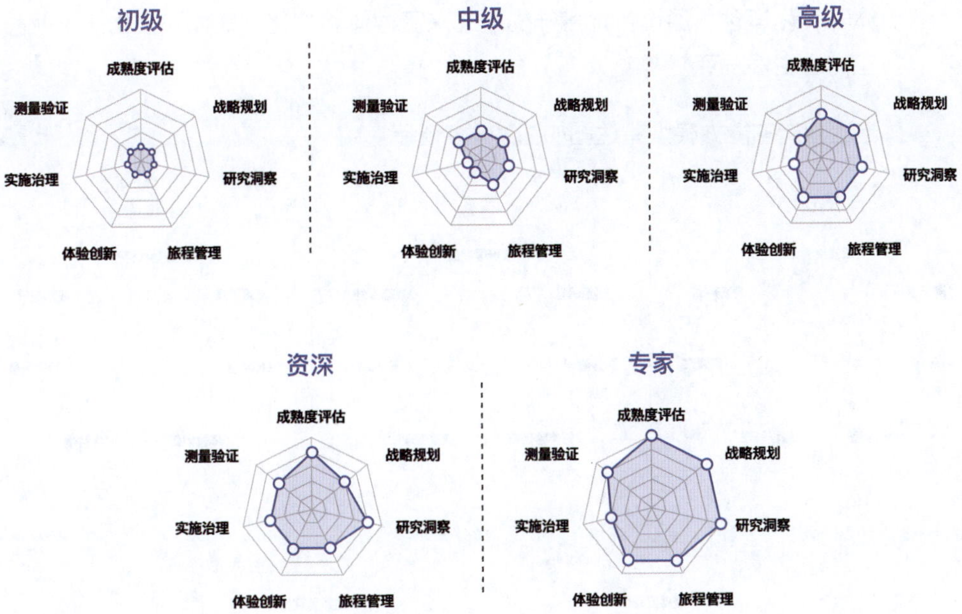

图 4-9　体验研究岗的能力模型雷达图

4.3.3　体验运营岗

体验运营岗主要负责在企业内部推动发现问题、分析问题、落地实施的体验管理闭环机制的建立，推进各部门的体验重塑与提升工作。

该岗位一般也没有太多的专业背景限制，只要对企业级体验领域有深入的理解，对运营相关工作有热情，就可以从事。

在实际的企业级体验日常工作中，体验运营岗的职责如下。

- 构建运营机制：体验运营是具有一定强制性、规范性的管理活动，只有建立明确的赏罚机制、有效的沟通机制，才能让各个部门的体验工作紧密配合、目标一致。
- 数字化平台工具运营：充分利用数字化平台来落地体验工作，通过平台对体验指标进行创新监控，不断提升体验指标。
- 建立体验问题解决闭环：建立监控、分析、实施的体验问题解决闭环，一般通过体验管理数字化系统平台实现。

- 体验文化运营：通过各种各样的形式来宣导体验文化，让体验文化在企业员工内心生根发芽。

体验运营岗的能力模型雷达图如图 4-10 所示。

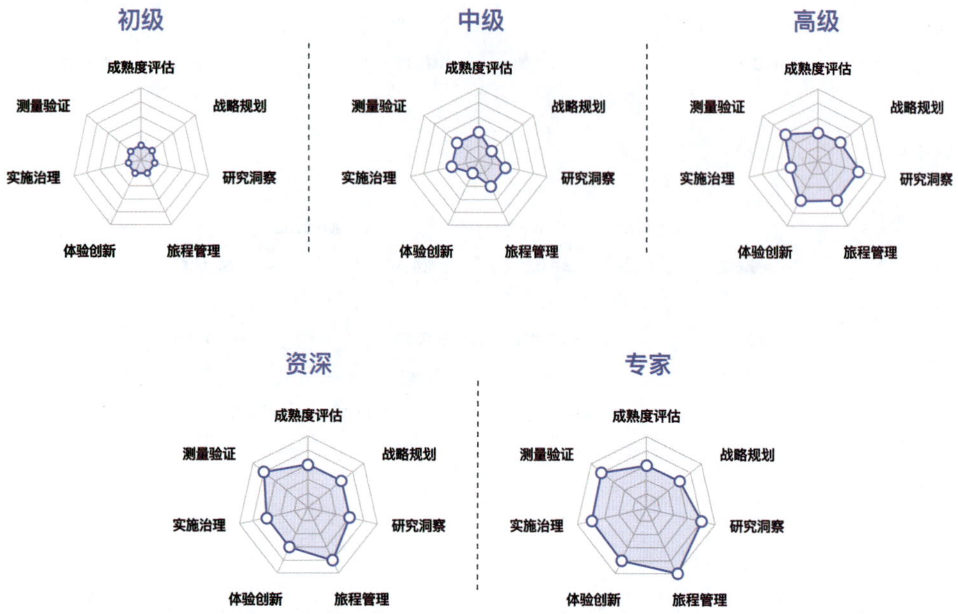

图 4-10 体验运营岗的能力模型雷达图

4.3.4 体验设计岗

体验设计岗主要负责确立产品的体验框架、设计思路、构想创意、交互方式和视觉定义。该岗位一般要求从业者具备艺术设计类专业背景，如艺术设计、工业设计等。

企业中一般会有交互设计师、视觉设计师这两个细分岗位，承接具体的产品体验设计工作，目前交互设计岗和视觉设计岗正在相互融合，形成体验设计岗，这是一个大趋势，主要是为了缩短项目设计研发路径，从而提升效率、降低成本。

体验设计岗的常见工作职责如下。

- 负责规划产品设计方向，跟踪设计趋势，研究和洞察目标人群、行业的设计需求和机会点。

- 基于商业设计方法对产品进行线上线下全链路体验设计规划、定义、诊断及优化落地，有效助力产品取得商业成功。
- 打造产品体验核心竞争力，完成体验创新设计、工作流程优化、定义规范等。
- 负责确定产品、项目的信息架构和交互流程。
- 确保产品、项目是易学易用的。
- 产品、项目上线后持续跟踪迭代，优化用户体验。

体验设计岗的能力模型雷达图如图 4-11 所示。

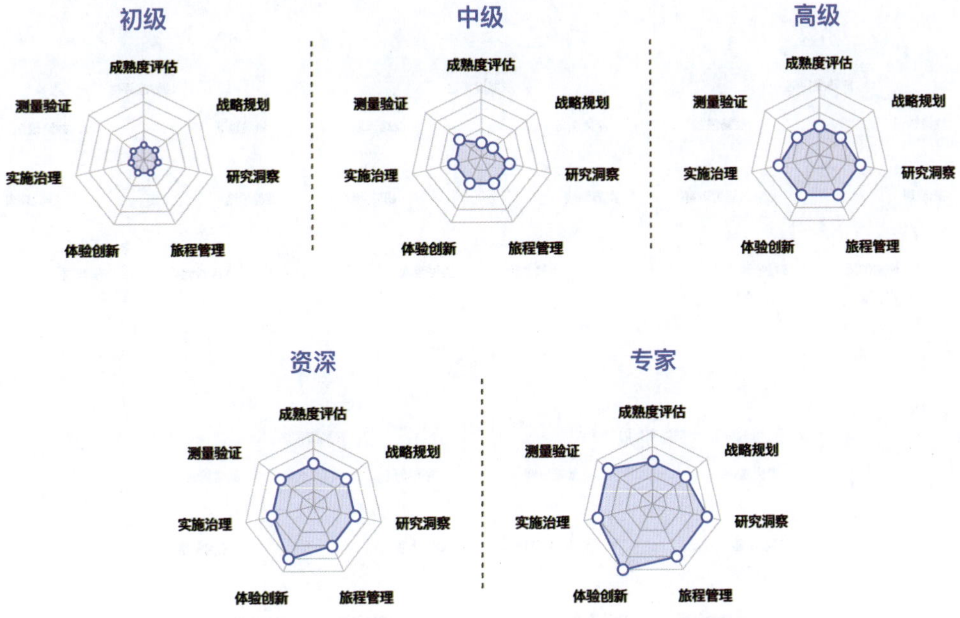

图 4-11　体验设计岗的能力模型雷达图

4.3.5　项目管理岗

项目管理岗负责确立体验项目实施规划，协调体验项目实施资源，监控体验项目实施过程，确保体验项目高质量完成。

该岗位对专业背景没有太多限制，主要看从业者是否具有项目管理工作经验，是否有相关项目管理资质认证，是否对项目管理相关工作有热情。

在实际的企业级体验工作中，项目经理类似于“体验项目大管家”，对于体验项目的落地实施起到了非常关键的作用，项目管理岗的具体职责如下。

- 与其他相关部门及合作伙伴密切合作，带领项目团队落实体验项目计划，能组织和协调相关的技术开发及进度管理工作，保证计划顺利执行。
- 进行项目风险管控，及时发现问题，采取有效预防措施，跟踪监控问题的解决，并提出持续改进的建议。
- 负责管理各类体验需求，合理调配资源，保证体验项目按时上线。

项目管理岗的能力模型雷达图如图 4-12 所示。

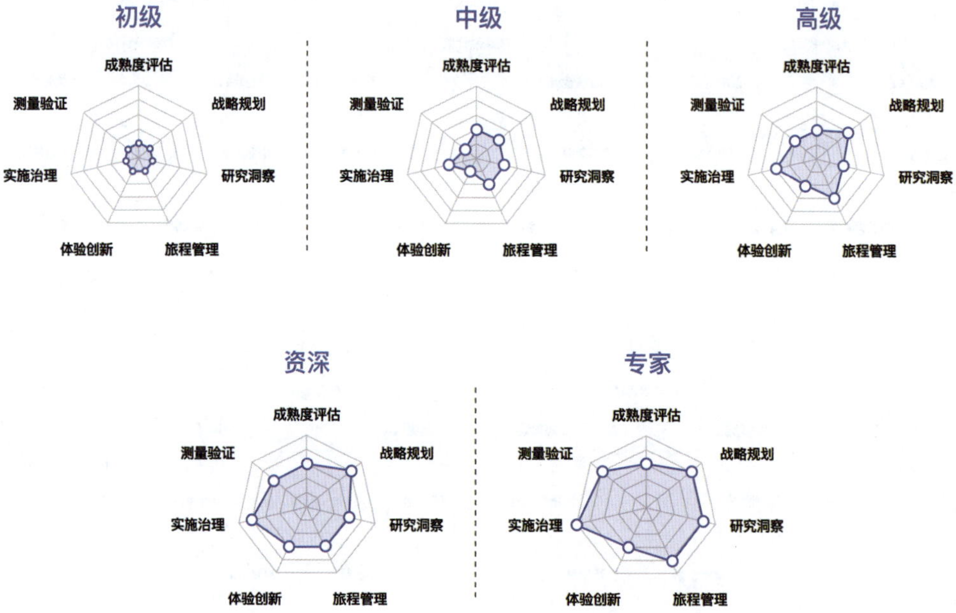

图 4-12 项目管理岗的能力模型雷达图

4.3.6 数据分析岗

数据分析岗专门负责体验数据的分析，通过对体验数据进行数据建模，并结合对企业经营数据的分析与洞察，发现体验问题，进行体验趋势预判。

该岗位一般要求理工科专业背景，如统计学、计算机、大数据建模等相关学科，同时要求从业者对企业级体验具有一定的认知。该岗位的工作职责如下。

- 建立体验“北极星”指标数据模型。
- 对目标人群的触点类体验、旅程类体验和整体关系类体验进行测量，将测量结果转化为数据指标，推动落地优化。
- 对体验数据进行收集、整理，挖掘目标人群的体验需求，提供创新性解决方案。
- 依托企业级体验管理数字化平台，结合目标人群调研、数据埋点、人物画像等定性定量数据，对企业服务的各类目标人群的体验进行专项分析和深度挖掘。

在日常工作中，数据分析岗主要做体验数据的处理分析工作，如对页面进行数据埋点，记录该页面特定按钮的点击量、停留时间、跳转量等，通过收集的大量埋点数据进行数据建模，发现页面使用体验问题，从而为页面的体验优化提供依据。也可以利用一些小的数据样本为未来体验的规划或前瞻性研究提供数据支撑。特别注意，该岗位从业者既要懂数据，又要懂业务。深入业务，是这个岗位必须要做的重要事情。

数据分析岗的能力模型雷达图如图 4-13 所示。

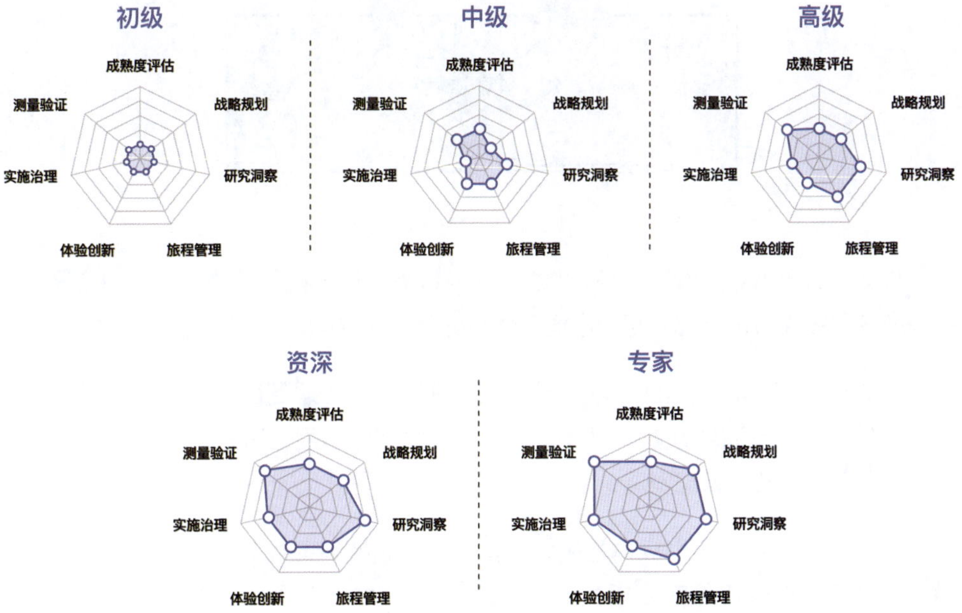

图 4-13　数据分析岗的能力模型雷达图

以上是企业级体验领域常见细分岗位的说明和对应的能力模型雷达图。当然，在实际的体验工作中还有其他岗位，如体验管理教练、顾问等。希望各位读者通过上面的介绍，知道自己喜欢的及适合的岗位是什么，在职业发展上有明确的努力方向和奋斗目标。

4.4 怎么去：职业发展规划 GROW 模型

通过对能力模型和岗位模型的介绍，各位读者对于“我在哪儿”和“要去哪儿”应该有了自己的答案，下面我们来解决职业发展中最后一个核心问题——“怎么去”。

这里我将介绍一个职业发展规划工具——GROW 模型。G 代表 GOAL（目标），R 代表 REALITY（现状），O 代表 OPTIONS（选择），W 代表 WILL（规划），如图 4-14 所示。借助这个工具，我们可以让自己的职业发展变得更加科学、有规划性。

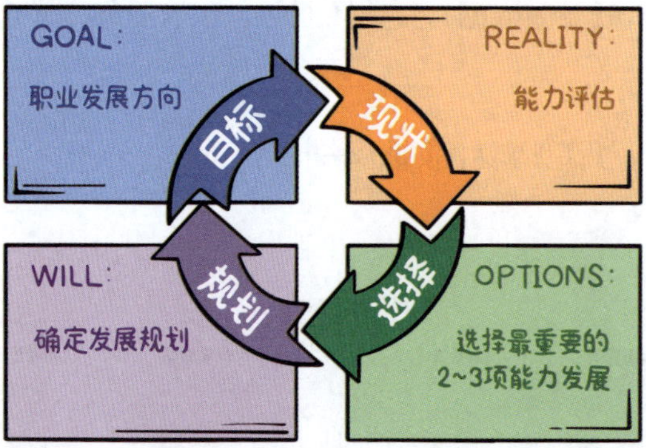

图 4-14 GROW 模型

那么，GROW 模型如何使用呢？下面我们通过一个平面设计师运用 GROW 模型在企业级体验领域建立起职场竞争优势的案例来说明。

小 A 是一名工作五年的平面设计师，目前职业生涯遇到巨大瓶颈，一方面是平面设计领域已经是职场红海，设计师之间的竞争相当激烈，另一方面他对未来的发展有些迷茫，不知道如何发展。

小 A 发现，目前企业级体验领域前景非常好，特别是数字化方面，比如新能源汽车领域、元宇宙领域等都需要大量的体验管理人才。于是，小 A 运用 GROW 模型对自己的职业生涯转型进行了规划。

1. GOAL：目标

小 A 结合企业级体验能力模型和岗位模型，根据自己的专业背景、能力特长和兴趣爱好等，初步确定想从事体验设计岗相关工作。小 A 想道："自己本来就是设计师，应该比较有创新意识。如果以体验创新能力为核心，在此基础上加强对其他六项能力的打造，应该就能在体验设计岗位上获得竞争优势。"

2. REALITY&OPPTION：现状与选择

小 A 对自己的各项能力进行了打分评估，如表 4-9 所示。

表 4-9　能力评估表

能力类别	能力详细说明	能力评估打分
成熟度评估	出具的成熟度报告可作为体验管理战略规划的核心材料，对体验成熟度评估标准、工具和方法论能不断创新，引领领域的发展	☑ 完全不符合（1分） ☐ 有一点符合（2分） ☐ 部分符合（3分） ☐ 符合（4分） ☐ 完全符合（5分）
战略规划	能提出企业级体验愿景、目标，并基于战略规划确定体验行动，通过体验价值和战略激励员工，促进企业级体验远景规划的实现	☑ 完全不符合（1分） ☐ 有一点符合（2分） ☐ 部分符合（3分） ☐ 符合（4分） ☐ 完全符合（5分）
研究洞察	通过对各类目标人群的体验需求洞察，引领与主导确立企业级体验战略，同时对相关的研究洞察方法论和工具进行创新	☑ 完全不符合（1分） ☐ 有一点符合（2分） ☐ 部分符合（3分） ☐ 符合（4分） ☐ 完全符合（5分）
旅程管理	能够通过对体验旅程的监控来不断改善体验，同时可以做到对目标人群的体验进行创新，不断交付超越目标人群期望的卓越体验	☑ 完全不符合（1分） ☐ 有一点符合（2分） ☐ 部分符合（3分） ☐ 符合（4分） ☐ 完全符合（5分）

续表

能力类别	能力详细说明	能力评估打分
体验创新	对创新方法和规律运用自如，能为团队建立可复用的新思路、新方法、新工具、新流程，并取得业绩上的突破	☐ 完全不符合（1分） ☐ 有一点符合（2分） ☑ 部分符合（3分） ☐ 符合（4分） ☐ 完全符合（5分）
实施治理	能负责企业级战略性体验项目的计划制订和过程推进，始终从体验战略角度出发，提出独到见解或优化建议，并以非凡的魄力和协调能力推动体验项目战略的落实和执行	☑ 完全不符合（1分） ☐ 有一点符合（2分） ☐ 部分符合（3分） ☐ 符合（4分） ☐ 完全符合（5分）
测量验证	可以从体验战略层面建立体验指标体系，通过对体验指标的监控和深入分析，发现关键体验问题，并给出富有创造性的解决方案，获得巨大的商业价值	☑ 完全不符合（1分） ☐ 有一点符合（2分） ☐ 部分符合（3分） ☐ 符合（4分） ☐ 完全符合（5分）

小 A 通过能力评估表得到了自己的能力模型雷达图，并与体验设计岗高级级别进行了对比，如图 4-15 所示。他找出了还欠缺的能力项，列出了需要提升的能力项的优先级。

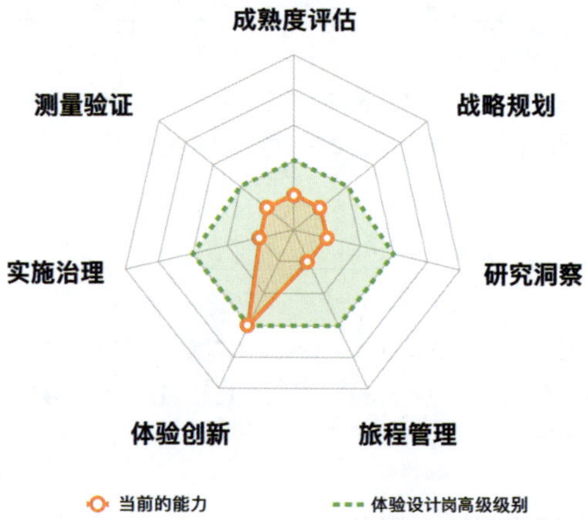

图 4-15　当前能力与体验设计岗高级级别能力对比

小 A 从对比图中可以看出，除了体验创新能力，其他能力都是需要提升的。其中研究洞察、实施治理这两项是最需要提升的，因此他将这两项的优先级定为最高。

3. WILL：规划

然后，小 A 根据上一步确定的能力提升优先项，制定了能力发展规划表，如表 4-9 所示。

表 4-10　能力发展规划表

能力发展规划表		
能力类型	提升措施	截止时间
研究洞察		2023-06-30
实施治理		2023-12-30

通过以上方法，小 A 在日常的工作中有针对性地不断提升自己在企业级体验领域的各项专业能力，在日常的体验工作中开始崭露头角，正逐步在当前企业中建立起在该领域的职业竞争优势。

在工作中经常有同事问我这样的问题：“我发现企业级体验领域要求的能力维度很多，我感觉自身有多方面欠缺，应该全面提升还是单点突破呢？”

大家怎么看这个问题呢？管理学中把人的各种能力值比喻成围成木桶的木板，木板长短不一，像极了一个人的能力组合。通常木桶原理的重要结论是，一个人综合能力的上限取决于短板的长度，即短板越短，木桶盛水的能力越弱。于是很多人开始补齐自己的短板，以为补齐短板就可以在职场上占据更多的优势。但是大家忽略了一个问题，能力的长短是相对而言的，也许你的长板还不如别人的短板长。

换个角度，为什么一定要补齐短板呢，反其道而行之，不断加长自己的长板，其实最终也可以装更多的水，如图 4-16 所示。

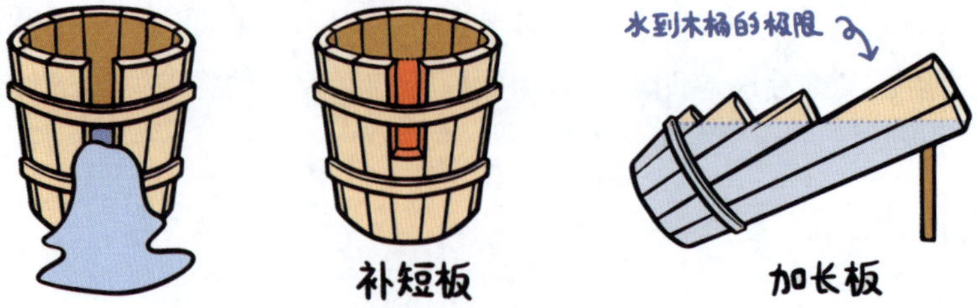

图 4-16 补短板 VS 加长板

如果是你，你会选择补短板还是加长板呢?

其实两者并不矛盾，可以分阶段进行，刚毕业的时候短板比较多，可以优先选择补短板。等工作 5 年以上如果想走综合管理岗位的职业发展路径，可以选择继续补短板，如果想走细分领域专家的职业发展路径，则可以选择不断加长自己的长板。

第 5 章 建立旅程管理能力

我想很多人都应该有过随团旅行的经历，我也一样。曾经去云南丽江的一次旅行体验让我印象深刻，经常会让我有再去的想法。

那次旅行团里既有老人也有小孩，为了避免大家因为不适应当地的高海拔环境而身体不适，导游小王将行程调整为先走泸沽湖，后去香格里拉，主要是因为泸沽湖平均海拔 2600 多米，香格里拉平均海拔 3400 多米，先走海拔较低的泸沽湖，再去海拔较高的香格里拉，可以让大家，特别是老人和小孩更好地适应环境，这样的行程安排得细致合理，节奏比较轻松，几天下来体验很不错。小王对时间和游客状态把握得很好，玩了许多天，团里的老人们都没觉得疲惫。

很多时候企业交付给目标人群的体验，就像旅行社给你安排的一次外出旅行，始于导游对整个行程的安排，终于旅行结束后你对导游安排的行程体验的念念不忘，甚至还想再让这位导游为你安排一次。你可以把企业里的体验工作人员比作导游，把企业所服务的目标人群比作游客。导游对于这次旅行的全程安排就是对体验旅程的一次管理。

本章通过对旅程管理的概述、旅程绘制的介绍、绘制过程的详细说明，以及对拆分、整合、分析、迭代、创新等各项旅程管理能力进行详细说明，让大家对如何根据自身的情况建立旅程管理能力有清晰的认知。让旅程管理能力成为大家在企业级体验领域的核心竞争力。

5.1 旅程管理概述

根据 BCG 发布的一篇文章可知，对客户的旅程进行管理，可以使客户对企业的忠诚度从 20 分提升到 40 分，成本降低 15%~25%，收入增加 10%~20%。由此可见，旅程管理对于企业营收相当重要。

那么旅程管理的含义究竟是什么呢？本节我们将详细介绍。

5.1.1 什么是体验旅程

如果你和家人想一起旅行，过程会是怎么样的呢？我想大致会经历以下几个阶段。

1. 寻找合适的旅行社，让导游给你规划旅行方案。

2. 在约定的时间、地点，乘坐导游安排的车辆前往旅行目的地。

3. 按照导游的规划和安排进行观光游览。

4. 享受吃、住、购物等娱乐休闲活动。

5. 返程。

这是一个典型的体验旅程。在这个旅程中，你会和导游、交通工具、服务人员等进行接触和交互，每次接触和交互都会给你带来不同的体验，或好或坏，或惊喜或生气。从体验的视角来看，我们可以形象地把这次旅行看作一次企业向客户交付体验的旅程。

“企业级体验旅程是指客户、供应链上的各级合作伙伴、企业内部员工等企业所服务的目标人群为达成某一目标，在各个阶段与企业在一系列触点上进行交互的集合。”

对于不同的目标人群，企业的业务目标不同，实现业务目标的路径也可能不同，因此体验旅程是复杂多元的。对于复杂的体验旅程，企业要想把握体验质量，势必要对其进行管理，旅程管理的概念便逐渐发展起来。

5.1.2 旅程管理发展的三个阶段

旅程管理发展了几十年，大概经历了三个阶段。了解这三个发展阶段有助于我们把握未来的发展趋势，更好地对体验旅程进行有效管理，并不断对旅程管理进行体验创新。

1. 全流程体验关键触点优化阶段

我们通过对目标人群体验旅程的梳理，将找到他们与企业交互的关键体验触点，通过对这些关键触点进行优化迭代，可以提升体验。同时，通过对触点的深入分析，可将一些关键的、有业务价值的触点设计成“爽点”，从而给客户带来超出预期的体验。

比如，企业通过线上点餐平台为客户提供外卖服务，其核心商业诉求是不断提升客户的复购率，有效手段是不断优化客户体验，留住客户。在这个体验旅程中主要有四个关键触点，如图 5-1 所示。

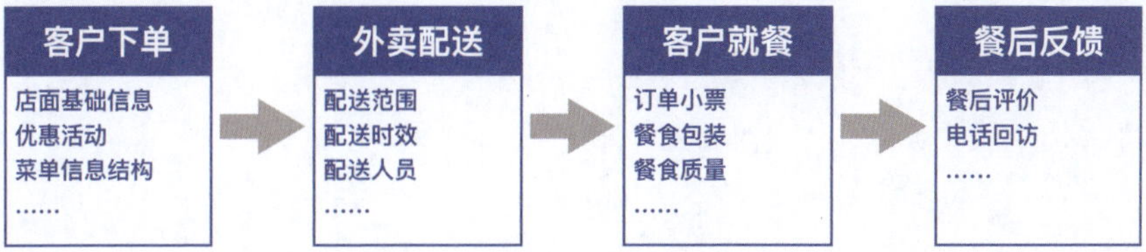

图 5-1 外卖体验旅程关键触点

对于这四个关键触点，我们可以通过对“客户就餐”这个触点进行优化设计，使其成为客户体验的“爽点”。客户就餐环节主要包括订单小票、餐食包装、餐食质量等可优化点。很多企业在包装袋上做了不少文章，但往往没有获得很好的体验，造成过度包装，反而提高了客单价，让客户感到华而不实。我们可以在包装袋内放置桌布、湿纸巾、薄荷糖、小贴纸等物件来提升客户体验，这也是餐食包装的一部分，这可能会让客户产生拍照分享的冲动。

2. 跨渠道全流程旅程管理阶段

随着数字化的深入发展及线上线下业务的高度融合，加之各种移动设备、智能硬件快速发展，企业和目标人群的交互触点越来越碎片化。目标人群期望与企业的交互可以随时随地进行，因此我们可以从任意一个触点获取企业所提供的产品 / 服务带来的卓越体验。

比如，疫情让服装零售品牌拥有了门店客流线上留存的意识，每一位到店顾客能带来的价值不仅是门店消费，还包括注册会员、留存信息、添加微信、建立连接等，当顾客离店后，门店导购仍可以在线上触达用户，挖掘更长期的用户价值。

3. 建立各层级目标人群的企业级体验生态阶段

随着体验升级为企业级体验，交付对象从传统意义上的“客户”变为“客户、供应链上的各级合作伙伴、企业内部员工等”，所以相对应的体验旅程主要工作也变成了注重企业所服务的所有目标人群体验旅程的交叉与融合，对目标人群的体验旅程进行重塑，建立多层次的企业级体验生态。

例如，我们在企业内部建立充满活力的体验文化、高效的工作流程和数字化内部工具、充满人性化的人力资源管理流程，以此让员工获得卓越的工作体验。通过激活内部员工的体验，进而提升客户体验和合作伙伴体验，通过及时获知客户、合作伙伴的反馈加以持续管理和改进，形成“员工—合作伙伴—客户”体验生态。

“只有透过企业所服务的目标人群与企业进行的多维度交互，关注各目标人群体验旅程的相互关联与影响，建立多方共赢的企业级体验生态，方能使企业降低日常运营成本，提升盈利水平。”

5.1.3 旅程管理能力细分

试想一下，作为旅行社的导游，需要具备哪些专业能力才能顺利带领旅游团出游，并交付卓越的旅行体验呢？首先应该具备很好的行程规划能力，要能在旅行过程中根据需要灵活调整、优化路线，还要具备带团结束后的复盘能力，能对旅行安排进行后续调整优化。

企业对于目标人群体验旅程的管理，和导游对于旅行的管理是一样的。企业进行旅程管理应该具备以下能力。

- 旅程绘制能力。
- 旅程测试与数字化能力。
- 旅程拆分与整合能力。
- 旅程分析、迭代与创新能力。

在本章 5.3 节至 5.6 节中，我们将着重介绍这四项能力。

5.2 旅程绘制呈现形式

导游在进行旅行路线规划的时候往往会使用一些类似 Excel 的工具，同样地，如果要绘制目标人群的体验旅程，也要使用一些绘制工具并最终呈现出来。

5.2.1　体验旅程图

在企业级体验工作中，我们绘制并呈现目标人群的体验旅程主要借助体验旅程图，并基于此对企业所服务的各类目标人群的渠道体验和触点体验进行梳理、规划、监测等。

“企业级体验旅程图是用于展示企业所服务的客户、供应链上的各级合作伙伴、企业内部员工等各类目标人群与企业在关键触点 / 渠道交互中的流程、需求和主观情绪变化等元素的可视化工具。”

导游在 Excel 表格里规划旅行路线的时候，要考虑时间、地点、人数、游览路线、行车路线等要素。同样地，一个完整的体验旅程图中也有一些基本元素。

如图 5-2 所示，一个相对完整的体验旅程图包含 11 个主要元素，大家在实际绘制过程中可以根据情况适当删减。

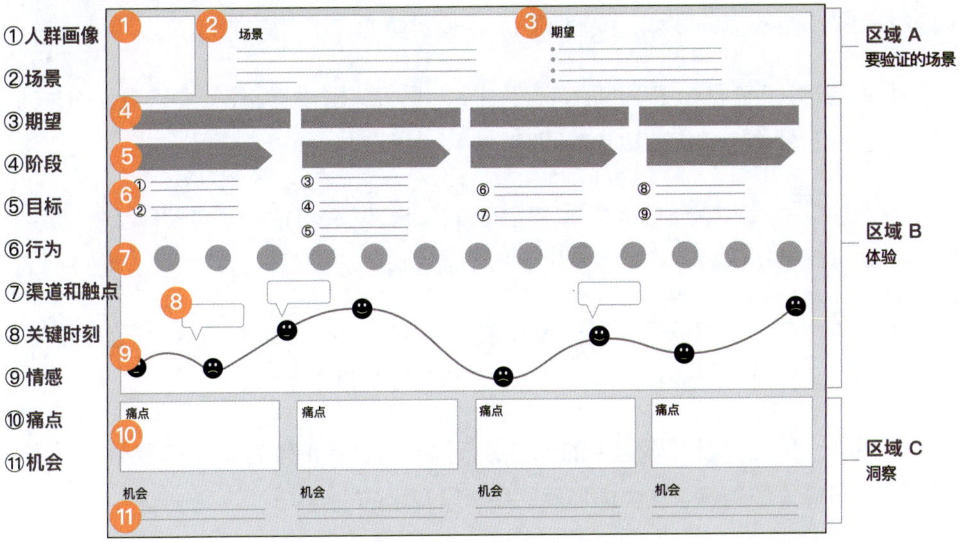

图 5-2　体验旅程图主要元素

- 人群画像：用于描述目标人群的基本信息、个性特征、目前状况、未来目标等。可以帮助企业回答两个最基本的问题——我们为谁提供卓越体验？我们不为谁提供卓越体验？

- 场景：触发体验旅程的环境，是让目标人群产生明确目标的开始。一个完整的体验旅程同时也是一个系列场景的组合。
- 期望：描述在当前场景下目标人群期望获得的结果是什么，他们想达到怎样的目标。
- 阶段：是一个完整体验旅程中相对独立的子过程，这些子过程往往具备阶段性目标，或者区别于其他子过程的场景。
- 目标：在某一阶段下目标人群的具体期望，在清晰分析目标后，我们就可以通过实现目标来提升该阶段的旅程体验。
- 行为：目标人群在旅程的各个阶段会有相对应的表现，做出不同的动作，通常是根据目标人群调研、行为分析等进行收集整理的。
- 渠道和触点：目标人群与企业发生交互的场所和对象，触点是具体的交互对象，而渠道是触点的载体，渠道和触点既有实体的，也有虚拟的。
- 关键时刻：在整个旅程的所有交互中，对目标人群情感、感知影响最大的时刻，这些时刻决定着旅程体验的质量。
- 情感：目标人群在每次交互中的情绪状态，以及对企业交付的体验的态度，可以用表格进行评级，或者用表情和描述情感的词汇进行评级。
- 痛点：在体验旅程中，目标人群感受到最大挫折、最担心、最不满意或者与期望差距最大的地方，这些是导致不良体验的最主要来源。
- 机会：企业可以对旅程中的体验进行提升与创新的地方，通常情况下，每一类目标人群的痛点和情感负面都是可以利用的机会。

图 5-3 展示了一名购物者的体验旅程图。

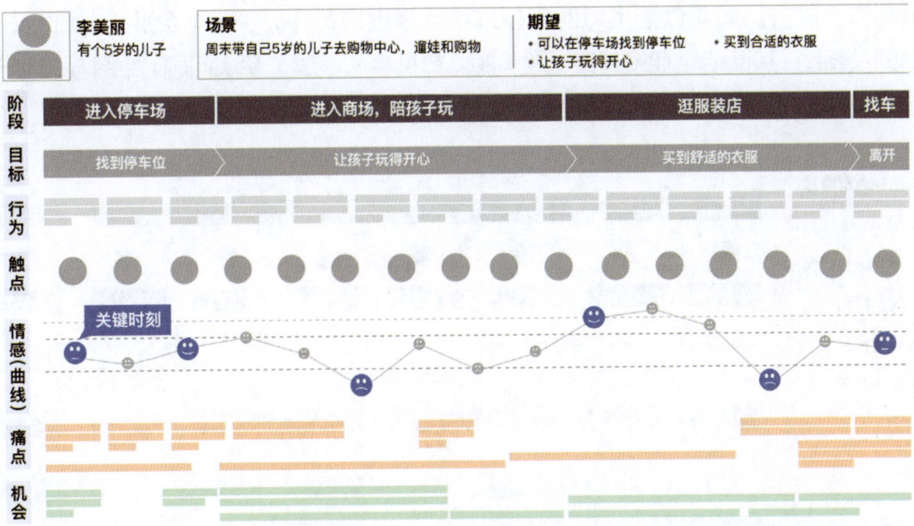

图 5-3　购物者的体验旅程图

5.2.2　服务蓝图

在具体的体验旅程管理工作中，我们还经常使用服务蓝图来体现企业交付体验时所涉及的内外部（特别是内部）人员和流程。我们可以将服务蓝图作为体验旅程图最重要的补充工具。与体验旅程图类似，它是全渠道的，涉及多个触点，需要跨职能参与（涉及多个部门）。我们可以给服务蓝图下一个明确的定义。

“服务蓝图是将企业所服务的各类目标人群（客户、供应链上的各级合作伙伴、企业内部员工等）、道具（企业提供的产品 / 服务）、流程这三者在企业内外部的交互关系进行可视化的工具。”

服务蓝图、目标人群、目标，这三者应该是一一对应的。对于同一项服务，如果有几个不同的场景，可能有多个服务蓝图。例如，对于购物中心的销售业务，针对线下购物体验，我们需要绘制一个服务蓝图，而对于线上 App 购物体验，我们需要绘制另一个服务蓝图。

服务蓝图是帮助企业发现交付工作漏洞的利器。糟糕的体验往往是由于企业内部各个部门之间的沟通或协作机制缺失所致。虽然我们可以很快理解企业提供的产品 / 服务中可能出现的问题（如糟糕的产品性能或无法点击的界面按钮），但确定一个服务和底层系统性问题（如损坏的数据或漫长的排队等待时间）的根本原因要困难得多。服务蓝图可以把类似的问题统统暴露出来，并提供一个企业内外部相关依赖的关系图，从而使企业发现系统性问题，有机会从根源上解决问题。如图 5-4 所示，一个相对完整的服务蓝图包含 6 个主要元素。

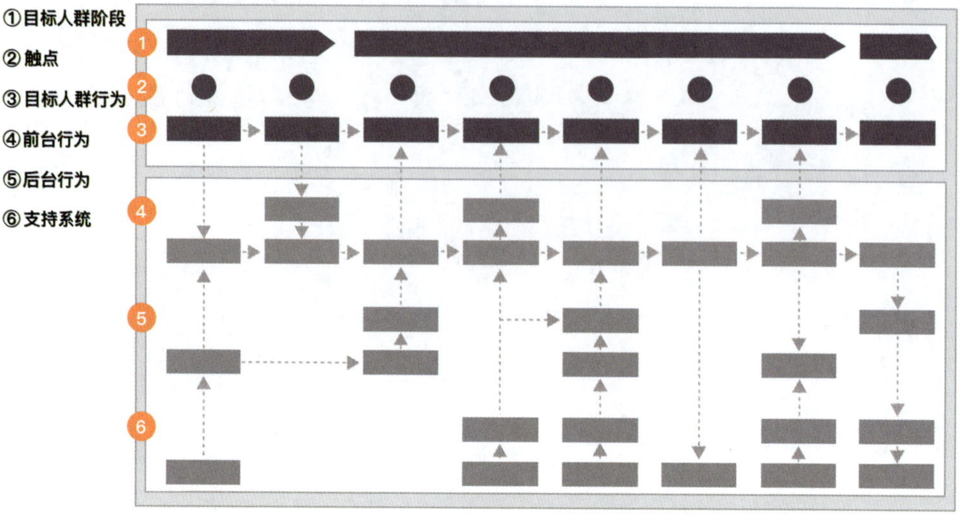

图 5-4　服务蓝图的主要元素

- 目标人群阶段：目标人群在与企业交互时为达到特定目标而产生的关键行为步骤，来自研究或体验旅程图。
- 触点：目标人群为达到特定目标而与企业接触的“界面”，来自研究或体验旅程图。
- 目标人群行为：目标人群为达到特定目标而进行的活动，来自研究或体验旅程图。
- 前台行为：直接发生在目标人群面前的行为，这些行为可以是人对人的，也可以是人对物的，如对软件界面。人对人的行为是接触员工（如与客户互动的人）时发生的，人对物的行为是客户与自助服务技术（如移动应用程序和自动取款机）互动时发生的。
- 后台行为：在幕后发生的行为，以支持前台行为。这些行为可以由后台员工（如厨房里的厨师）执行，也可以由前台员工去做，但顾客是看不到的（如服务员在厨房的显示系统中输入订单）。

- 支持系统：主要面向“后台”离目标人群更远的支持部门、第三方及外部支持人员，他们不会和目标人群有接触，但会默默支持各个节点的服务完成。比如，在就餐服务蓝图中，第三方软件公司开发的供员工完成菜品下单的软件就是支持系统。

在服务蓝图中，主要元素被分成几个大组，我们可以用三条分界线条将它们分开，以此体现服务蓝图的框架层次，如图 5-5 所示。

- 互动分界线把目标人群和直接服务于目标人群的企业一线员工进行划分。一般体现目标人群和企业之间的直接互动。
- 可视化分界线将所有对目标人群可见的服务活动与不可见的服务活动分开。前台（可见）的一切行为都在这条线之上，而后台（不可见）的一切行为都在这条线之下。
- 内部互动分界线将与目标人群互动的员工与系统分开。

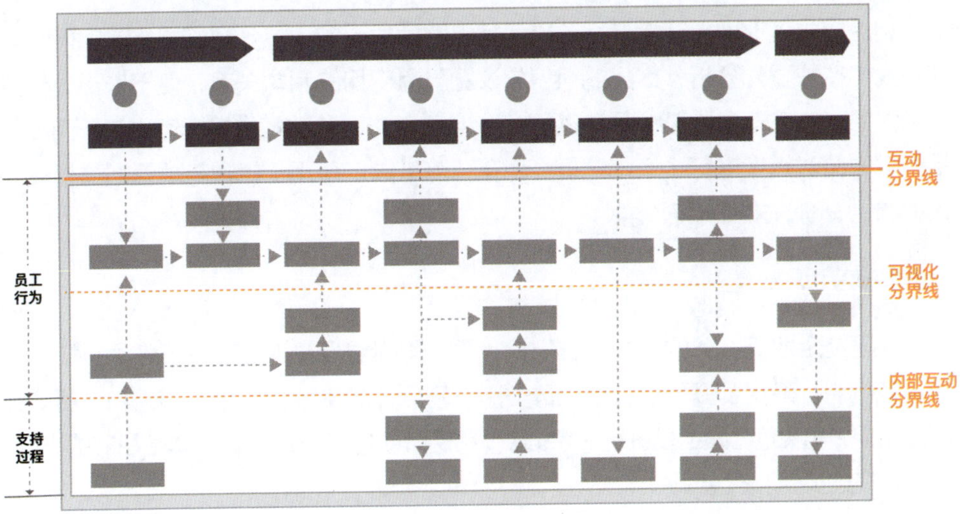

图 5-5 服务蓝图的三条分界线

5.2.3 利益相关者地图

我们在具体的体验旅程管理工作中，时常会使用利益相关者地图这个辅助工具，如图 5-6 所示。

“利益相关者地图用于全面反映在特定场景下企业所服务的各类目标人群之间的联系与影响。”

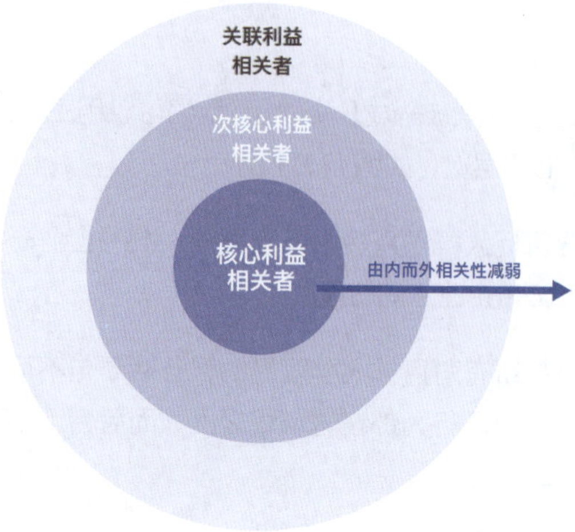

图 5-6 利益相关者地图

利益相关者地图是非常典型的以目标人群为中心的工具。在开展具体的研究之前，我们往往要先分析什么人或组织与议题具有密切的利益关系，便于选择具体的研究对象。这个概念最初出现在 20 世纪 60 年代末，伦敦塔维斯托克研究所用利益相关者地图对组织进行了系统分析。现在，该工具广泛用于梳理与项目利益相关的人物或组织间的关系网络。

1. 使用场景

在研究企业所服务的目标人群初期，我们用利益相关者地图分析各类目标人群的关联机制，确定要调研的目标人群类别，精准开展系统化的项目调研和分析。在研究中期，可以通过该工具进行关系推演，判定所服务的目标人群对体验战略的影响，评估潜在的风险和机会。

2. 主要流程

使用利益相关者地图的流程大概如下。

（1）识别和定义核心利益相关者

首先要识别和定义对企业来说最核心的利益相关者，通常是企业所服务的核心目标人群。我们要将核心利益相关者放在画布的中心位置。在大多数企业目标人群中，核心利益相关者是一类或相互关联的两类群体，例如在购物平台中，买家和卖家都是企业所服务的核心目标人群。

（2）扩展其他利益相关者

按照与核心目标人群关系的紧密程度，依次向画布中心之外列出所有目标人群，即其他利益相关者，分析各类目标人群之间的关联性和影响力，根据利益关系的强弱在空间距离、位置上进行体现，并可视化展示。一般来说，越靠近画布中心，目标人群越清晰，越靠近外圈，目标人群越模糊。

（3）标示利益相关者之间的关系

按照实际关联，在利益相关者之间用线条连接，形成网络。以消费者前往购物中心为例，消费者本人（及其伴侣）应处于画布中心，我们可以把提供消费服务的利益相关者分为三个圈层——核心利益相关者、次核心利益相关者与关联利益相关者，以此分析出所有利益相关者的预期价值，以便考量体验对所有利益相关者的影响，如图 5-7 所示。

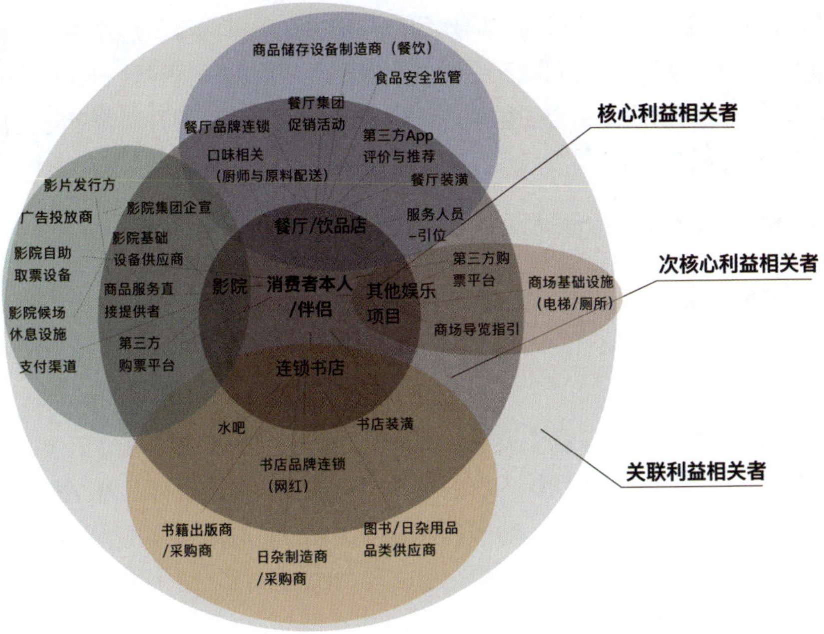

图 5-7　消费者前往购物中心的利益相关者地图

3. 使用提示

在运用利益相关者地图规划调研对象时，应该覆盖全部核心目标人群和代表不同利益相关者的次要目标人群，以便获取更多观点。在体验工作中，我们常常抽象核心目标人群的特征，并将具有这类特征的人定义为典型目标人群。

5.3 旅程绘制攻略

本节我们将结合一个实际案例——购物中心顾客购物导视体验旅程绘制，介绍旅程绘制的详细流程。

5.3.1 确定体验场景和目标

首先，我们需要明确体验场景和目标是什么。无论是想更好地提升企业供应链上某一级合作伙伴对企业的合作满意度，还是想提升企业内部员工的敬业度等，明确的目标可以帮助我们创建相匹配的体验旅程，从而为企业级体验工作提供研究和洞察的旅程信息。

案例背景：某购物中心客服部门经常收到消费者的投诉，主要问题是不知道自己要去的店铺在哪一层，不知道如何找到自己想去的品牌店等。购物中心管理者通过收集汇总，发现相关体验问题产生的原因是购物中心的导视体验不好，所以要求商场的体验团队对该购物中心的导视系统进行优化，以此来提升消费者对购物中心导视系统的满意度。

案例场景：购物中心的导视系统。

案例目标：提升顾客对导视系统的满意度。

5.3.2 目标人群需求收集和整合

收集和整合线上、线下各个渠道目标人群的体验数据是前期准备工作之一。我们在平时一定要多积累相关目标人群的各种体验数据，当然也可以通过发放各种形式的调查问卷、焦点小组调研、情景调查、购买第三方数据等方式获取目标人群的各种体验数据。

针对本案例，在这一阶段，体验团队根据购物中心场景下的人群情况，确定了三类目标人群：消费者、店员、购物中心客服人员。因为客服人员是企业内部同事，相对容易进行研究，所以人群研究计划主要是针对消费者和店员的。为了提高研究效率，团队决定把人员分为三组，同时进行访谈。人群研究计划表如表 5-1 所示。

表 5-1　人群研究计划表

<table>
<tr><th colspan="3">阶段</th><th>时长预估</th><th colspan="2">人员安排</th><th>预期产出</th></tr>
<tr><td rowspan="3">观察商场整体情况</td><td colspan="2">楼层分布</td><td rowspan="3">20min</td><td colspan="2" rowspan="3">各自观察</td><td rowspan="5">可观察的店铺类别</td></tr>
<tr><td colspan="2">人群分布</td></tr>
<tr><td colspan="2">其他（任意发挥）</td></tr>
<tr><td rowspan="2">小组讨论</td><td colspan="2">分享见闻</td><td rowspan="2">10min</td><td colspan="2" rowspan="2">团队全体成员</td></tr>
<tr><td colspan="2">决定预访店铺类别</td></tr>
<tr><td rowspan="6">不同店铺购买行为</td><td rowspan="2">店员预访谈</td><td>收集信息</td><td rowspan="6">60min</td><td rowspan="6">2 人 ×3 组
3 类店铺</td><td rowspan="2">1 人 / 组</td><td rowspan="2">店员预访谈报告 ×3</td></tr>
<tr><td>迭代大纲</td></tr>
<tr><td>消费者观察</td><td>记录消费者购买行为</td><td>2 人 / 组</td><td>消费者观察报告 ×6</td></tr>
<tr><td rowspan="2">消费者预访谈</td><td>收集信息</td><td rowspan="2">2 人 / 组</td><td rowspan="2">消费者预访谈报告 ×6</td></tr>
<tr><td>迭代大纲</td></tr>
<tr><td>潜在消费者预访谈</td><td>迭代大纲</td><td>1 人 / 组</td><td>潜在消费者预访谈报告 ×6</td></tr>
<tr><td rowspan="2">小组讨论</td><td colspan="2">确定选题方向</td><td rowspan="2">30min</td><td colspan="2" rowspan="2">团队全体成员</td><td>选题方向细化方案</td></tr>
<tr><td colspan="2">迭代大纲</td><td>迭代后的大纲</td></tr>
<tr><td rowspan="3">正式访谈</td><td colspan="2">消费者访谈</td><td rowspan="3">根据具体情况决定</td><td colspan="2" rowspan="3">2 人 ×1 组</td><td>消费者访谈报告 ×4</td></tr>
<tr><td colspan="2">店员访谈</td><td>店员访谈报告 ×2</td></tr>
<tr><td colspan="2">潜在消费者访谈</td><td>潜在消费者访谈报告 ×4</td></tr>
</table>

确定了研究计划和人员分组后，团队通过讨论确定了访谈大纲，如表 5-2 所示。通过对消费者、店员、潜在消费者等人群进行访谈，建立了几类核心用户画像。

表 5-2 访谈大纲

<table>
<tr><th>主题</th><th>目的</th><th>问题</th><th>追问</th></tr>
<tr><td rowspan="3">逛商场</td><td rowspan="3">逛商场的习惯</td><td>一般逛商场的频率是怎么样的？</td><td>每次在商场里停留多长时间？</td></tr>
<tr><td>逛商场的主要目的是什么？</td><td>消费的频率？一般都买什么？为什么？</td></tr>
<tr><td>目前一般使用什么交通工具到商场？</td><td>为什么？</td></tr>
<tr><td rowspan="5">品牌</td><td rowspan="5">偏好 / 常用的品牌
选择品牌的原因
了解品牌的信息
进商场后如何寻找品牌</td><td>会有一定的品牌偏好吗？</td><td>都是什么品牌？可以举几个例子吗？
最开始是怎么了解到这个品牌的？</td></tr>
<tr><td>为什么喜欢这几个品牌？一般考虑哪些因素（价格 / 风格 / 质量……）？</td><td>可以给看重的因素按重要程度排序吗？为什么？</td></tr>
<tr><td>平时会去不熟但定位类似的其他品牌店铺逛吗？</td><td>如果会，是通过什么渠道了解的？了解哪些信息？具体的呈现方式什么？
消费的可能性相较熟悉的品牌是否会低一些？为什么？</td></tr>
<tr><td>平时会主动关注常用品牌的信息吗？</td><td>会首先寻找自己熟悉的品牌吗？怎么寻找的？</td></tr>
<tr><td>当你来逛商场的时候，一般会怎么逛呢？</td><td>接下来呢？（这里主要是想了解用户在商场里的旅程）</td></tr>
<tr><td rowspan="3">导视</td><td rowspan="3">使用导视工具的习惯
在商场里如何找路
使用过的导视工具</td><td>你会主动使用商场里的导视工具吗？</td><td>为什么？
都在什么场景下使用？
会用到哪些工具？具体描述一下使用过程。
效果怎么样？</td></tr>
<tr><td>在商场里会出现找不到路的情况吗？</td><td>怎么解决？</td></tr>
<tr><td>你都注意到了哪些导视工具呢？</td><td>感觉导视工具怎么样？
这个商场给你的总体感觉怎么样？</td></tr>
</table>

通过上面的访谈大纲，体验团队对若干名消费者进行了深度采访，然后对采访内容进行收集、整理和分析，通过对比关键需求的行为差异，建立了消费者筛选维度。如图 5-8 所示，团队把“逛街频率”“消费行为类型”“品牌倾向性”“导视牌使用”这四个维度作为消费者筛选维度，最终确定了核心消费者，即目标人群。

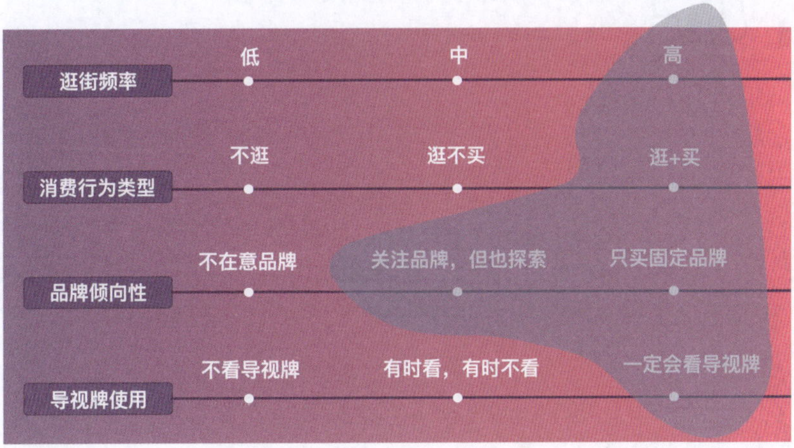

图 5-8 消费者筛选维度

5.3.3 建立目标人群画像

人群画像代表了某一类目标人群，是在购买决策、技术或产品使用、服务偏好、生活方式的选择等方面，拥有共同特征的虚拟形象。与数据相比，它更加鲜活，能够充分还原一个人的想法、动机、情绪和行为方式，帮助企业了解其核心用户。在建立人群画像的时候，应该由浅入深，先整理出年龄、性别、感情状况、子女、居住地点等基本信息，再描绘兴趣爱好、消费特征和生活习惯等，描述得越形象，越具有参考价值。

“小 A 是一位 25 岁的女性白领，985 大学毕业，现在在互联网行业从事设计工作，居住在北京。单身，平时喜爱摇滚乐，是一个‘月光族’。她经常和朋友说，人就是要活得潇洒。”

这样一描述，小 A 在你脑海中的形象是不是马上鲜活了起来？没错，人群画像可以帮助企业内部各团队统一对某一类目标人群的体验目标、使用场景、关注点等的认识。

如图 5-9 所示，体验团队根据前面对购物中心消费者进行洞察分析的结果，建立了核心消费者人群画像。

核心消费者

追求“时尚与美”的品质消费者

小尚 | 女 | 青年群体 | 单身 | 月收入10k-15K

“我一定要把想逛的品牌都逛到了，当路过其他品牌看到好看的也要进去转转。”

“如果没人拦着我，我能逛一天。”

典型行为

① **一定会看导视牌**，规划今日必逛的店。

② **穷尽式购物法**，一定要把想逛的都逛到。

③ 路盲，分不清方向，**用店铺代表位置。**

④ 看重品牌，但也会**探索**新的品牌。

图 5-9 购物中心核心消费者人群画像

5.3.4 完成体验旅程图绘制

建立人群画像后，体验团队和业务部门一起对购物中心核心消费者小尚的行为路径（阶段）、目标、行为、触点、情感等进行了内部讨论，确认体验旅程图核心要素。例如，最终确认的阶段为：事先计划—吃饭—逛街—离开。触点主要是大众点评（这里指大众点评 App）、停车场导视系统、购物导视系统、餐厅服务人员等。绘制完成的体验旅程图如图 5-10 所示。

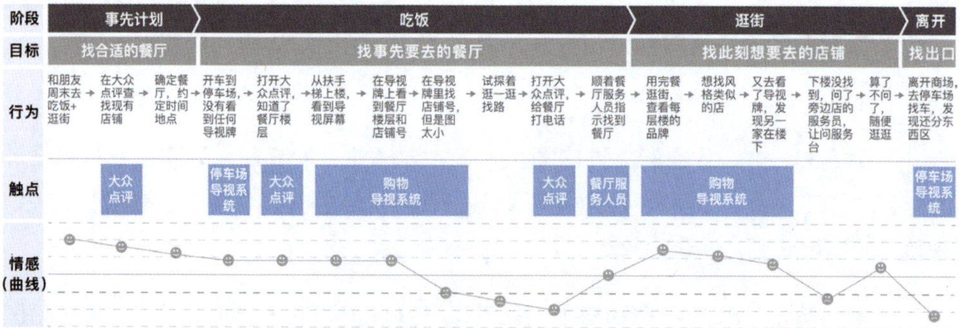

图 5-10 体验旅程图

5.3.5　对体验旅程图进行分析研究

体验团队组织购物中心的相关业务团队，一起对完成的体验旅程图进行分析研究，找到痛点、机会和需要优化的触点，将这些内容列在体验旅程图中，如图 5-11 所示。

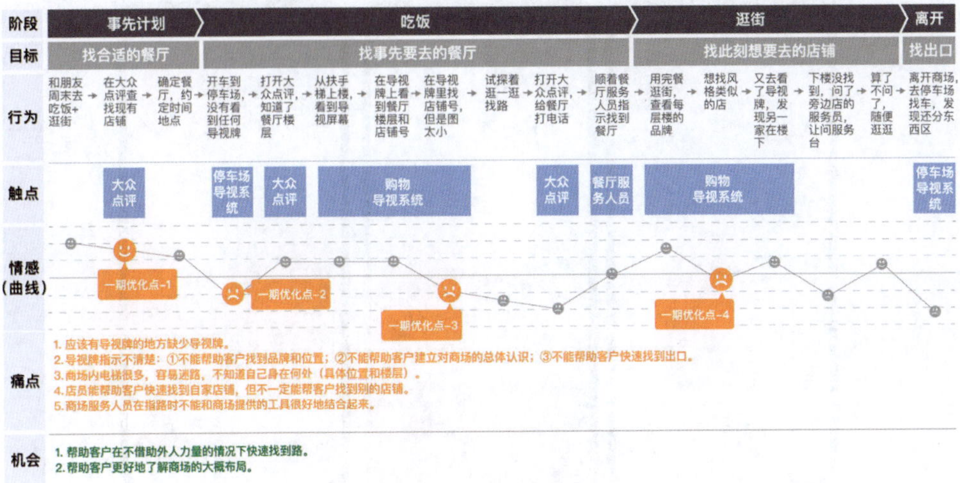

图 5-11　在体验旅程图中列出痛点、机会和需要优化的触点

经过分析研究和体验旅程图优化，体验团队和业务团体沟通，按照业务需要和当前资源情况，决定主要对以下四个触点进行优化，如图 5-12 所示。

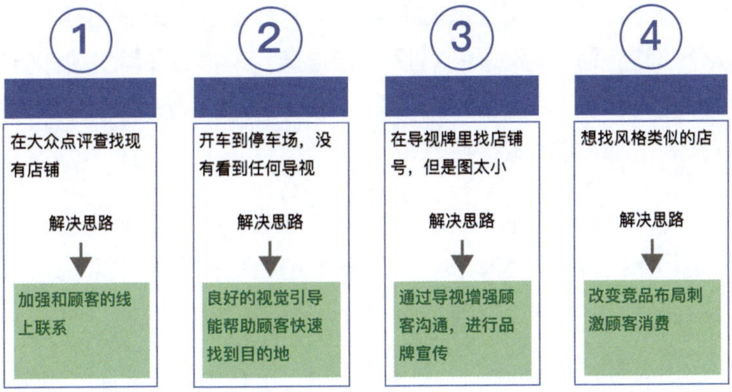

图 5-12　需要优化的触点

5.3.6 优化方案落地

确定了需要优化的体验触点后，就要进行设计工作，将优化方案落地。如图5-13所示，针对触点①线上寻店，体验团队设计了微信小程序，在该程序中，顾客可以快速规划逛商场的路线。

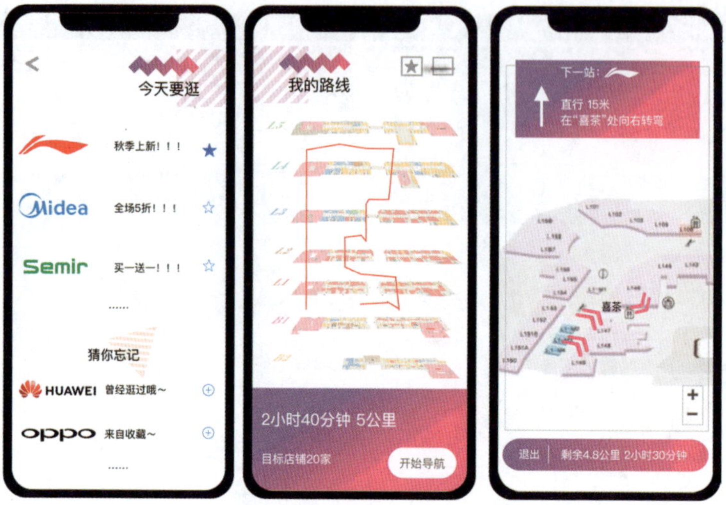

图5-13 体验触点（触点①）优化方案落地

5.4 旅程测试与数字化

旅程测试是什么呢？其实就是在完成体验旅程图绘制后，把自己带入人群画像，亲身体验整个体验旅程，对体验旅程图进行走查。这样做能够发现体验旅程图中一些与实际目标人群不契合的体验触点、渠道或交互方式，然后通过不断测试和修正，得到最贴近真实场景的体验旅程图。

实际工作中可以采用类似沙盘推演的形式进行测试，例如，图5-14就是利用卡纸和一些道具布置成的购物场景，真实模拟消费者在购物过程中如何使用优化后的导视系统。

也可以采用低成本的“故事板”来对绘制完成的体验旅程图进行测试，如图5-15所示。

图 5-14　旅程测试：沙盘推演

1F
B1
3F
2F
网红路线
潮牌路线
小美在商场的入口处，看到一个导视牌，大屏幕上显示着整个商场的布局。
“我昨天种草了几件衣服，今天一定要去试一下！”
在整个商场的地图上，有很多种路线可以选择（网红路线、潮牌路线等），还可以查看人流量，选择网红路线后，可以自动显示规划的路线并发送到手机上——“这会儿UR店铺的人有点儿多，导航建议我先去买一杯喜茶，等会儿再过去逛衣服”。
在扶梯上的时候看到李宁有优惠活动，拿出手机扫一扫，就把李宁加入了今天的路线中。
“天呐，李宁竟然全场5折，一定要去看一下！”
今天在这家店试到的衣服真不错，把这家店收藏了吧，下次上新款还要来逛。
动作： 拿出手机，将店铺收藏。

图 5-15　旅程测试：故事板

至于数字化就更简单了，对体验的管理工作必然要走向数字化，可以引入目标人群的行为数据，并与测量指标相结合，通过线上手段让体验旅程图“动起来”，由线下的静态图变成可以更新迭代的线上动态图。例如，在线上对数据进行操作的体验旅程数据驾驶舱界面如图 5-16 所示。

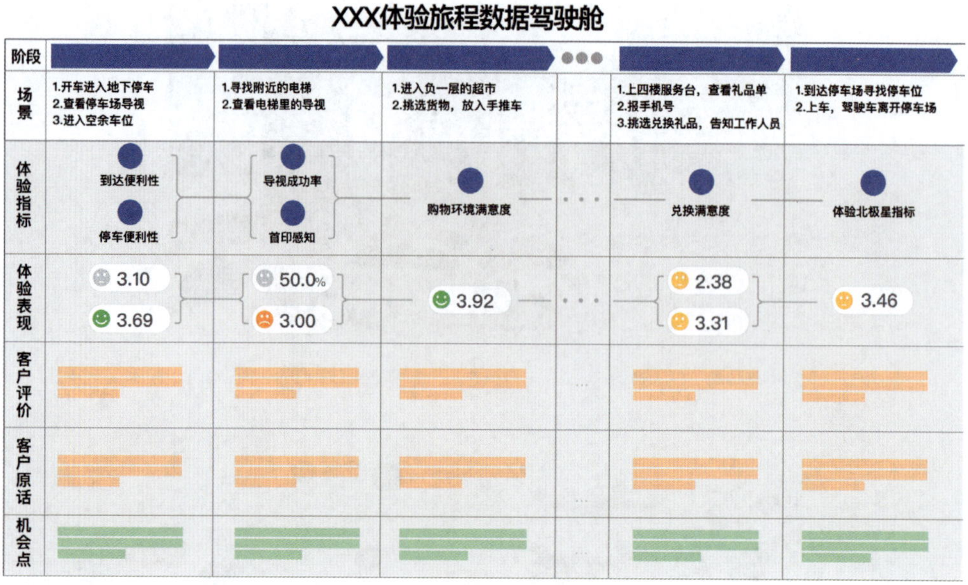

图 5-16 体验旅程数据驾驶舱界面

5.5 旅程拆分与整合

回到我们在本章开头举的导游的例子。对于一次多地七日游行程，假设导游起初安排的路线是在大理玩一天，然后去洱海。但有几个老年人舟车劳顿身体不适，为了给几位老人更好的旅行体验，导游将原本安排的大理一日游覆盖五个景点，改为两日游覆盖五个景点。这就是旅程的拆分。因为在大理耽误了一天，所以原本的洱海两日游覆盖四个景点，就必须要调整为一日游覆盖四个景点，这就是旅程整合。

在企业级体验工作中，可以根据业务需要对体验旅程进行拆分，比如可以把宏观的体验旅程拆分成几个阶段性的中观体验旅程或微观体验旅程。同时还可能需要把几类不同目标人群的体验旅程图进行交叉组合。

比如在员工体验旅程中，宏观旅程为：招聘 — 录用 — 入职 — 绩效考核 — 成长 — 激励— 离职。我们可以把这个宏观旅程拆分成阶段性中观旅程，如入职旅程：欢迎 — 入职 — 参观办公环境 — 团队介绍 — 试用。我们还可以继续拆分为微观旅程，如入职第一天的旅程：去前台— 与 HR 沟通 — 办入职 — 吃午餐 — 认识团队同事。

旅程整合，例如，在对某购物中心的导视系统进行体验优化的过程中，其目标人群主要有消费者、店铺店员及客服人员，我们在绘制体验旅程图时需要把这三类目标人群的旅程通过一张图体现，如图 5-17 所示。

图 5-17　体验旅程整合

5.6　旅程分析、迭代与创新

在体验旅程管理工作中，企业需要不断创新。在本章案例中，购物中心需要提升消费者在停车场的停车体验，以提升购物满意度，并最终提升销售额。体验团队通过前期的研究洞察，绘制了停车体验旅程图，然后不断对其进行分析研究。

体验团队发现，在整个停车体验旅程中，体验最差的就是“返回车库找车”这个阶段。车主会碰到以下体验问题。

- 记不住自己的车停在哪里:“我是把车停在 A 区了吗？怎么一点印象也没有！”
- 找不到停车的区域：“找了近 10 分钟，还没找到 A 区，比较崩溃！”
- 无法及时得到服务人员的帮助：“找车的时候商场客服电话永远没人接！”
- 地下停车场的服务人员太少：“找不着车的时候要问地下停车场的引导人员，但是总找不着人！“

体验团队将上述问题概括为反向寻车体验问题，继续针对这个体验痛点进行了深入分析，结果如图 5-18 所示。

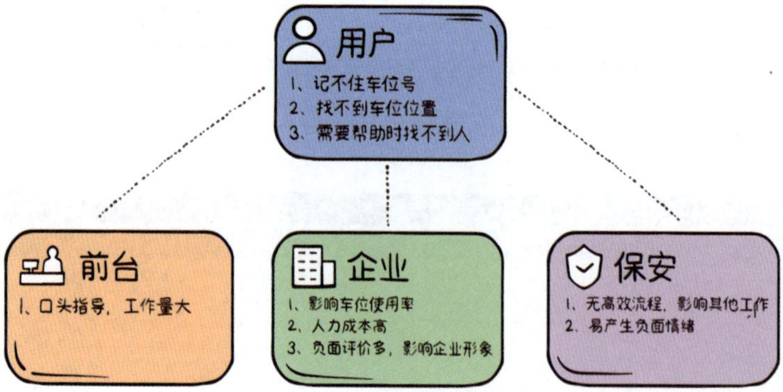

图 5-18 反向寻车体验问题分析

经过分析后，团队确认需要解决的体验问题是：如何通过对体验旅程触点的设计优化，让客户能够在停车场省时省力地找到自己的车？团队内部展开了头脑风暴，决定从以下四个方向进行优化与创新。

- 设置颜色区域。每个区域都有对应的颜色，车主可以将颜色作为触点去记住车辆所停的区域。
- 提供高效便捷的找车服务。在停车场梁柱上贴上找车服务的二维码，车主只需要扫描柱子上的二维码即可联系保安寻车，享受找车服务。
- 生成电子文创。鼓励用户把拍下来的具有车牌号和停车位置的照片上传到小程序，生成自己的个性化电子文创。
- 设置清晰明确的停车场导视。标注具体的停车位号，并根据车主的动线设计出合理的导视牌摆放位置，同时，车主可进入小程序获取电子导视。

基于上述思路，团队成员前往停车场实地考察，以“寻找具体车位”为任务，体验车主、停车场保安和停车场管理人员的行为，调整线上、线下方案的设计细节，具体如下。

1. 停车场导视再设计

停车场导视再设计的优化方向有：增设车辆周边导视标识、停车场内车流导视标识、柱面客流导视标识、电梯综合导视标识。

例如，可以给处在电梯厅外准备到地下车库的用户提供一个更全面的车位地图，让其知道自己处在什么位置，到地下车库怎么找到自己的车，如图 5-19 所示。

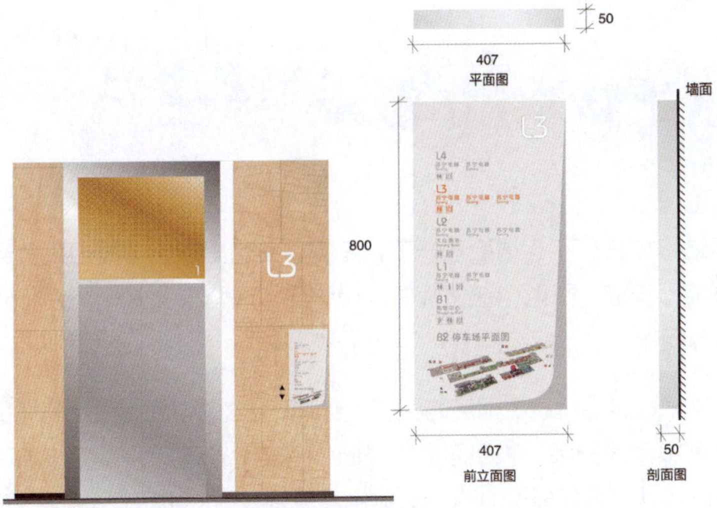

图 5-19　电梯综合导视标识

2. 停车场主题化设计

停车场主题化设计可以从四个方面进行：设置特色主题（如“梅兰竹菊”主题）、停车区域颜色意义化、根据季节和热门事物更新、停车随机获得“专属卡片”。

3. “停了个车”小程序

通过小程序这个线上体验触点可以提升寻车体验，如上传和记录车位信息、停车随机获得“专属卡片”、一键联系保安协助找车。图 5-20 为“停了个车”小程序界面。

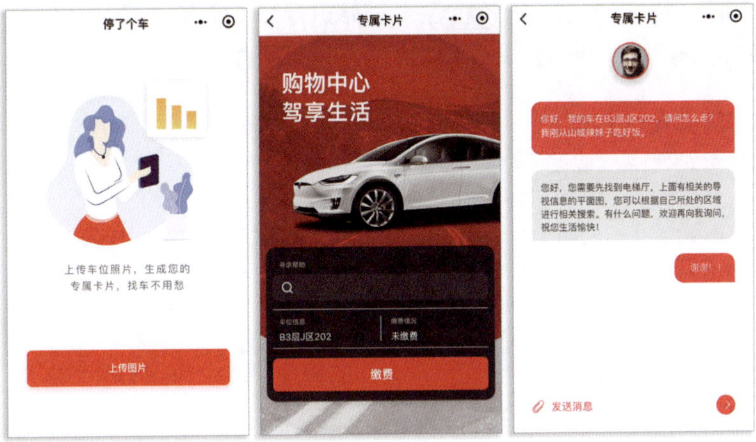

图 5-20　“停了个车”小程序界面

第 6 章 谁为企业级体验负责：首席体验官

“东西给您放客厅了，请检查一下，没问题在这里签字。我们只负责送货，请您自己联系客服安装。”两个送货师傅边说边走，只留下艾米一个人盯着这个未拆封的大家伙郁闷。

上周，艾米在某品牌线上网店购买了一台 75 英寸的电视，没想到送货到家后还需要单独找客服预约安装，来回沟通了一周才落实，安装的时候又被坑了一把。配件中没有膨胀螺丝，师傅要价 100 元，眼瞅着就剩最后一步了，没办法只好认坑。

艾米感觉这个过程体验非常不好，决定再也不买这个品牌的电器，第二天还在公司“吐槽”这件事情，劝大家不要再买这个品牌的电器。

出现上述情况的主要原因是，在企业内部，不同维度的体验往往由不同的部门负责，他们只能保证自己负责的工作的体验，而企业所服务的目标人群却希望获得整体的良好体验。那谁该为企业的整体体验负责呢？便是首席体验官。

6.1 为什么需要首席体验官

目前，在很多企业里，企业级体验工作往往由首席营销官（CMO）、首席运营官（COO）、首席技术官（CTO）甚至首席执行官（CEO）负责，但是他们真的起到了该有的作用吗？我们先来看看这几位企业高管的核心职责。

- 首席营销官（CMO）：负责品牌营销，使目标人群（主要是外部客户）渴望获得某种产品或服务。
- 首席运营官（COO）：协助 CEO 对企业日常经营工作进行管理。
- 首席技术官（CTO）：研究技术如何赋能业务，实现业务流程工程化、规模化。
- 首席执行官（CEO）：全面负责公司的管理，追求利润率最大化。

大家有没有发现一件很有意思的事，上面提到的这些企业高管的核心职责中都没有与体验管理相关的工作。每个高管都有自己的工作优先级，会从自己负责部门的角度看待体验工作，也会结合自己的业务目标确立体验工作目标。因此，往往会出现部门之间的体验工作零散，甚至相互冲突的情况。结果就是企业整体体验管理策略错误，在日益激烈的市场竞争环境中错失在体验层面为企业建立独特竞争优势的先机。

那怎么解决这个问题呢？从战略层面，企业需要设置一个专门对整体体验负责、有能力确定企业体验战略的高层管理者——首席体验官。首席体验官能让企业级体验管理从分散到整体，如图 6-1 所示。

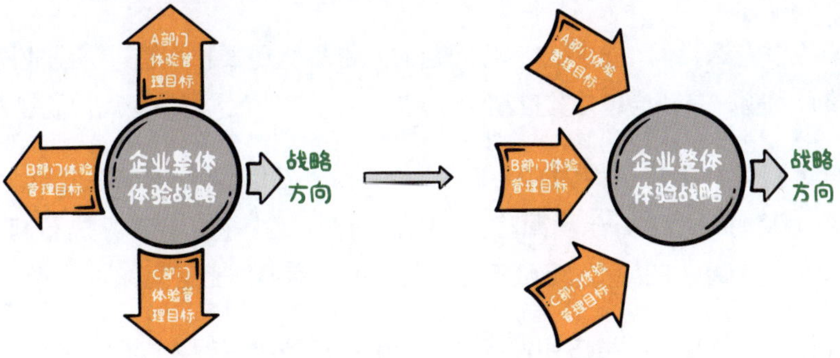

图 6-1　企业级体验管理从分散到整体

6.2　什么是首席体验官

20 世纪初，美国福特公司正处于高速发展时期，路上随处可见福特公司生产的汽车。客户的订单快把福特公司销售处办公室塞满了。

突然，福特公司的一台电机出了毛病，车间无法正常运作，相关的生产工作也被迫停了下来。公司调来大批检修工人反复检修，又请了许多专家来察看，可怎么也找不到问题出在哪儿，更谈不上维修了。

福特公司经理火冒三丈，别说停一天，即使停一分钟，对福特公司来讲也会造成巨大的经济损失。

这时，有人急忙派专人把电机工程师、发明家斯坦门茨请来。

斯坦门茨要了一张席子铺在电机旁，聚精会神地听了 3 天，然后又要了梯子，爬上爬下忙了多时，最后在电机的一个部位用粉笔画了一条线，写下了“这里的线圈多绕了 16 圈”，于是人们把线圈的缠绕减少 16 圈，令人惊异的是，故障竟然排除了，生产立刻恢复了！

福特公司经理问斯坦门茨要多少报酬，斯坦门茨说：“不多，只要 1 万美元。”

简简单单画了一条线就要 1 万美元？当时福特公司最著名的薪酬口号是“月薪 5 美元”，这在当时是很高的工资待遇。斯坦门茨看大家迷惑不解，转身开了个账单：画一条线 1 美元，知道在哪儿画线 9999 美元。

福特公司经理看了之后，不仅照价付酬，还重金聘用了斯坦门茨。

这个故事告诉我们，能找出核心问题的人是多么重要！没错，在企业里负责找出体验核心问题，并能通过体验推动企业营收增长的那个人就是首席体验官。

首席体验官，英文全称为 Chief eXperience Officer。由于在国际上用户体验（User eXperience）一般简称为 UX，同时为了避免和首席执行官（Chief Executive Officer）的简称 CEO 产生冲突，所以首席体验官简称为 CXO。

对外，首席体验官要考虑如何与企业所服务的各类目标人群保持紧密互动与联系，同时不断向他们交付卓越的体验。对内，首席体验官必须率领各个部门建立统一的体验战略、体验管理体系及富有感染力的体验文化。我们可以把首席体验官在企业的作用简单而形象地比喻为“中国结”，作为企业的首席体验官，要很好地把企业和其服务的目标人群连接在一起，环环相扣，如图 6-2 所示。

图 6-2 首席体验官连接企业与其服务的目标人群

首席体验官以不断变化的目标人群的体验需求为核心，通过一体化体验战略来推动公司增长，所以他应该向企业的最高决策者 CEO 汇报，岗位职责包括但不限于战略规划、体验创新、体验洞察、体验运营、团队管理和产品规划，如图 6-3 所示。

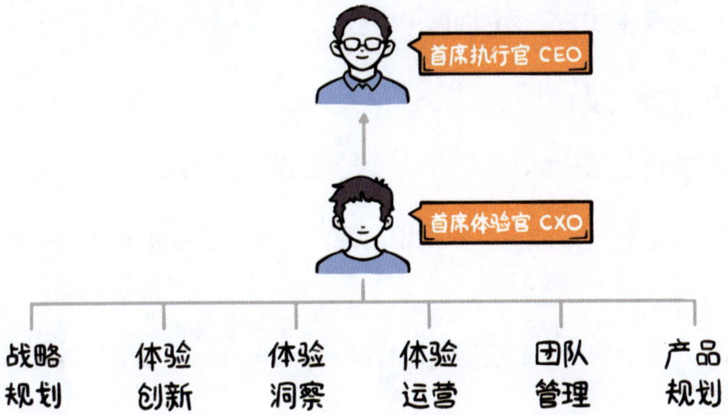

图 6-3　首席体验官的汇报对象和岗位职责

6.3　首席体验官不同阶段的工作重心

在精益创业理论中，企业发展分为三个阶段：精益试错、指数扩张、跨界转型。在不同阶段，首席体验官的工作重心也不同，如图 6-4 所示。

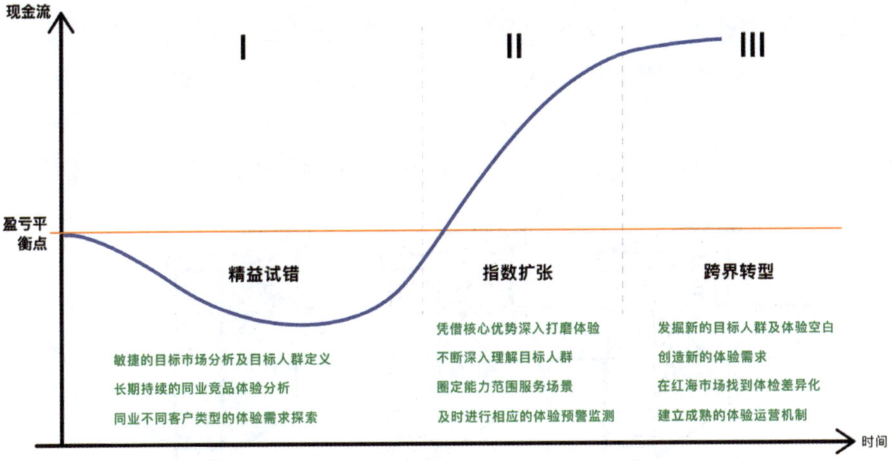

图 6-4　首席体验官在不同阶段的工作重心

6.4 如何升级成为首席体验官

首席体验官的发展前景很好，也会是未来很热门的一个高级管理岗位，那该如何转型成为一名优秀的首席体验官呢？如果你已经是体验领域的专家，想要升级为首席体验官，需要在以下几个方向做出转变。

1. 思维的转变

任何岗位的转型或升级，首先要从思维层面做巨大转变。

我曾经看过这样一个故事：农民甲乙两人，在田里锄地累了就在田边休息，开始闲聊。

甲问乙："你觉得皇帝的生活是怎样的啊？"

乙认真想了一会儿说："皇帝一定是每顿饭吃两个大白面馒头，用的是金锄头！"

如果大家的思维就像这两个农民一样不做转变，是无法转型成功的。无论你是设计师出身还是开发、产品出身，想转型为首席体验官必须建立以人为本的思维。围绕着企业所服务的目标人群，思考如何让他们在企业提供的产品 / 服务中获得卓越的体验。

2. 培养横向拉通能力

首席体验官作为企业的高级管理者，不仅需要在企业级体验管理专业领域有很深的造诣，还必须要培养横向拉通能力。能够通过体验工作把企业内部的各个部门很好地串联起来，如图 6-5 所示。这种能力也是一种稀缺能力，它能够把分散的团队或部门通过体验文化凝聚在一起，不断满足目标人群对体验的需求。

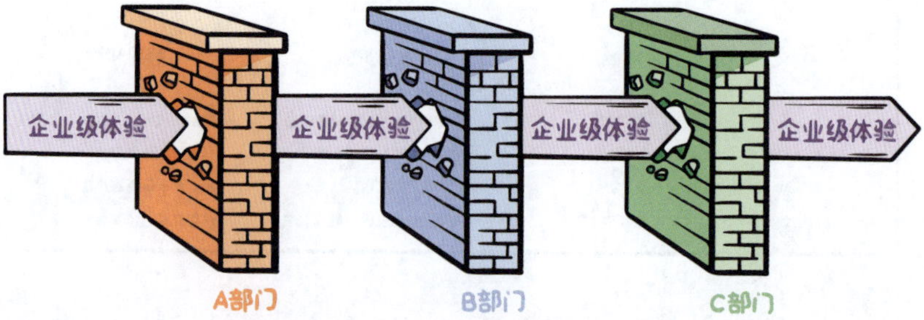

图 6-5 把各个部门串联起来

3. 角色的升级

企业的首席体验官不再是一个纯粹专注执行和交付体验的管理者，否则很容易陷入体验工作的执行细节中，而无法具备更广阔的视角，如业务视角、商业视角。作为高层管理者，要从关注交付、实施和执行，转变为确立体验、商业战略，聚焦如何将企业转型为体验驱动型企业，最终获得商业上的成功，如图 6-6 所示。

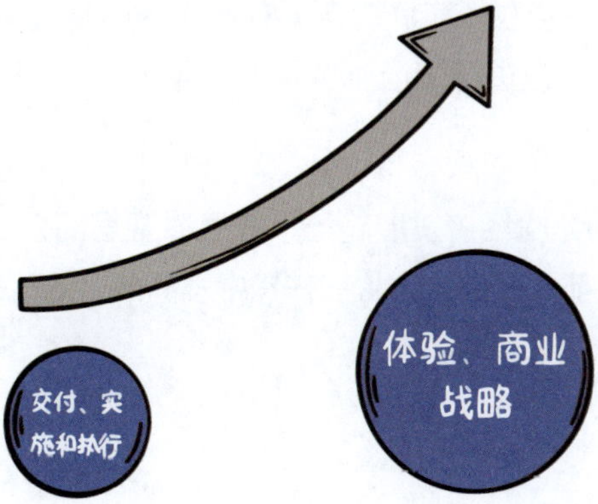

图 6-6　关注点转变升级

6.5　首席体验官未来发展趋势

随着越来越多的企业向体验驱动型企业转型，市场对体验工作的要求也越来越高，在企业内部推动体验工作的范围也会越来越广。所以未来首席体验官岗位的发展趋势如下。

1. 越来越多的企业会设立首席体验官岗位

根据国外 Gartner 公司对企业级体验的调查显示，2017 年，超过 35% 的企业缺少首席体验官（CXO），但在 2019 年，只有 11% 的企业或组织没有设立这个岗位。这说明，伴随着体验经济的不断发展，体验的价值势必会超过价格和产品本身，成为企业最大的差异化竞争因素，体验将会是企业间相互厮杀的新战场。

在普华永道关于这一主题的报告中，有 73%的消费者指出，客户体验是他们做出购买决定的关键因素，32% 的消费者表示，在经历了一次糟糕的体验后，他们会舍弃一个喜爱的品牌。

越来越多的相关数据和研究报告都支持这一趋势，这更加凸显出企业对于体验领域高端人才的强烈需求。最终会有越来越多的企业设立首席体验官这一岗位。

2. 越来越多 CIO/CTO 将转型为首席体验官

有研究数据表明，在高科技，特别是数字化互联网行业中，越来越多的 CIO/CTO 会逐渐转型为首席体验官，因为该行业的 CIO/CTO 岗位对目标人群的数据会进行收集和研究。越来越多的 CIO/CTO 对体验工作很感兴趣，一些企业的 CIO 已经透过目标人群的体验数据进行了企业级体验落地，完成了从 CIO 到首席体验官的角色迁移。

无论是宏观层面的体验经济发展趋势，还是微观层面企业对于向目标人群交付卓越体验的迫切需求，都需要首席体验官在其中发挥巨大的战略性价值。由此可见，首席体验官的职业生涯未来可期。

第三部分
推动企业进行体验转型的五个问题

目前，国内企业级体验还处于发展的初级阶段，虽然以互联网行业为代表的 C 端企业发展得相对好一些，但是大多数企业还停留在通过调查问卷收集目标人群的反馈等体验数据的收集阶段。企业级体验工作往往呈现出混乱状态。

这种混乱状态最终反映出当前企业级体验工作实施中存在以下问题。

- 问题一：当前处于什么阶段？
- 问题二：方向在哪里？
- 问题三：质量好不好？
- 问题四：问题在哪里？
- 问题五：该如何解决？

这一部分的五章就是围绕着以上五个问题展开的，我们将给出相对应的解决方案。相信我，把以上问题解决，企业就能顺利转型为体验驱动型企业。

第 7 章 当前处于什么阶段：企业级体验成熟度

对于很多人来说，每年进行一次体检是很有必要的，通过体检可以对自己当前的身体健康程度有一个科学的评估和判断。

企业级体验工作也如此，如果你希望推动当前企业转型为体验驱动型企业，关键的第一步就是对当前企业级体验工作的现状进行评估，只有这样才能做到“知己知彼，百战不殆”。

7.1 什么是企业级体验成熟度

我们在 4.2.1 节简单介绍过企业级体验成熟度，评估企业级体验成熟度可以把握企业目前的体验工作处于什么阶段。

“企业级体验成熟度是衡量在企业中建立可持续、多方共赢的体验生态，转型为体验驱动型企业已达什么程度的指标。”

通常在转型为体验驱动型企业的道路上，我们将企业级体验成熟度分成四个阶段，如图 7-1 所示。

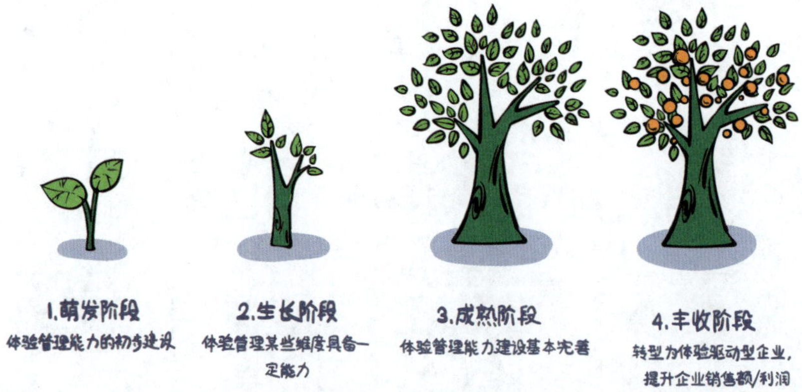

图 7-1 企业级体验成熟度四个阶段

1. 萌发阶段

这个阶段属于企业级体验管理能力的初步建设阶段。

在这个阶段，企业开始对企业级体验展开研究，并设立专业角色，如体验设计师、体验研究员等，同时在产品研发阶段也开始慢慢重视产品体验。一般来讲，初创型企业或者一些传统的 B 端产业企业就处于这个阶段。

比如国内的一家传统软件企业，其服务的外部客户主要是企业客户，因为这几年 SaaS 的兴起，这家企业遭遇了巨大的竞争压力。为了在激烈的市场竞争中获得优势，该企业开始关注企业级体验，并招募了体验研究员，同时在产品研发阶段开始慢慢重视产品体验，在企业内部也掀起了学习企业级体验知识的热潮。这家企业就是处于萌发阶段的典型代表。

2. 生长阶段

在这个阶段，企业级体验在某些维度开始有了一些建树，将具备一定的能力。

处于这个阶段的一般都是发展到一定阶段的中大型企业，或者大多数互联网企业。这些企业的共同特征是，已经在其内部推进了一段时间的企业级体验工作，并取得了少量成果。国内企业绝大多数处于这个阶段。

比如蔚来汽车就处于这个阶段，因为蔚来在企业级体验方面有了些成果，比如对用户的体验运营已经相对成熟，通过不断加强交付给客户的体验质量获得了不错的销售业绩，一度成为造车新势力的标杆企业。

3. 成熟阶段

在这个阶段，企业级体验管理能力已经建设得基本完善，初步形成工作体系。

一般的互联网大厂处于这个阶段，在这个阶段，企业级体验文化已经在企业内外部广泛传播，建立了清晰明确的企业级体验战略规划，也具备了一支分工明确、多元化的企业级体验专业团队，企业级体验管理体系已初具规模，企业级体验已经创造了很多业务价值。

比如腾讯建立了企业级体验愿景“用户为本，科技向善”，内部建立了相对完整的体验体系、团队和工具。同时因为体验的赋能，企业产品在市场中取得了巨大优势，比如我们每天都在用的“微信”。

4. 丰收阶段

最后这个阶段，企业将成功转型为体验驱动型企业，销售额和利润得到提升。

在这个阶段，企业级体验战略已经成为企业的核心战略。企业级体验工作进入无人区，在行业内不断引领发展潮流。企业将建立起独特的体验生态和体验竞争优势，成为一家伟大的企业。

处于这个阶段的典型企业是苹果公司，苹果公司通过不断进行体验创新，在相关领域成了绝对的领导者，成为商业巨无霸。同时其应用商店帮助形成了员工、应用开发者、客户这三类核心目标人群的体验生态系统，通过不断提升内部员工的体验，使得员工为应用开发者提供更好的体验，最终使客户也能获得卓越的体验。

你可以把企业级体验成熟度看作一把刻度尺，用它来对各个阶段的企业级体验进行测量，表示当前企业级体验成熟度。也可以在各类企业之间进行横向对比，以了解某一企业的体验工作与其他企业之间的差异情况，如图 7-2 所示。

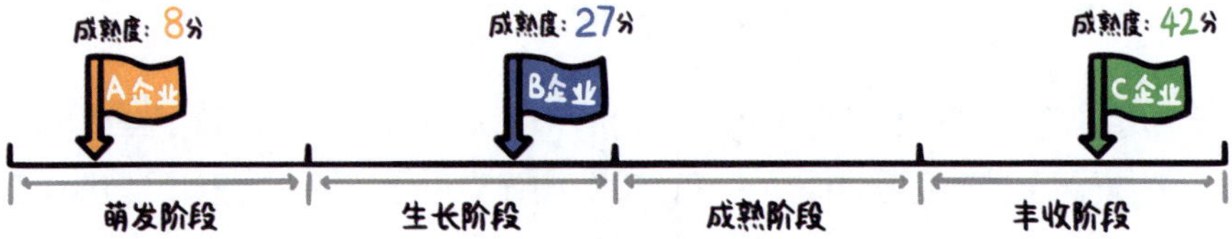

图 7-2 企业级体验成熟度测量

我们来总结一下企业级体验成熟度的主要价值。

- 通过数据量化的方式从整体上对当前企业体验工作所处的阶段进行评估。
- 对当前的企业级体验工作现状进行摸底和探查，知道工作重点、难度和需要规避的问题，以便确立最优的体验战略规划。
- 找到企业当前状态与评估标准之间的差距，引导当前的企业级体验工作不断提升，最终顺利完成转型。

7.2　企业级体验成熟度评分体系

为了更加准确和科学地判断企业级体验工作的发展程度和质量，我们必然要借助可量化的数据。对于 7.1 节介绍的四个阶段，大家肯定会问以下两个问题。

问题一：这四个阶段具体是怎样划分的?

问题二：企业级体验成熟度分值是如何计算出来的?

关于第一个问题，企业级体验成熟度有一套评分体系，通过分值可以对企业级体验成熟度阶段进行划分。在这套评分体系中，四个阶段的划分如下。

- 萌发阶段：0 ~ 19 分
- 生长阶段：20 ~ 29 分
- 成熟阶段：30 ~ 39 分
- 丰收阶段：40 ~ 50 分

第二个问题，我们可以通过以下几个步骤来实现企业级体验成熟度分值的计算。

根据前面讲到的企业级体验体系框架，我们先把评分体系分为支撑、能力、运营三大维度，再把这三大维度拆分为十大指标，这十大指标可以全面准确地反映企业级体验的发展程度和质量，如图 7-3 所示。

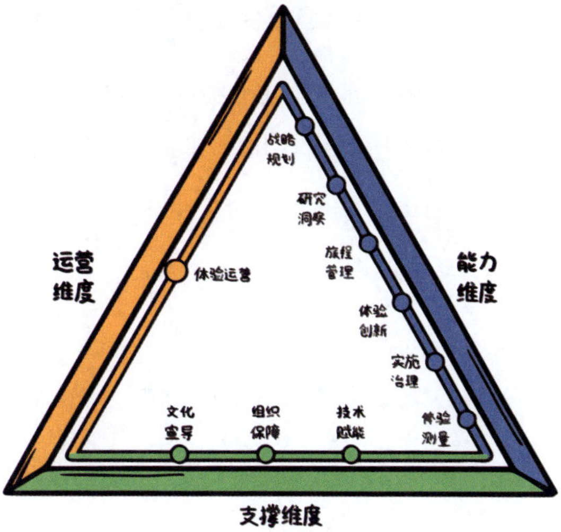

图 7-3　企业级体验成熟度十大指标

企业级体验成熟度十大指标的详细说明如下。

- 战略规划：是否建立了企业层面的战略规划，并已经帮助企业建立起与所服务目标人群的良性互动，是否创造了体验维度差异化竞争优势，实现可持续营收增长。
- 研究洞察：是否建立了用于体验研究洞察的各种方法与工具，是否有深厚的专业能力，能挖掘体验现象背后的因果关系和体验管理中的各种问题，为体验规划、设计创新提供理论支撑。
- 旅程管理：是否绘制了企业所服务目标人群的体验旅程图，并且已经梳理了体验旅程图中各类目标人群在体验触点中的痛点、痒点和惊喜点，是否掌握了企业级体验生态中各个利益相关方全生命周期的行为规律，以此来对企业级体验进行有效管理。
- 体验创新：是否掌握了设计思维方法论，并能在体验管理实际工作中熟练运用，创造性地提出解决各种体验问题的方案，不断为企业所服务的目标人群交付卓越体验。
- 实施治理：是否可以根据体验战略规划进行实施和综合治理，形成企业级体验工作落地闭环机制。
- 体验测量：是否对企业级体验进行了有效的测量，搭建了科学的指标体系，为体验规划、实施治理及体验运营提供定性定量的数据依据。
- 文化宣导：是否在企业内部建立了企业级体验文化并使其成为企业的核心价值观，是否已经将体验意识融入公司日常工作的各个方面。
- 组织保障：是否已经搭建了专职的企业级体验团队，制定了体验工作流程与考核机制，以支持体验战略规划的全面落地实施。
- 技术赋能：是否能不断利用新兴技术打造体验管理工具和平台，运用大数据、AI 等前沿科技为体验交付数字化做出重大贡献。
- 体验运营：是否能对体验指标进行长期观测并从中发现问题，深度分析根因，针对分析结果不断改善体验，制造惊喜。

这十大指标构成了衡量当前企业级体验工作成熟度的依据，每个核心指标具体包含一些关键因子，这些关键因子可以很好地从不同层面体现十大指标，如表 7-1 所示。

表 7-1 企业级体验成熟度指标及关键因子

核心指标	关键因子
战略规划	根据企业自身经营特点建立 ROX（体验回报率） 企业级体验战略成为公司的核心经营战略 企业级体验战略规划在企业内部各个层级达成一致 通过企业级体验建立起差异化的市场竞争优势
研究洞察	能够整合多种形式的数据，对目标人群和市场进行调研、测试、评估与分析 能够进行体验洞察，发现问题和机会点，为交付卓越体验提供指导 能够对洞察结果进行传播，在企业内外形成一致理解，推动结论落地实施
旅程管理	建立全面、完整的人群画像，并定期进行更新和完善 具备良好的体验旅程分析、设计、编排能力 能够通过绘制好的体验旅程图进行监测、分析体验路径和触点 有效运用体验旅程，对体验的全生命周期进行管理
体验创新	具备优秀的企业级体验创新能力 敏捷，不断迭代原型设计 根据定义好的体验需求进行产品设计
实施治理	能对关键体验问题进行科学、有效的评估，明确改善的优先次序 有明确的负责人进行体验问题解决方案的规划和执行 有规范清晰的体验治理流程，覆盖从问题识别到最终解决的整个过程 能为不同的体验项目有针对性地设计项目实施方案
体验测量	基于企业所服务的目标人群视角，构建端到端体验全流程指标体系 指标体系科学、可拆解、有效反映关键体验问题且和业绩指标挂钩 有完整的体验测量机制，包含行业对标、本品持续追踪、体验关键场景的实时测量
文化宣导	企业内部对体验工作有清晰一致的愿景 有系统的文化宣导和体验管理技能培训 全体员工会为积极、自发地为创造更好的体验付出行动

续表

核心指标	关键因子
组织保障	有专门的部门或角色负责全公司 / 事业群、跨部门的企业级体验工作 高层（如 CEO、COO、CTO）会定期参与体验管理关键工作 有规范清晰的体验管理流程，覆盖从问题识别到最终解决的整个过程 有明确的体验管理考核或激励机制
技术赋能	研发或采购用于企业级体验的工具或系统平台 搭建数据埋点、监控、数据可视化等大数据研发能力 不断运用 AI、IoT 等前沿科技，为体验交付的数字化提供技术支撑
体验运营	根据各类态度、行为体验指标数据综合对体验进行监测管理 能深度分析根因、定位造成体验问题的关键环节和因素 针对分析结果不断改善体验，制造惊喜

确定了十大指标和关键因子后，就可以建立分值计算规则了。简单来说就是，先求单个二级指标（十大指标）的平均值，再把十个二级指标的均值相加求和，最终得出的结果就是企业级体验成熟度分值，公式如图 7-4 所示。

$$\textbf{企业级体验成熟度} = \sum_{i=1}^{n}\left\{\sum_{1}^{k}\left(\frac{x_1+\cdots\cdots+x_m}{m}\right)/k\right\}$$

k 为打分人数

n 为二级指标数

m 为三级因子数

x_i 为二级指标，其中：

x_1=战略规划，x_2=研究洞察，x_3=旅程管理，x_4=体验创新，x_5=实施治理，

x_6=体验测量，x_7=文化宣导，x_8=组织保障，x_9=技术赋能，x_{10}=体验运营

平均值精确到 0.1，最终求和分值不保留小数位，四舍五入处理。

图 7-4　企业级体验成熟度分值计算公式

也许有些读者对于上面的数学公式有些懵，没关系，这里举个简单的例子来说明。

王哥是企业级体验领域的专家，他刚入职一家企业，准备对这家企业当前的体验成熟度进行评估，于是他找到了 50 位不同部门和岗位的同事，向他们发放了体验成熟度评估表。王哥需要对收集的数据进行统计，运用上述公式计算出企业当前的体验成熟度分值。

过程大致如下：在同事小李的评分表中，二级指标“战略规划”中四个因子分值分别是 2 分、2 分、3 分、1 分，对其求平均值为 2.0 分（注意这里精确到小数点后一位），四舍五入，这个分值就是小李对于二级指标战略规划的评分。以此类推，算出剩下的 49 位同事对这个二级指标的评分，然后对这 50 人的评分求平均值，结果是 2.0 分。说明该企业当前体验成熟度中二级指标战略规划的分值是 2.0 分。

以此类推，分别计算出另外 9 个二级指标的分值，分别为 2.9 分、2.7 分、1.5 分、3.2 分、2.8 分、1.7 分、2.5 分、1.7 分、1.2 分。然后将这 10 个二级指标的分值相加，得到 22.2 分（2.0+2.9+2.7+1.5+3.2+2.8+1.7+2.5+1.7+1.2=22.2），四舍五入只保留整数位为 22 分。

最终王哥算出该企业的体验成熟度分值为 22 分，对照之前的成熟度四个阶段，说明该企业处于体验成熟度生长阶段，还有很多工作等着王哥去做。

通过上面的例子，大家是不是对体验成熟度评分规则的认识相对清晰了一些？如果还有疑问也不要紧，后面会更加详细和完整地介绍企业级体验成熟度评估手段。图 7-5 展示了四个处于不同体验成熟度阶段的企业的得分情况和能力雷达图。

7.3　企业级体验成熟度评估步骤

前面我们对企业级体验成熟度评分体系进行了详细说明，本节我们将介绍企业级体验成熟度评估步骤。通常情况下，企业级体验成熟度评估是以企业内部访谈的形式进行的，主要有以下四个步骤。

1. 访谈规划

首先要和上级进行沟通，让领导知道做这件事的原因，比如想深入了解企业级体验的现状等。还要和领导对齐需要达成的目标，比如完成体验成熟度评估可为后期的体验工作提供必要的材料支持。最关键的是获得资源上的帮助，比如需要哪些部门配合，可以让领导调配。

还要参照企业级体验成熟度模型制定一份符合企业特点的体验成熟度评估表，通过该表对企业当前现状进行评估。如果你在这方面的经验不足，建议不要修改前面介绍的十个二级指标，可以对二级指标下面的三级因子进行调整，以符合你所在企业的特点。

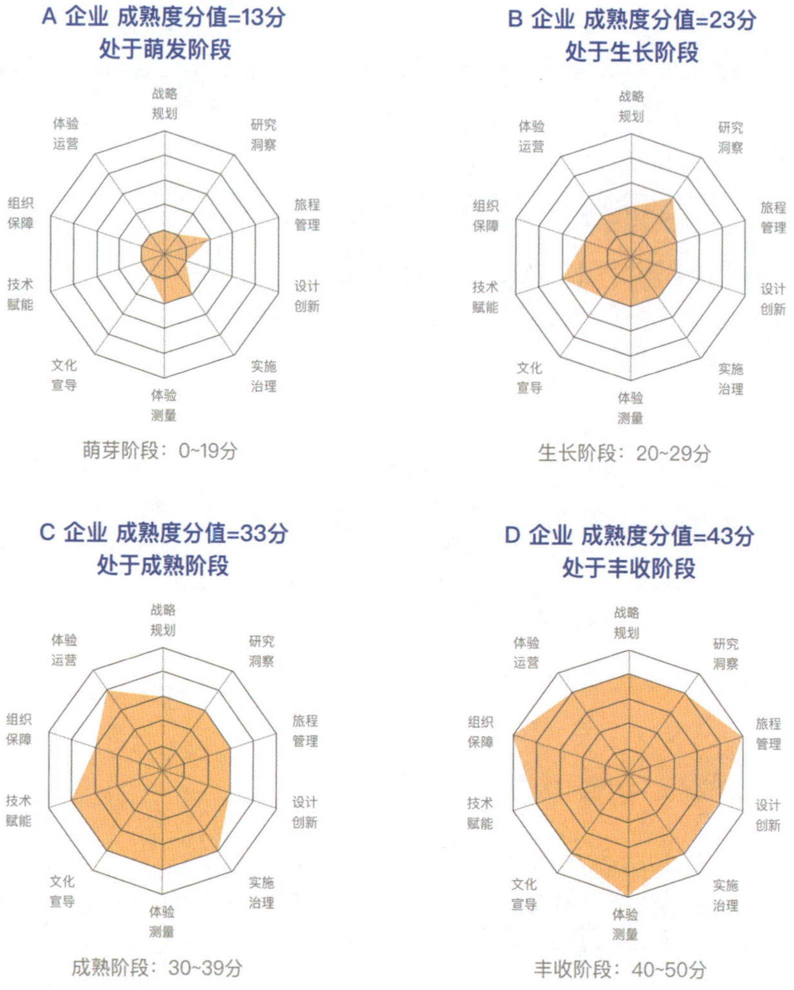

图 7-5 不同阶段企业的体验成熟度得分情况和能力雷达图

当然，访谈工作还涉及一些常规准备事项，如确定访谈日程安排等，这里不详细说明。

2. 访谈实施

这一步相对简单一些，因为是在企业内部进行访谈，因此可以根据情况灵活安排。建议与每个人的访谈时间最好控制在一小时以内，越是高层员工越要注意提前预约时间、地点。在内部做访谈要尽量获得该部门负责人的大力支持，这样同事的配合度会更高。

3. 输出报告

这一步的重点是对收集的数据进行汇总、清洗，并结合访谈内容输出最终的体验成熟度报告。因为是在访谈过程中现场填写的，所以数据的有效性会相对高一些，但是要注意因为是内部同事导致的分值相对偏高情况。

4. 内部宣导

体验成熟度报告内部宣导可以分为两个步骤：首先和企业的管理层进行沟通，建议开一个相对正式的会议，在该会议上详细说明报告的生成过程，体验成熟度分值的推导过程等，同时面对管理层对该体验成熟度报告的各种疑问一一解答，会后要根据本次会议的结论修改报告，再和企业管理层确认；然后组织全体员工举办宣导大会，在该会议上答疑解惑，最大程度上与全体员工取得对体验工作的一致认知，统一思想。

下面，我们通过一个具体的案例来详细说明上述步骤。

7.3.1　访谈规划

王哥刚刚在企业内部进行了一次体验成熟度评估，得出了所在企业的体验成熟度分值和企业所处阶段。那王哥具体是怎么实施的？

首先，王哥与直属领导进行了沟通，取得了领导的认可和支持，并就实施原则达成了一致。比如本次评估面向整个企业各个层级的员工。接着，王哥根据近三个月对企业的了解制作了企业级体验成熟度评估表，如表 7-2 所示。

表 7-2　企业级体验成熟度评估表

企业级体验管理成熟度评估项目	1 分	2 分	3 分	4 分	5 分
根据企业自身经营特点建立 ROX（体验回报率）	不好	一般	还可以	好	很好
体验战略成为公司的核心经营战略	不好	一般	还可以	好	很好
体验战略规划在企业内部各个层级达成一致	不好	一般	还可以	好	很好
通过体验管理为企业建立起差异化的市场竞争优势	不好	一般	还可以	好	很好
能够整合多种形式的数据，对目标人群和市场进行调研、测试、评估与分析	不好	一般	还可以	好	很好

续表

企业级体验管理成熟度评估项目	1分	2分	3分	4分	5分
能够进行体验洞察，发现问题和机会点，为交付卓越体验提供指导	不好	一般	还可以	好	很好
能够对洞察结果进行传播，在企业内外形成一致理解，推动结论落地实施	不好	一般	还可以	好	很好
建立全面、完整的人物画像，并定期进行更新和完善	不好	一般	还可以	好	很好
具备良好的体验旅程分析、设计、编排能力	不好	一般	还可以	好	很好
能够通过绘制好的体验旅程图进行监测、分析体验路径和触点	不好	一般	还可以	好	很好
有效运用体验旅程，对体验的全生命周期进行管理	不好	一般	还可以	好	很好
具备优秀的体验创新能力	不好	一般	还可以	好	很好
敏捷，不断迭代原型设计	不好	一般	还可以	好	很好
根据定义好的体验需求进行产品设计	不好	一般	还可以	好	很好
能对关键体验问题进行科学、有效的评估，明确改善的优先次序	不好	一般	还可以	好	很好
有明确的负责人进行体验问题解决方案的规划和执行	不好	一般	还可以	好	很好
有规范清晰的体验管理流程，覆盖问题识别到最终解决的整个过程	不好	一般	还可以	好	很好
能为不同的体验项目针对性地设计项目实施方案	不好	一般	还可以	好	很好
基于企业所服务的目标人群视角，构建端到端体验全流程指标体系	不好	一般	还可以	好	很好
指标体系是科学、可拆解、有效反映关键体验问题且和业绩指标挂钩	不好	一般	还可以	好	很好
有完整的体验测量机制，包含行业对标、本品持续追踪、体验关键场景的实时测量	不好	一般	还可以	好	很好
有完整的体验测量机制，包含行业对标、本品持续追踪、体验关键场景的实时测量	不好	一般	还可以	好	很好
全公司对体验工作有清晰一致的愿景	不好	一般	还可以	好	很好
有系统的文化宣导和体验管理技能培训	不好	一般	还可以	好	很好
全体员工会为积极、自发地为创造更好的体验付出行动	不好	一般	还可以	好	很好

续表

企业级体验管理成熟度评估项目	1分	2分	3分	4分	5分
有专责部门或角色负责全公司 / 事业群、跨部门的体验管理	不好	一般	还可以	好	很好
高层（如 CEO、COO、CTO）定期参与体验管理关键工作	不好	一般	还可以	好	很好
有规范清晰的体验管理流程，覆盖从问题识别到最终解决的整个过程	不好	一般	还可以	好	很好
已建立明确的体验管理考核或激励机制	不好	一般	还可以	好	很好
研发或采购用于体验管理的工具或系统平台	不好	一般	还可以	好	很好
搭建数据埋点、监控、数据可视化等大数据研发能力	不好	一般	还可以	好	很好
不断运用 AI、IoT 等前沿科技，为体验交付的数字化提供基础支撑	不好	一般	还可以	好	很好
根据各类态度、行为体验指标数据综合对体验进行监测管理	不好	一般	还可以	好	很好
能深度分析根因、定位造成体验问题的关键环节和因素	不好	一般	还可以	好	很好
针对分析结果不断改善体验，制造惊喜	不好	一般	还可以	好	很好

为了确保参与本次评估的人数可以达到预期，王哥建立了访谈人员表，如表 7-3 所示。该表主要是为了确保本次评估工作可以最大化地覆盖到企业高层、中层和基层员工，最大限度地与体验工作相关部门和关键人员沟通到位。

表 7-3　访谈人员表

部门	职位	姓名	访谈形式
	副总裁	XXX	电话访谈
总裁办	负责人	XXX	现场 1v1
财务部	负责人	XXX	现场 1v1
客服部	负责人	XXX	现场 1v1
	组长	XXX	现场 1v1
	骨干	XXX	现场 1v1
……			

为了提高访谈效率，王哥又创建了访谈日程安排表，如表 7-4 所示。对于企业高层，他们往往非常繁忙，所以必须提前安排好访谈的时间、地点及形式，提升访谈效率和进度。访谈原则：高层、中层和基层员工都要访谈。访谈时间：高层 30 分钟，中层和基层员工一小时。

表 7-4 访谈日程安排表

日期	时间段	访谈人	被访谈人	访谈形式	地点
7 月 12 日	9:00-9:30	XXX	XXX（副总裁）	电话访谈	
	14:00-14:30	XXX	XXX（副总裁）	电话访谈	
	16:00-17:00	XXX	XXX（技术部骨干）	现场 1v1	一栋 303 会议室
	17:00-18:00	XXX	XXX（产品部骨干）	现场 1v1	一栋 303 会议室
7 月 13 日	9:00-10:30	XXX	XXX（产品部骨干）	现场 1v1	一栋 303 会议室
	11:00-12:00	XXX	XXX（产品部负责人）	现场 1v1	一栋 303 会议室
	15:00-16:00	XXX	XXX（客服部骨干）	现场 1v1	一栋 303 会议室
	17:00-18:00	XXX	XXX（客服部负责人）	现场 1v1	一栋 303 会议室
……					

7.3.2 访谈实施

完成前面的规划后，王哥开始一一和同事进行访谈，访谈过程主要分为三个环节。

1. 暖场环节

这个环节主要是为了消除被访谈人的担心，建立起信任关系，可以简单寒暄和自我介绍。本案例基于企业内部同事，因此这个环节相对容易，建议控制在 5 分钟以内。

在暖场环节，王哥是这么说的："同事好，我是体验专家王伟，任职于集团信息中心。感谢你参加这次访谈。我主要负责集团的产品体验工作，这次找你来访谈就是希望可以对目前企业的体验发展现状做一个了解。我准备了一份企业级体验成熟度评估表，希望你可以帮忙填写，填写完我们聊聊你对集团的体验工作是怎么看的。大概需要 1 小时左右。所有聊到的问题都没有绝对答案，你只需要分享真实的想法和经历。如果对任何问题有疑问或不知道直接说就行，不要有任何顾虑。你提供的信息能帮助我们把集团的产品体验做得更好。”

2. 填写评估表环节

这个环节主要是让同事完成企业级体验成熟度评估表的填写，王哥会待在同事身边，如果同事对评估表有疑问可以及时询问。这个环节王哥会尽量保持安静。

3. 补充询问环节

这个环节主要是让同事通过自己的感受来对企业的体验工作进行主观评论，这个时候王哥会作为一个好的倾听者，专心听同事讲述。偶尔会询问“接下来如何”“为什么会这样”“你是这么看待这个问题的”等问题，以此来引导同事的谈话方向是围绕体验工作展开的。

4. 访谈结束环节

王哥看了一下时间，差不多一小时了，本次访谈差不多结束。王哥再次对同事表达了感谢，并充分肯定了同事对于体验工作的关心和支持，也告知其内容非常具有参考意义，后面会根据这些建议更好地开展体验工作。

以上就是王哥就实施访谈的过程，在访谈过程中需要注意避免以下三种情况。

- 不要偏离话题。在访谈时我们经常会遇到一些侃侃而谈的同事，要把控访谈节奏，否则整个访谈会被同事带着走，访谈内容与预期偏离。倾听时一旦发现有偏离话题的倾向，要果断提示，将被访谈者拉回预设话题，掌握访谈主动权。
- 不要使用被访谈者不明白的专业词汇。访谈时需要有意识地把体验领域的专业词汇转化成能被访谈者理解的词汇，如果被访谈者听不懂你在问什么，他也无法给出准确的回应。
- 不要在访谈过程中表露出不认同。访谈人员一般是体验领域的专业人士，被访谈者往往是其他领域的员工，他们对这个领域的判断和看法肯定会显得不专业，不要不经意间流露对其看法的不认同，甚至与其争辩。

7.3.3 输出报告

王哥对访谈收集的企业级体验成熟度评估表进行整理和数据统计，得出了该企业体验成熟度分值，如图 7-6 所示。

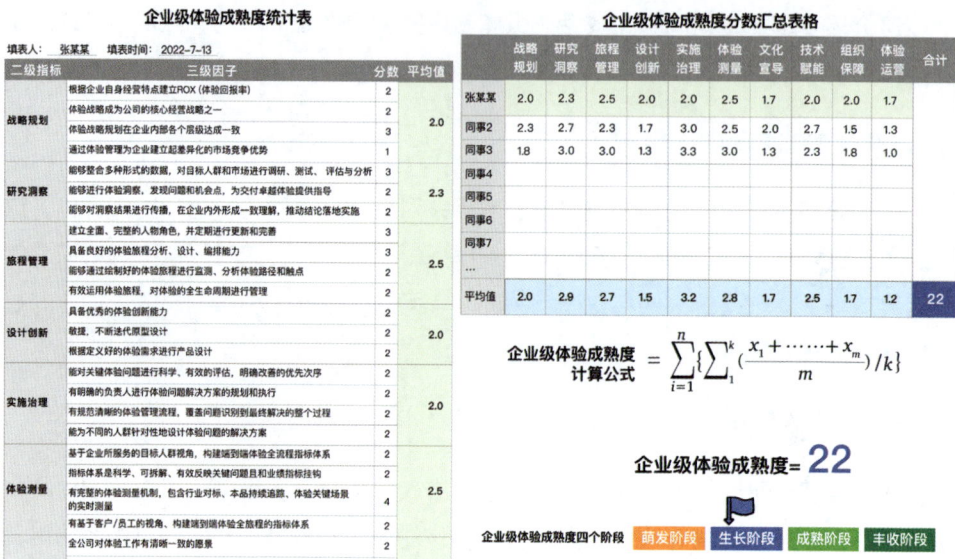

企业级体验成熟度统计表

填表人：张某某 填表时间：2022-7-13

二级指标	三级因子	分数	平均值
战略规划	根据企业自身经营特点建立ROX（体验回报率）	2	2.0
	体验战略成为公司的核心经营战略之一	2	
	体验战略规划在企业内部各个层级达成一致	3	
	通过体验管理为企业建立起差异化的市场竞争优势	1	
研究洞察	能够整合多种形式的数据，对目标人群和市场进行调研、测试、评估与分析	3	2.3
	能够进行体验洞察，发现问题和机会点，为交付卓越体验提供指导	2	
	能够对洞察结果进行传播，在企业内外形成一致理解，推动结论落地实施	2	
旅程管理	建立全面、完整的人物角色，并定期进行更新和完善	3	2.5
	具备良好的体验旅程分析、设计、编排能力	3	
	能够通过绘制好的体验旅程进行监测、分析体验路径和触点	2	
	有效运用体验旅程，对体验的全生命周期进行管理	2	
设计创新	具备优秀的体验创新能力	2	2.0
	敏捷，不断迭代原型设计	2	
	根据定义好的体验需求进行产品设计	2	
实施治理	能对关键体验问题进行科学、有效的评估，明确改善的优先次序	2	2.0
	有明确的负责人进行体验问题解决方案的规划和执行	2	
	有规范清晰的体验管理流程，覆盖问题识别到最终解决的整个过程	2	
	能为不同的人群针对性地设计体验问题的解决方案	2	
体验测量	基于企业所服务的目标人群视角，构建端到端体验全流程指标体系	2	2.5
	指标体系是科学、可拆解、有效反映关键问题且和业绩指标挂钩	2	
	有完整的体验测量机制，包含行业对标、本品持续追踪、体验关键场景的实时测量	4	
	有基于客户/员工的视角、构建端到端体验全旅程的指标体系	2	
	全公司对体验工作有清晰一致的愿景	2	

企业级体验成熟度分数汇总表格

	战略规划	研究洞察	旅程管理	设计创新	实施治理	体验测量	文化宣导	技术赋能	组织保障	体验运营	合计
张某某	2.0	2.3	2.5	2.0	2.0	2.5	1.7	2.0	2.0	1.7	
同事2	2.3	2.7	2.3	1.7	3.0	2.5	2.0	2.7	1.5	1.3	
同事3	1.8	3.0	3.0	1.3	3.3	3.0	1.3	2.3	1.8	1.0	
同事4											
同事5											
同事6											
同事7											
…											
平均值	2.0	2.9	2.7	1.5	3.2	2.8	1.7	2.5	1.7	1.2	22

企业级体验成熟度计算公式 $=\sum_{i=1}^{n}\{\sum_{1}^{k}(\frac{x_1+\cdots\cdots+x_m}{m})/k\}$

企业级体验成熟度= 22

企业级体验成熟度四个阶段 萌发阶段 生长阶段 成熟阶段 丰收阶段

图 7-6 体验成熟度分值计算

结合以上分值和访谈过程中的开放性问题，王哥梳理出了一份如图 7-7 所示的企业级体验成熟度评估报告，里面详细地说明了该企业所处的体验成熟度阶段，以及各个分项的分值，同时详细分析了这些分值背后的原因，给出了建议和解决方案。

图 7-7 企业级体验成熟度评估报告

7.3.4　内部宣导

王哥把整理好的企业级体验成熟度评估报告先交给直属领导查看，进行了一些调整，在直属领导的支持下组织了一次管理层内部研讨会，与会成员都是部门负责人及以上级别的同事，如图 7-8 所示。

图 7-8　管理层内部研讨会

王哥在会上详细介绍了体验成熟度访谈的情况，然后把报告详细地讲解了一遍，期间一些管理者提出了疑问，王哥都一一耐心做了解答。会议输出了对该报告的修改建议，王哥进行了修改，然后通过邮件的方式让直属领导进行了最后的确定，完成了定稿报告。

如图 7-9 所示，王哥找到 HR 部门沟通，一起配合召开了一次面向企业全员的体验成熟度发布会，发布体验成熟度评估报告，以此在全公司范围内进行正式宣导，希望企业后续的体验工作能在全体员工中统一认知。此次发布会能推动体验文化在企业内部的建立，为后面的体验管理战略规划蓄势。

图 7-9　体验成熟度发布会

体验成熟度评估工作顺利完成，但对于王哥来说还不算完。王哥还要尽快针对报告中提到的问题对未来的体验工作进行优先级规划。这一阶段会召集相关领域的专家和负责人，通过头脑风暴提出可以优化的具体措施，并结合预期效果和可行性对各项措施进行优先级排序。

针对未来企业级体验工作的发展规划和优先级规划情况，我们可以绘制四象限图，如图 7–10 所示，为后面进行全局性企业级体验管理工作提供重要参考。

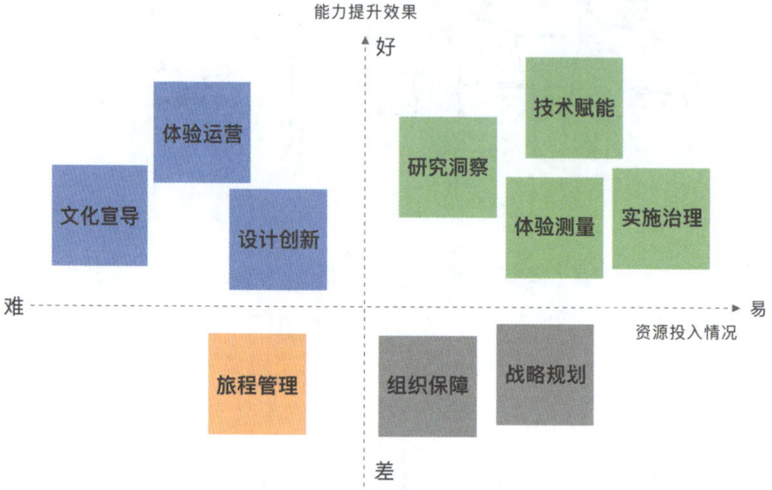

图 7–10 四象限图

确定优先级规划后，就要确立具体的实施方案了，内容应该包含以下几点。

- **能力提升的目标：** 计划提升哪些体验能力，分别达到什么程度，例如，提升体验设计能力，达到中级水平。
- **能力提升项目清单：** 需要开展的具体工作，能对目标提供哪些支撑。例如，构建设计体系平台，提升设计资产复用程度。
- **项目成功标准：** 对整体客户体验产生正面影响的指标。例如，减少设计周期，提升产品用户体验水平。
- **负责方与参与方：** 对于每个项目，谁能从中受益，谁来负责，谁来参与，谁有知情权等。例如，由设计副总裁负责，设计团队与开发团队参与执行。

- **项目所需资源：** 项目在人员、费用、技术上的投入。例如，需要设计师多少人、前端开发人员多少人，需要多少云资源等。
- **立即开展的工作项：** 需要短期内开展的工作，以便推动项目快速启动。例如，本周内召开体验项目启动会，与利益相关者访谈。

本章对企业级体验成熟度评估的相关内容进行了详细说明，我们可以自己动手对当前企业的体验成熟度进行评估，深入分析企业当前所处的成熟度阶段和面临的问题，为确立体验战略提供现实依据。

第 8 章 方向在哪里：企业级体验战略

“远交近攻”是秦国一统天下的战略。

当时的秦国经过商鞅变法已经成为六国中军事实力、经济文化实力、综合国力最强的国家。但对于六国联合起来发起攻击，秦国还是忌惮的。如果对较远的国家进行征伐，长途跋涉不仅会使部队作战能力下降，增加消耗资源，还可能遭到沿途国家的阻挠。所以，做到不让各国联合并对他们逐个击破，成了秦国一统天下的一大难题。

针对这一尴尬情况，范雎的远交近攻策略登上了历史舞台。范雎认为，秦国想一统天下的第一点就是隐藏自己的野心，面对一些离自己比较近的国家，可以以绝对的实力进攻，扩大自己的势力。对于远处的国家，要传达善意，让他们觉得自己不会受到威胁，他们便不会插手别国的战争。就这样，秦国开始了对其他国家的征伐，稳步前进的秦国一边扩展土地一边消化战争所获得的资源，避免长途跋涉造成的损失。短短十几年，秦国就实现了大一统。

由此可见，战略规划多么重要！本章我们将介绍企业级体验的战略，明确企业级体验的方向。

8.1 企业级体验需要整体战略

“一般领导给我安排工作，我都会找个小本子记录下来，记录后再和领导确认一下才执行。因为领导经常今天安排我做这个，过两天又安排我做那个，他经常忘记之前安排给我的事情，导致无论我做得好坏都会挨骂。”

这是一家企业的员工所说的话，我想各位读者也会在日常工作中遇到这样的情况。

出现上述情况其实就是因为领导的工作计划性不够，而这往往是因为企业没有战略规划，单纯靠着现有资源运营，头痛医头，脚痛医脚。工作的不确定性会浪费大量的时间资源、业务资源，得到的收益却平平。精细化管理对工作计划的要求非常高，而企业的工作计划多是由企业战略衍生而来的。

在企业中我们经常会提到“战略”这个词，战略的本质就是选择，如图 8-1 所示。因为企业资源总是有限的，因此我们需要决策：哪些是需要做的事情，哪些是不需要做的事情，以及为了把需要做的事情做好以便达成目标要采用什么策略。

图 8-1　战略的本质

通过对企业战略进行规划，企业的经营活动将变得更具长远性、全局性、指导性。同样地，企业级体验也是需要战略指导的，企业级体验战略的定义如下。

“企业依据自身的资源和实力，设计出符合企业发展阶段的体验工作策略，建立可持续、多方共赢的体验生态，并最终转型为体验驱动型企业，为此而进行的一系列行动计划。”

企业级体验战略实际上就是为企业未来的特定周期设定一个合理的体验目标，企业为了达到这个目标，会让体验团队和其他相关部门制订阶段性工作计划。团队成员有了计划，就会有明确工作方向，每个团队成员都知道自己要做什么，实现路径是怎么样的，需要的资源是什么。只有这样才会有好的执行力，并最终获得好的体验成果。比如，迪士尼主题乐园就是通过体验战略指引，最终成为快乐制造者的。

迪士尼之所以能成为世界第一的主题乐园，每年都吸引数以亿计的游客蜂拥而至，正是因为其根据自身特点确定了企业级体验战略。该战略的核心是通过给园区员工提供优秀的员工体验，借由员工把好的体验传递给游客。

迪士尼在内部建立了员工体验愿景——享受工作、快乐工作。在此愿景下，企业不遗余力地打造最好的工作氛围，让员工能在工作中感受到乐趣，满怀激情地、快乐地工作，从而为游客提供快乐的体验。

另外，迪士尼为落实体验战略制定了具体的规划，即“S · C · S · E”基本行动准则（Safety，Courtesy，Show，Efficiency），其中包含了乐园营运工作中最重要的内容。同时，这四个单词的排列也代表着企业的价值顺序，第一是保证安全，第二是注重礼仪，第三是贯穿主体的表演，最后在满足以上三项的前提下提高工作效率。“S · C · S · E”准则被毫无保留地贯彻到每一位员工的日常工作中。在园区的快乐体验制造中，员工始终起着主导作用。这种主导作用具体表现为对游客的服务行动，包括微笑、眼神交流、令人愉悦的行为、特定角色的表演及与游客接触的每个细节。

从上面的例子可以看出，对企业级体验进行战略规划意义重大，其价值可概括为三方面，如图 8-2 所示。这里需要强调一点：体验战略规划不是简单的、毫无逻辑的行动清单的堆砌，而是清晰的、明确的整体目标的行动指南。

图 8-2 企业级体验战略规划的价值

1. 整合渠道和触点资源成为整体

上面讲到的迪士尼乐园通过体验战略规划，对员工与游客交互的渠道和触点，如眼神交流、行为交流、特定角色表演交流等进行整合，让园区的游客获得了卓越体验。

随着互联网的发展，无论是企业外部客户还是内部员工，大家都可以随时随地通过各种渠道和触点与企业进行交互，包括网站、移动 App、办公系统、CRM、实体店等。对于很多企业来说，拥有上百个触点是很常见的情况。更为麻烦的是，这些触点在开始建立的时候往往属于不同的部门，是完全割裂的。内部系统建立时也是各自独立的，体验数据不统一，与目标人群交互的界面也不统一，甚至部门间还存在竞争关系，各自为政，各自有不同的业务 KPI。

但对于企业所服务的客户、供应链上的各级合作伙伴、企业内部员工等目标人群来说，他们认为企业应该作为单一的主体与其交互，并期望这些渠道和触点是一致和相互关联的，所以要达到目标人群的期望，就需要在企业层面对分散的各个渠道和触点进行整合，整体与目标人群进行全方位的互动。

面对以上问题，如何才能通过企业级体验管理工作，真正将渠道和触点资源整合为整体呢？这需要在企业级体验工作的战略规划阶段做到以下两点。

- **统一思想，建立体验文化：**企业必须转换视角，从业务驱动转换到体验驱动上来。只有从体验的视角通过渠道和触点为目标人群交付卓越的体验，才能为后面打造闭环的企业级体验铺平道路。
- **对渠道和触点有清晰的定位：**必须充分理解渠道和触点的特点，根据不同的特点匹配相对应的服务对象，让每个渠道发挥各自的优势，以最优的成本为目标人群提供卓越的体验。比如电话这个触点，其对所服务的目标人群的反应能力要求很高，因此不适合用于提供复杂的产品功能操作指导。

2. 推动企业各层级体验目标一致

迪士尼的“S · C · S · E”基本行动准则，使得园区内各个部门和层级的员工的体验目标始终是一致的。

在企业里，只要人数达到一定规模，那么一个单独的岗位角色便无法做到协调各个工种、部门及业务单元。在企业内部，各个层级都需要一个统一明确的目标来指引，表明在企业级体验工作中应该优先做哪些事情，可以做哪些事情，不能做哪些事情。企业内的所有员工，不管是管理人员还是实施操作的一线员工，都应该明确遵照这些指引来行动。

若没有全局性统一的战略规划，就会出现一盘散沙、各自为政的局面，不仅会极大浪费企业的各种资源，还会使体验工作走向失败的泥潭无法自拔。例如，在一家企业内，不同事业部的不同产品，其客户群体是有很大重合度的，但因为缺乏全局性的体验战略规划，客户相关联的两个需求需要在两三个不同的系统中来回跳转完成，使用体验很差，客户满意度及复购率都降低了。

3. 促进员工对卓越体验的自我驱动

迪士尼建立的员工体验愿景“享受工作、快乐工作”使员工能够满怀激情地、快乐地工作，自我驱动为游客交付卓越的体验。

企业通过对员工进行体验战略宣导，能使其建立起企业级体验工作的全局观念，让他们在日常工作中遇到问题时能更好地配合其他员工，更加顺利地推动各种体验项目的落地实施，从而提高工作效率。同时，员工在了解全局的情况下能抓住体验工作的核心与当前阶段的重点，激发主动性、创造性，并在工作中灵活处理一些问题。久而久之，员工们会认真地思考自己的工作，并且向上级汇报自己的想法和建议，这对于企业级体验工作来说，就是很好的自下而上的驱动。

既然体验战略如此重要，那么我们该如何对体验战略进行规划呢，具体的步骤是怎么样的呢？下面几节将详细介绍。

8.2 明确企业级体验战略定位

体验战略定位表明了体验价值的主张是什么，企业的体验愿景是什么，企业的体验文化是什么。明确企业级体验战略定位能帮助企业确立企业级体验愿景和企业级体验战略目标。

1. 企业级体验愿景

提到愿景，很多人都会觉得这是“假大空”的东西，好像没什么实际意义。其实在企业中，愿景才是最好的驱动力，它能让你明白自己在为什么工作，承担着什么责任。往往一个优秀的团队都有一个让人激动的愿景，团队所有成员都为之痴迷、奋斗，而一个松散的团队背后往往没有统一的愿景。

愿景让员工明确了平凡工作背后的意义，从而激发内心深处的动机。有一个流传很广的寓言故事恰如其分地印证了这一点。

国王和儿子打猎途经一个城镇，空地上有三个泥瓦匠正在工作。国王问那几个泥瓦匠在做什么。

第一个人粗暴地说："我在垒砖头。"

第二个人有气无力地说："我在砌一堵墙。"

第三个人热情洋溢自豪地说："我在建一座宏伟的寺庙。"

企业级体验愿景就是企业愿意看到的景象，即企业对交付给目标人群的体验的期望和长远理想。企业级体验愿景一般从企业的整体业务愿景中提炼出来，可以结合企业的品牌、商业模式、社会责任等进行总结。

例如，腾讯集团的愿景是"用户为本，科技向善"，微信在遵循集团愿景的基础上提出了产品体验愿景——"微信，是一种生活方式"。通过设定这一愿景，微信有了明确的体验战略方向，在产品设计中不断融入日常生活所需元素，并成为人们日常生活的一部分。最终，有超过 12 亿人使用微信，每天使用微信时长在 4 小时以上的用户占比为 25%。

那么，如何为企业设计一个优秀的体验愿景呢？其实做到以下三点就可以。

- 简洁性：保持体验愿景内容的简洁至关重要，这关系到与目标人群沟通的效率，如果过于复杂，就无法让人快速记忆。很多企业的愿景都是很简洁的，例如，华为的"丰富人们的沟通和生活"，美团的"把世界送到消费者手中"，滴滴的"让出行更美好"。
- 指导性：一个成功的体验愿景可以清晰地告诉团队成员体验工作的指导方向是什么，筛选出产品的哪些功能是有开发价值的。例如 Dropbox 公司在创立之初的体验愿景是"文件无处不在"，后又将愿景改成"让你的生活更简单"，这清晰地体现了企业级体验工作重心的变化，对企业未来的发展提供了指导。
- 辨识性：体验愿景要有独特气质，能代表企业的特点，让目标人群看一眼就知道是哪个企业。不要使用"提供最伟大的体验"这类空洞的口号。越独特，越有意义。

2. 企业级体验战略目标

确定企业级体验愿景后，就要明确可执行的企业级体验战略目标，通过达成一个个更加现实的阶段性体验目标来确保体验团队走在正确的道路上，而非原地踏步甚至南辕北辙。

体验战略目标反映了企业对体验发展速度和质量的要求，所以企业级体验战略目标一定是具体且明确的，同时能够被量化。

迪士尼的“S·C·S·E”行动准则就是一个体验战略目标，其中包含四个要素。

- 安全：游客可以放心使用游乐设施、购买商品、享用美食，安心享受在乐园的每一寸美好时光。这是提供服务首先应该考虑的要素。
- 礼貌：为人处世的态度。服务是人对人的行为，因此必须遵守一些礼仪标准。
- 表演：在每天的节目表演中，演员们都要带着第一次演出的心情热情表演，舞台设置上也绝不允许有油漆脱落、灯光不亮等不好的情况发生。
- 效率：能让尽可能多的游客享受娱乐设施。游客是专程来游玩的，如果他们没能参与几个项目就得离开，体验一定很差。

对于上述要素是否满足，迪士尼还规定了具体的判断标准，例如在园区遇到意外，员工只要遵循以下准则就没有问题。

- S：能够确保游客的生命安全。
- C：彬彬有礼地处理问题。
- S：不破坏游客的雅兴。
- E：提供对游客而言迅速有效的解决方式。

对园区管理者而言，员工处理问题之后，他们还需要考虑以下内容。

- S：是否能够确保游客与员工的生命安全？
- C：是否彬彬有礼地处理问题？员工的行为是否得当？

- S：是否会破坏游客的雅兴？员工的行为是否得当？
- E：对游客而言，这是不是迅速有效的解决方式？员工的行动是否迅速有效？

最后，迪士尼还会定期对该体验战略目标进行修改和优化，以使企业不断发展。

我们通过分析迪士尼的体验战略目标，可以发现，一个好的企业级体验战略目标有三个基本原则，如图 8-3 所示。

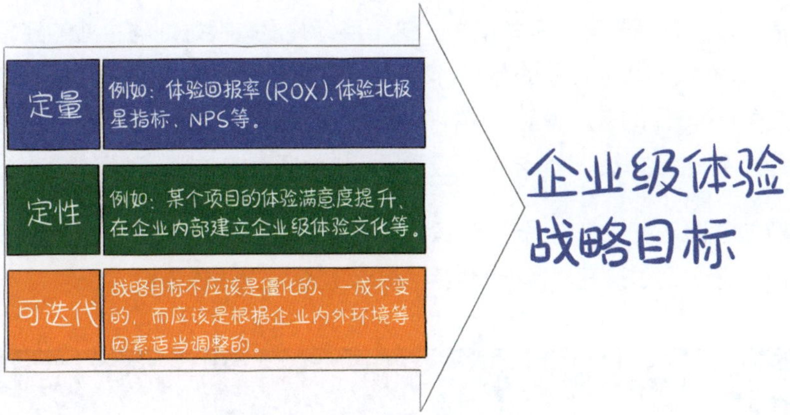

图 8-3　企业级体验战略目标基本原则

一个好的企业级体验战略目标必然是定量与定性目标相结合的，还要经常性动态迭代，只有这样才能实现企业级体验愿景。但是在为企业制定体验战略目标时，我们经常会形成误区，需要引起注意。

（1）将达成目标的措施或解决方案当成目标本身

比如，某部门将 2023 年的体验战略目标表述为“建立一个体验管理平台”，其背后真实的目标是“对产品满意度进行测量并通过长期监控指标从而推动产品的更新迭代”。“建立一个体验管理平台”只是为了达成目标所采取的措施。这样的表述很容易导致团队的工作方向出现严重偏差，也可能导致组织对是否达成目标的衡量标准发生偏差。目标应该是对未来达成结果的设定，而非对达成方式的表述，因为达成方式可能有很多种。

（2）体验战略目标没有 / 缺乏量化标准

比如，部门设定的体验战略目标是“提升客户体验质量”，这是一个典型的定性目标，那么到底什么样的结果才说明客户体验质量提到了提升呢？我们必须设置量化指标进行评判，比如复购率上升了多少、营业额提升了多少。

（3）体验战略目标没有与企业经营目标结合

比如，部门 2023 年设定的体验战略目标之一是“到年底建立 10 个产品的客户满意度指标体系并提升客户满意度”。这个目标并没有很好地与企业的经营目标相结合，因为没有说明将为企业的经营 / 销售收入带来什么好处。如果把目标修改为“到年底建立 10 个产品的客户满意度指标体系，通过提升客户满意度将产品的复购率提升两个百分点”，这就是一个与企业经营目标结合紧密的体验战略目标了。

在确立企业级体验战略目标的时候，我们需要确立近期、中期、长期战略目标，如图 8-4 所示，通过这三类目标的相互配合实现企业级体验愿景。

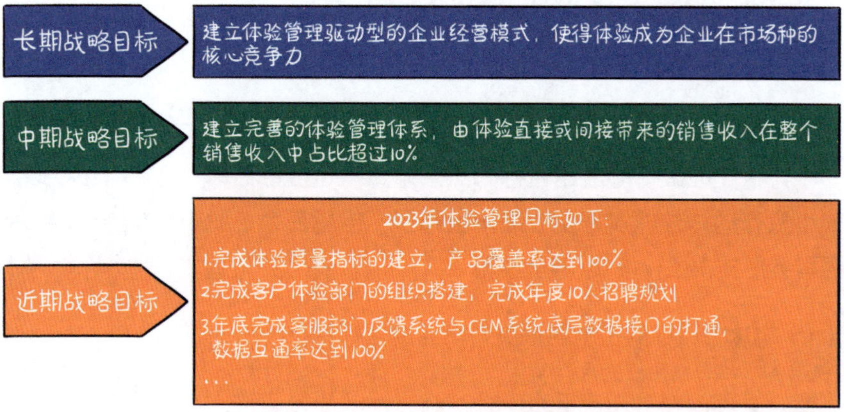

图 8-4　企业级体验战略目标分类

企业级体验长期、中期战略目标的达成时间一般会超过一个企业经营周期。长期战略目标要 5~10 年才能达成，甚至更久，而中期战略目标需要 3~5 年达成。近期目标一般不超过一个企业经营周期即可达成，通常是指年度体验战略目标。

上述三者并不矛盾，而是相辅相成的。长期战略目标是近期战略目标的积累，近期战略目标则是对长期战略目标的分解，达成近期战略目标是达成长期战略目标的必经之路。

8.3　制订企业级体验战略行动计划

明确体验战略定位后，我们制订具体的体验战略行动计划。

8.3.1　战略实施规划路线图

在列出所需开展的工作后，我们需要进行优先级排序，也可以根据资源情况进行调整。我们要为每一个工作事项制订计划，明确进度和阶段目标，形成战略实施规划路线图。路线图通常采用甘特图的形式展示，体现项目优先级顺序，如图 8-5 所示。

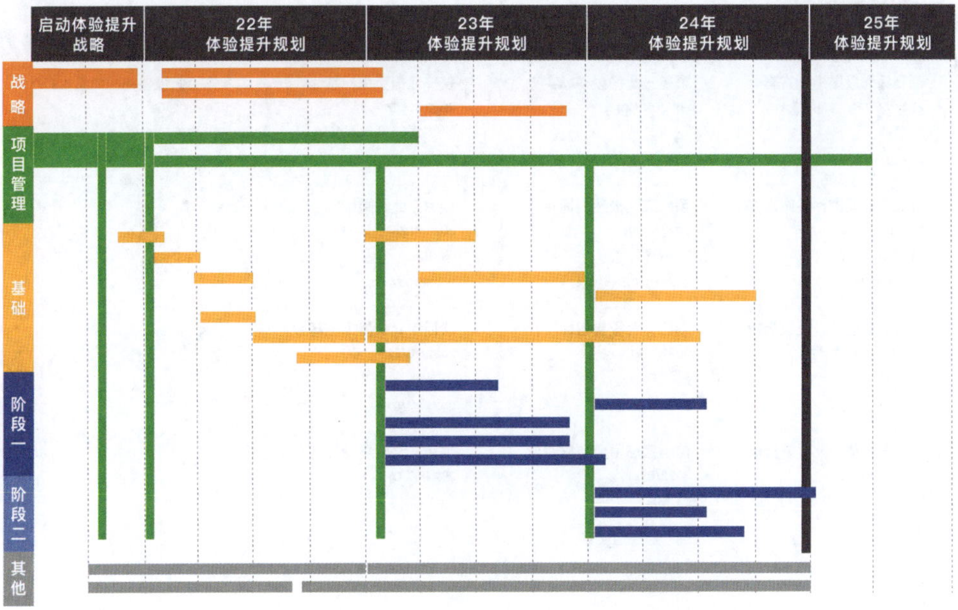

图 8-5　战略实施规划路线图

8.3.2　战略实施规划阶段性里程碑

如图 8-6 所示，战略实施规划阶段性里程碑记录了体验项目落实过程中一系列标志性重大事件，包括时间点和可交付成果的完成情况。里程碑不是活动，但它可以包含一组活动；里程碑不是项目工作，但它意味着工作已取得了重大成就。它标志着上一个阶段的结束和下一个阶段的开始。

战略实施规划阶段性里程碑主要有以下用途。

- 明确项目的起止点。

- 将项目目标分解为各个阶段性目标。

- 确定项目进度。

- 把控项目方向，防止偏离目标。

- 明确责任边界，项目团队中的每个人都要了解自己的职责。

🚩 **阶段性里程碑**

体验北极星指标规划	北极星指标落地实施	建立北极星指标基线	北极星指标推广
项目级北极星指标方案 2022/08/08 ☑ 完成 2022/08/19	**项目三北极星指标实施** 2022/09/21 ☐ 完成 2022/10/28	**整体北极星指标基线** 2022/11/20 ☐ 完成 2022/12/13	**体验北极星指标体系推广** 2022/12/08 ☐ 完成 2023/01/28
体验北极星指标实施方案 2022/08/01 ☑ 完成 2022/08/12	**项目二北极星指标实施** 2022/09/11 ☐ 完成 2022/11/02	**项目三北极星指标基数** 2022/11/08 ☐ 完成 2022/11/24	
确定北极星二、三级指标 2022/07/28 ☑ 完成 2022/07/29	**项目一北极星指标实施** 2022/09/08 ☑ 完成 2022/08/13	**项目二北极星指标基数** 2022/10/22 ☐ 完成 2022/11/01	
研究分析体验北极星指标 2022/07/25 ☑ 完成 2022/07/27	**体验管理平台数据对接** 2022/08/15 ☑ 完成 2022/08/20	**项目一北极星指标基数** 2022/10/01 ☐ 完成 2022/10/12	

图 8-6　战略实施规划阶段性里程碑

8.4　企业级体验战略评估

在战略评估阶段，最先要做的就是制定与体验战略目标相匹配的标准体系和指标体系，在规划阶段明确各部门的责任。一旦进入实施阶段（包括试点和规模化），就需要利用相关的技术和工具收集来自各个渠道和触点的数据，分析监测转型中的各项指标，判断是否达到预期目标，并发现存在的问题，进行迭代优化。体验优化与责任体系表如表 8-1 所示。

表 8-1 体验优化与责任体系表

体验触点	体验优化	业务指标	责任人 / 岗位
报名	简化报价和销售流程	60 天漏洞转化率	分管领导、销售
付款	简化账单和付款流程	销售话费	分管领导、财务
使用	产品体验改进	设备损耗率	分管领导、产品
	加强自助服务	电话中的帮助服务数	分管领导、IT
售后	优化客户服务体验	首次通话解决问题体验 客户服务指标	分管领导、售后
	优化现场服务体验	95% 准时到达率 现场服务指标	分管领导、门店
续约	简化升级计划	续约率	分管领导、客服

要将客户体验战略从愿景和理念转变成为实际成效，必须采用科学的方法来评估，KPI 可以用来评估客户体验对企业总体目标的贡献。在设置 KPI 时，要注意将多个相互冲突的指标合并为一个指标，以便更好地让各个部门的体验目标与业务目标保持一致，如表 8-2 所示。

表 8-2 指标设置

绩效维度	指　标	Q1	Q2	Q3	Q4
客户体验	净推荐分数				
	客户费力度				
	首次解决率				
	客户满意度				
客户线上体验	App 使用率				
	网站访问量				
员工体验	员工满意度				
	员工敬业度				

同时在企业级体验战略评估时也要注意对风险进行管控，风险管控贯穿项目全过程，是一个连续的、动态的管理与反馈过程。风险管控分为五个阶段。

1. 风险识别

根据项目的性质，要在风险发生之前运用各种方法系统全面地认识所面临的各种风险，分析风险发生的潜在原因，深入分析各类风险之间的联系。风险识别过程包含感知风险和分析风险两个环节，可建立风险识别表，如表 8-3 所示。

表 8-3 风险识别表

风险类别	风险描述	风险影响	影响对象	风险系数
体验指标下降	手机 App 缺少查看三个月前阅读记录的功能	满意度下降 付款率降低	线上 App	4 星
客户费力度指标上升	线下门店购物中心自助付款流程过长	营业额降低	线下门店	4 星
……				

2. 风险评估

风险评估就是预估风险发生的概率，主要目的在于评估和比较项目各种方案的风险大小，要根据严重性、可能性、可发现性，评估风险等级，制定相应级别的预防标准，从中选择威胁最小、机会最多的方案。

3. 风险分析

风险分析的目的是确定风险对项目的影响大小。风险分析人员将通过对风险分析工具、技术的运用，以及对风险表现类别的研究，得出风险的存在和发生时间、风险的影响和损失、风险可能性、风险级别及风险可控性。

4. 风险应对

进行风险应对要确立并实施风险应对策略。首先要明确有哪些备选方案，其次要针对体验战略实施中的不确定因素进行分析，识别并记录在风险登记册中，制定有效的风险应对措施，增加正面收益的发生概率，降低负面收益的发生概率。

5. 风险监控

确立了风险应对策略后，并不表示风险不存在。因此，在项目执行过程中需要时刻监控风险的发展与变化情况，并警惕随着某些风险的消失而带来的新风险。风险监控是一个实时连续的过程，当项目发生变化时，要重新进行风险分析，针对发现的问题及时采取措施。

对目标人群交付体验的方式必须不断发展，以应对新的技术、新的竞争、新的客户期望，以及其他新的趋势。为了避免误判，请留意两种类型的信号，它们的出现表明是时候重新审视企业级体验战略了。

- 显性因素：宏观经济趋势、法规、并购活动和品牌重塑。这些因素通常会影响公司的战略，因此它们应该引发企业对体验战略的重新审视。这些因素的变化很容易被发现，当其中任何一个发生变化时，通过对已收集的研究成果进行分析，可确定它是否会对客户期望和价值、商业战略和内部能力产生影响。
- 隐性因素：客户行为、竞争、技术、文化等。这些因素通常随着时间的推移逐步形成，平常不在体验专业人员的视线范围内。为了避免这些因素被忽视，应该加强客户洞察，不能仅仅停留在问卷调查和焦点小组这些常规研究上，而应该采用能发现这些因素发生变化的工具和方法，例如实施民族志研究、进行竞品分析，以及收集员工之声等。

为了尽快感知影响因素，最好进行定期实地研究，及时发现市场、客户，以及企业内部的变化，评估这些变化对企业级体验战略的影响。

第 9 章
质量好不好：企业级体验指标体系

在我的职业生涯中，我见证了越来越多的企业逐渐认可体验的价值，但在真正的体验落地过程中，他们往往会面临以下困境。

- 困境一：企业高层设定了企业级体验战略目标，但是面对宏大的描述，如“提升客户的整体体验”和“提升产品的使用体验”，体验部门不知道如何推动目标的达成。
- 困境二：体验团队成员像救火队员，辗转于各个部门解决零散的体验问题，却苦恼于该如何找到具体且客观的抓手对企业级体验进行整体、高效的管理。
- 困境三：体验团队的主要工作就是提升体验，但在企业内部，很多同事会认为体验是主观的，无法通过提升体验达成业务目标。

以上是在企业内部推行企业级体验时经常遇到的困境，那么该如何解决呢？本章主要介绍什么是企业级体验指标体系，如何建立企业级体验指标体系，并通过一些实践案例指导大家如何通过企业级体验指标体系来应对上述三个困境。

9.1 企业级体验指标体系概述

问大家一个问题，全球范围内最大的经济指标体系是什么呢？也许已经有人想到了，没错，就是大家经常提到的 GDP（Gross Domestic Product，国内生产总值）。GDP 反映了一个国家（或地区）在一定时期内生产活动的最终成果。

在国际上，大家都以这个指标来横向比较国家与国家之间经济发展水平的差距，进而在此基础上开展各种经济提升工作，可见 GDP 这个指标体系的重要性。

同样地，在现代企业经营中，一个核心工作就是建立一套对企业业务目标进行测量和监控的指标体系。我们常见的指标有资产负债表、复购率、转化率等，通过提升这些指标可以达成具体的业务目标，这些指标的具体数据也可用于衡量业务目标的完成质量如何。

参考业务目标的量化过程，我们也可以对体验目标进行测量，建立体验指标体系，体验指标数据可反映体验目标是否达成，以及体验目标的完成质量如何。比如，阿里云体验团队建立了自己的体验指标体系——UES（User Experience System），如图 9-1 所示。

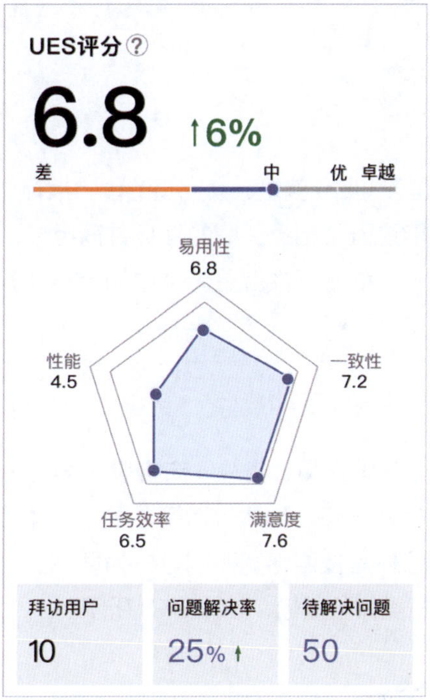

图 9-1　阿里云体验指标体系 UES

本节我们将对体验指标体系进行深入剖析，帮大家建立相应的理论知识体系，为后面的实践打下良好的理论基础。

9.1.1　企业级体验指标体系定义

体验指标是衡量体验质量好坏的数据。例如，用户操作某个系统时的易用性分数是 80 分，我们要衡量的是系统是否容易操作，80 分即具体的数据表现，如果该体验指标大于等于 60 分表示及格，则说明这个系统的易用性还不错。

而体验指标体系则是体验指标的集合，两者的关系如图 9-2 所示。

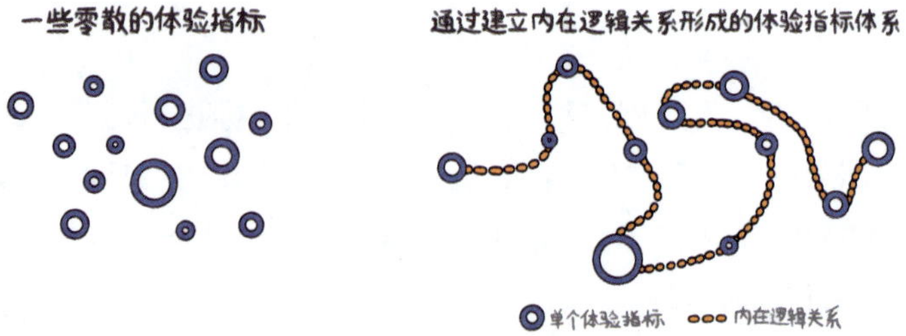

图 9-2 体验指标与体验指标体系的关系

“企业级体验指标体系是指，通过对体验目标进行量化，将多个零散的体验指标按照一定的内在逻辑关系组合而成的一个整体。其数据用于反映整体体验质量。”

比如前面提到的阿里云 UES 就是一套完整的体验指标体系，由易用性、一致性、满意度、任务效率、性能这五个相互关联的指标共同组成。具体的数值能反映出该产品的整体体验质量如何，而易用性就是体系中的单一体验指标，其能反映产品在这个维度的体验质量。

9.1.2 企业级体验指标的三种类型

就如同 GDP 指标分为国家级、省级、市级等不同类型一样，企业级体验指标也分为整体关系类体验指标、旅程类体验指标、触点类体验指标三类。这三者之间是有层级关系的，企业级体验按照影响范围可分为整体关系类体验、旅程类体验、触点类体验，分别对应三类体验指标，如图 9-3 所示。

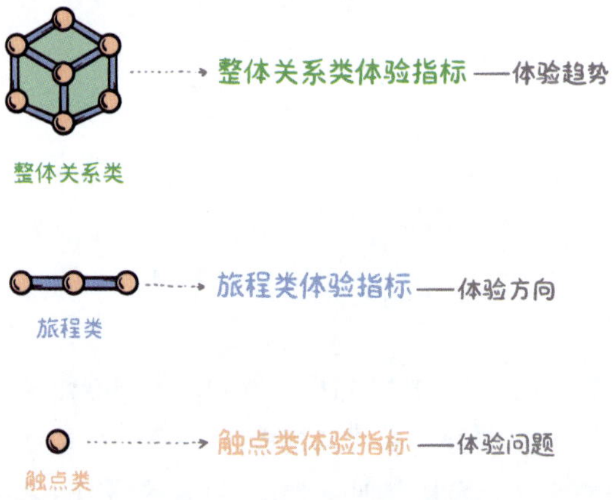

图 9-3 企业级体验指标类型

整体关系类体验指标主要用于全局体验的测量，旅程类体验指标和触点类体验指标则用于对细分体验进行监测追踪，确保体验交付过程与成果的质量。三者分别从企业级体验宏观、中观、微观层面体现了体验战略，并且能够很好地找到体验问题并进行优化，对成果进行监测跟踪。每一类体验指标体现的价值都是不一样的，企业可以根据业务发展的需要，对这三类体验指标进行灵活组合运用。

下面我们通过一个具体案例，来说明这三类体验指标之间的内在关系。图 9-4 展示的是一名内部员工的体验指标体系，该系统主要通过敬业度、敬业度相关营业额、员工旅程满意度、上级领导满意度、包容性这五个方面来评估企业向内部员工交付的工作体验质量，该体系中包含整体关系类、旅程类、触点类体验指标。

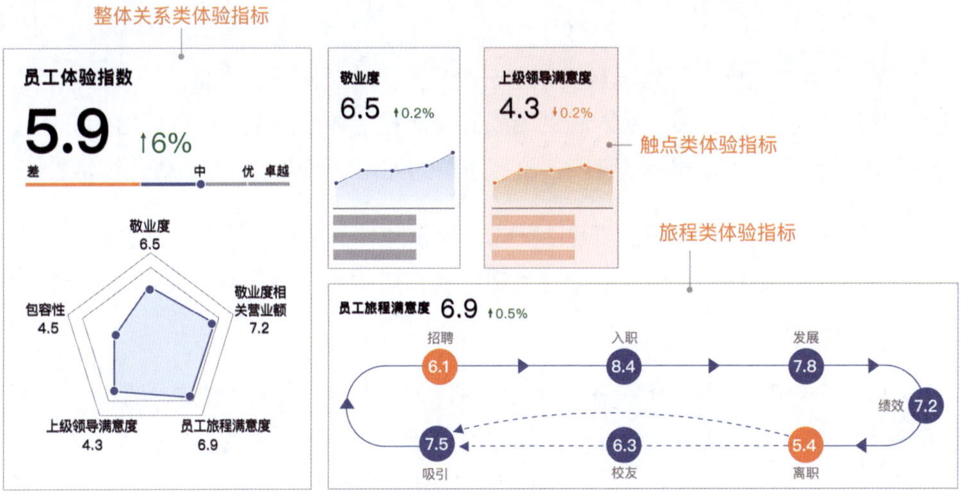

图 9-4　内部员工的体验指标体系

在图 9-4 中，员工体验指数就是一个整体关系类体验指标，也是一个一级体验指标，这个指标揭示了该企业向内部员工交付的体验质量的整体情况。这类指标的主要作用是，揭示整体体验质量变化趋势、潜在风险和目标人群的未来行为。

整体关系类体验指标很重要，它可以测量目标人群对企业所提供的产品 / 服务体验的总体看法，有助于预测特定服务对象接下来会做什么。目标人群在选择合作企业时，会考虑他们在过去一段时间内与一家企业交互的整体体验。他们对这种体验的理解基于过去多次交互的积累，但并不表示所有交互都具有同等重要的意义，不同交互的影响权重也会存在差异。因此，整体关系类体验指标具有以下三个特点。

- 一般为满意度、净推荐值、费力度、继续合作意愿等多个二级体验指标的组合。例如，本例中的员工体验指数就是由敬业度、敬业度相关营业额、员工旅程满意度、上级领导满意度、包容性这五个核心二级体验指标共同组成的。

- 能体现体验质量变化趋势及潜在风险。例如，在图 9-4 中，我们可以看出员工体验指数比上个季度提升了 6%，说明企业体验质量有上升趋势。同时，上级领导满意度这个指标得分偏低，说明存在员工离职风险，后期要加强对领导干部管理能力的培养。

- 能对目标人群未来的体验需求进行预测。在图 9-4 中，我们发现包容性这个指标的分数不高，说明员工对于企业文化方面有较大需求，后期需要在这方面加强建设。

在图 9-4 中，员工旅程满意度就是一个旅程类体验指标，也是一个二级指标，这个指标反映了该企业员工从入职到离职完整旅程的体验质量。这类体验指标的主要作用是揭示当前体验质量，预判未来的趋势，为如何对触点进行整合优化提供思路。

旅程类体验指标如同省级 GDP 一样，介于整体关系类体验指标与触点类体验指标之间，每个旅程都是由一系列行为组成的，其中的一些（但不是全部）行为是与企业交互的触点。

如图 9-4 所示，员工旅程满意度指标由招聘、入职、发展、绩效、离职、校友、吸引这七个核心触点组成，这七个触点是三级指标。根据数据显示，员工对整个工作旅程的满意度分数为 6.9 分，虽然不高，但相比于上个季度还是提升了 0.5%。同时，几个核心触点的体验质量有较大差距，特别是招聘和离职这两个触点的体验质量偏低。

对于旅程类体验指标，我们要考虑以下几点。

- 企业所服务的目标人群完成特定目标的一系列体验质量趋势如何？例如，在本例中，员工旅程满意度的分数为 6.9 分，右边的绿色小箭头显示比上个季度上升了 0.5 个百分点，说明员工旅程满意度分数是不断提升的。

- 触点与触点之间的衔接是否顺畅？在本例中，我们发现员工从绩效这个触点到离职这个触点的体验分数下降较多，后期需要调研确定如何提升离职触点的体验质量。

- 部门业绩考核有没有在旅程类体验指标中体现出来？在本例中，员工旅程类体验指标建设是与 HR 部门一起合作完成的，因此和 HR 部门的 OKR 是紧密挂钩的，这个指标占了 HR 部门 OKR 的 20%。

相对而言，要想对企业所服务目标人群的完整行为过程质量进行测量，旅程类体验指标是最好的选择。

回到图 9-4，上级领导满意度就是一个触点类体验指标，也是一个二级指标，反映了员工与领导交互的体验质量。触点类体验指标的主要作用是，揭示具体触点的体验问题，促进体验优化创新。

在本例中，上级领导满意度这个触点的指标颜色已经变成了橙色，说明指标分数已经低于系统设置的基准数值，同时相比于上个季度又下降了 0.2%。该触点的体验质量在持续下降，需要进行深入数据挖掘和洞察分析，提出提升该触点体验的优化方案。

对于企业级体验的触点类体验指标，需要考虑以下几点。

- 目标人群与企业具体触点的交互体验如何？如果体验不好，原因是什么？
- 告知基层员工下一步如何提升体验。
- 将触点类体验指标放到企业员工个人绩效指标中，并对触点类体验指标进行考核。

通过测量触点类体验指标，我们可以发现一些在旅程类、整体关系类体验中很容易忽略的细节问题。例如，对于用户在电商平台购物这个体验旅程，我们非常关注用户在整个购物过程中的整体体验质量，以及在该旅程中各个关键体验触点的衔接和操作体验，但很容易忽略体验旅程中单个体验触点的细节优化。比如，用户查看的商品详情页就是一个体验触点，页面中的“加入购物车”与“立即购买”这两个按钮左右位置的摆放、颜色和大小的设计都会影响用户对于这个页面的体验。这些触点的体验质量值得电商平台产品经理、设计师、运营人员继续深入研究，不断优化。另外，因为体验是由很多触点组成的，我们不可能调用企业所有的资源去改善单一触点体验，因此要对触点做优先级排列，合理分配资源。

本节介绍了企业级体验指标的分类，各位读者要记住：

"完善的体验指标体系中必须包含这三类体验指标，这是体验指标体系能够准确、客观地反映现阶段体验质量的前提。"

9.1.3 企业级体验指标体系的三要素

企业级体验指标体系中的三要素是：父指标（一级指标）、子指标（二级和三级指标）、各级指标之间的内在逻辑关系。这种逻辑关系通常体现为数学运算，对二级指标与三级指标加权求和可计算出父指标的具体数值，如图 9-5 所示。

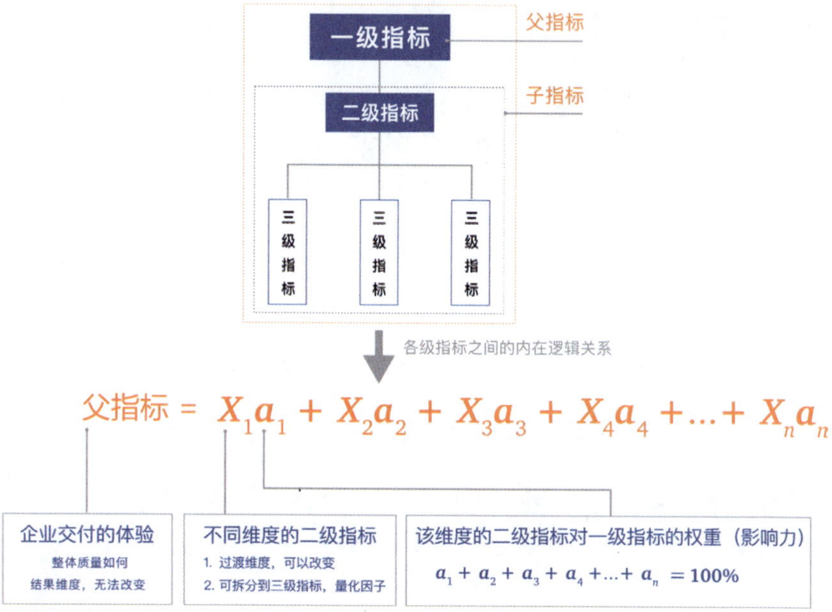

图 9-5 企业级体验指标体系三要素

对于上述数学公式，有以下几点说明。

- 父指标代表整体体验质量。通常，父指标数值越高，企业交付给目标人群的体验质量越好。父指标直接与企业的商业指标强关联。例如，体验父指标为"产品使用满意度"，该指标和企业的商业指标"用户留存率"强关联，如果"产品使用满意度"数值上升能同时提高"用户留存率"，说明企业级体验指标的设置是合理的。
- X 指的是根据企业级体验父指标拆分出来的二级指标，特别需要注意的是，拆分出来的几个二级指标一定得全面、准确、清晰地体现父指标。

- a 表示二级维度指标在父指标中所占的权重，即百分比。譬如：同样是“产品使用满意度”这个二级指标，在互联网企业中，该指标权重可能是 60%；但在 3C 数码产品企业中，因为涉及线下门店购买体验、售后维修服务体验等，该维度的权重可能只有 30%。因此，在进行体验测量时一定要注意结合企业、行业等因素，设置符合企业当前特点的权重。

9.1.4　企业级体验指标体系的三大作用

以 9.1.2 节中的员工体验指标体系为例，企业级体验指标体系主要起到三大作用：为体验设置可量化的目标值、为体验运营提供数据支撑、使体验指标与业务指标强关联，如图 9-6 所示。

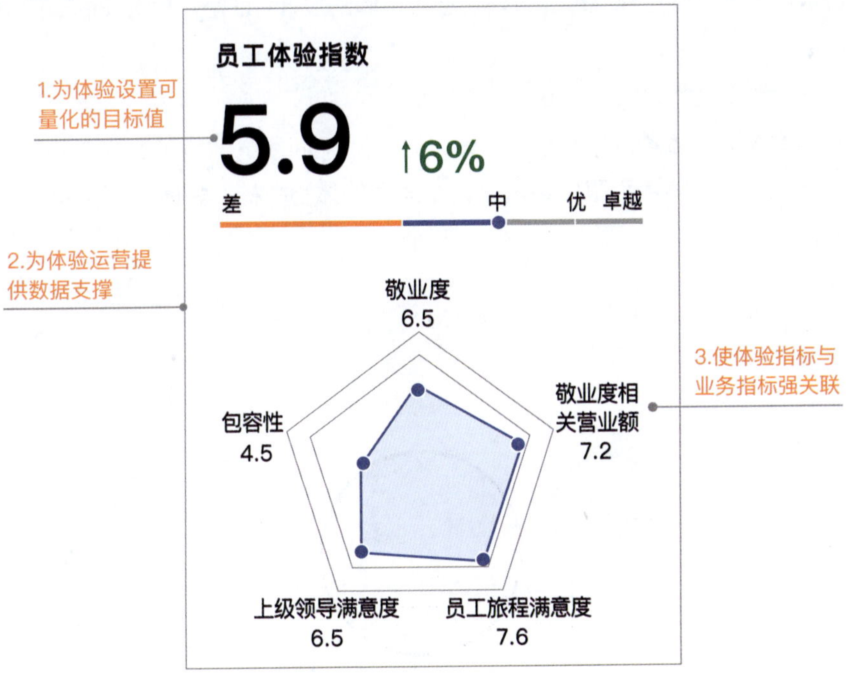

图 9-6　企业级体验指标体系的三大作用

1. 为体验设置可量化的目标值

借助企业级体验指标体系，我们设置的体验指标就可以被量化和评估。通过对体验的测量，我们可以为特定体验指标设置质量基线，通过对该指标的长期监控很好地了解体验的变化趋势，以及所交付体验与目标人群期望之间的差距。还可以对体验的趋势进行预判，以便对体验进行创新，建立企业独特的体验优势。

2. 为体验运营提供数据支撑

一般在专业的体验团队中，体验运营人员会监控体验指标，以此为依据对体验数据进行深入分析与洞察，发现体验中的痛点、痒点、机会等，还能发现体验指标背后的动机，确立并实施有针对性的体验运营策略。

3. 使体验指标与业务指标强关联

企业的业务目标是获得营收和创造利润，围绕这个目标，企业会设置多个业务指标。如果体验的价值可以量化，同时体验指标和企业的业务指标紧紧绑定，那么就可以很容易地说服企业高层加大对企业级体验的投入，证明体验管理的商业价值。

9.1.5 建立企业级体验指标体系的五点要求

在建立企业级体验指标体系的时候，只有做到如图 9-7 所示的五点要求，才能保证所建立的体系将最大限度地量化各个层面的体验指标，为体验优化和创新提供数据支撑。

图 9-7 建立企业级体验指标体系的五点要求

1. 一致性

整个企业必须围绕建立好的企业级体验指标体系这一目标协同工作，一致的目标将帮助企业在内部各个部门之间建立通用的语言，更加高效地开展跨部门体验优化迭代工作。

2. 量化效果

企业员工在日常工作和战略决策中都要把体验指标量化为具体的数据指标，同时这些数据指标一定要和企业的业务指标建立联系。我们设置的体验量化指标的高低的确可以影响企业业务目标的达成。例如，我们针对 ERP 软件建立的体验指标的提升，很好地推动了该软件老客户续费率这一业务指标，说明获得了很好的体验量化效果。

3. 相互关联

各个层级和部门的员工要定期检视体验指标，企业要搞清楚，体验指标的变化是如何影响业务指标的（两者的关联），要把体验指标集成到所有企业决策中。

4. 广泛参与性

在建立企业级体验指标体系的过程中，一定要与相关部门密切沟通，采取共创形式让更多部门的各级员工都参与进来。这样建立起来的体验指标体系才能获得广泛的支持，可信度更高，也有利于后期的落地实施。

5. 持续性

企业需要持续修正、迭代企业级体验指标体系，特别是三级指标，以确保体验指标可以推动企业修正各项规章制度，进行产品创新，成为推动企业持续经营的有效工具。

如果满足了以上这些要求，建立起的企业级体验指标体系就可以很好地解决由于体验本身固有的定制化、伴随性、主观性而产生的无法量化的问题。

通过建立覆盖整体关系、体验旅程、体验触点的企业级体验指标体系，可以监测企业级体验对于提升业务指标的贡献，相对客观地展现企业级体验对业务的贡献度。我想这样就可以很好地解决本章开头说到的三个困境。

9.2 企业级体验指标体系的拆分

了解了企业级体验指标体系的基本知识点后，本节将介绍企业级体验指标体系如何拆分，主要包括拆分思想、拆分假设、拆分原则和拆分步骤。

1. 拆分思想

建立符合当前企业需要的体验指标体系要遵循一定的拆分思想，即把父指标拆分成多个二级或三级指标，并运用数学模型建立关系。

“建立企业级体验指标体系的拆分思路：横向扩展拆分，纵向细分拆分，建立层次指标体系。”

拆分空间维度可分为水平维度（横向）和垂直维度（纵向）。例如，一家服务于企业客户的 SaaS 软件企业，建立了体验北极星指标模型，在水平维度将体验指标拆分为易用性、美观度、任务效率这三个二级体验指标，对于二级指标中的易用性指标，又可以在垂直维度将其拆分为易操作性、易学性、易见性这三个更低一级的指标，如图 9-8 所示。

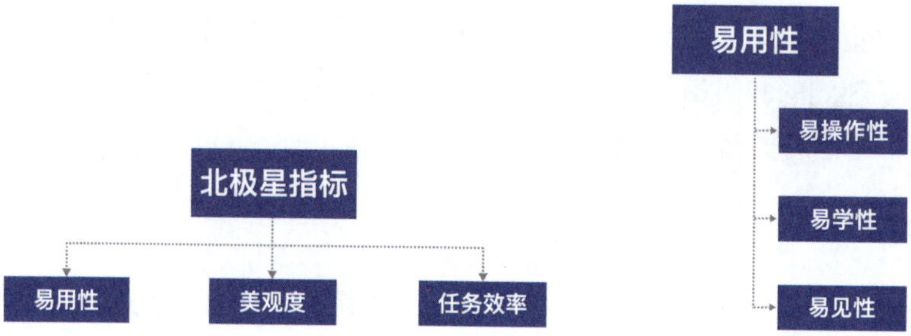

图 9-8 水平拆分与垂直拆分

拆分方法还有很多，比如使用 OSM 模型、AARRR 模型、GSM 模型、UJM 模型、ICE 优先级模型、杜邦分析法等。本节只给出一种思路，具体选择什么方法要结合实际的业务、场景需求。

2. 拆分假设

企业级体验指标体系拆分的底层思维是——还原思维。还原思维的核心是，整体体验指标能拆分成多个部分，多个部分也能组成一个整体。这是一个互逆的过程。如图 9-9 所示，一级指标可以逐级拆分，同时二、三级指标也可以逐级还原。

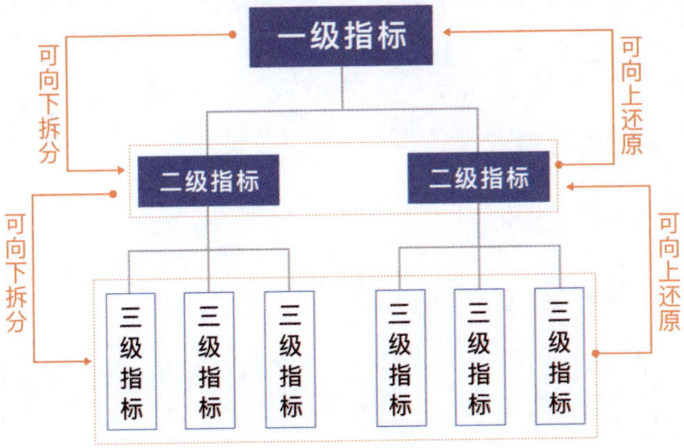

图 9-9　体验指标体系拆分与还原

完成体验指标体系的拆分后，如果想验证拆分是否合理，可以问自己下面这个问题：

“由父指标拆分成的各级子指标全面、准确吗？各级子指标能否全面、准确地体现体父指标，能否从整体到部分再到整体？”

3. 拆分原则

体验指标体系的拆分原则有哪些呢？常见的如 MECE 原则（相互独立，完全穷尽）、CSCE 原则（完备性、系统性、可执行性、可解释性），这里我为各位读者总结了很重要的三个原则：业务化、实操性、互斥性。

- 业务化：一定要把体验指标当作一类业务指标，体验指标必须能直接或间接推动业务增长。
- 实操性：必须是可落地的，可运用各种工具和方法进行有效测量，不能落地的体验指标是没有存在意义的。
- 互斥性：拆分出来的子指标之间必须没有包含关系，不能存在交集。

4. 拆分步骤

一般的体验指标体系拆分围绕两个维度：企业所服务的目标人群、业务。具体的拆分步骤如下。

- 步骤一：明确体验目标。
- 步骤二：建立指标模型。
- 步骤三：拆分体验指标。
- 步骤四：落地实施。
- 步骤五：结果洞察。

9.3 企业级体验指标体系的常见指标

在企业级体验指标体系中，常见的体验指标有满意度、净推荐值、费力度和持续合作意愿度。企业可以根据自身需求选择其中的某一个或某几个来搭建自己的企业级体验指标体系。那么，我们该如何选择呢？可以遵循以下三个标准。

1. 所选择的体验指标应与业务指标强关联

选择的体验指标应该与企业的业务指标强关联，反之会导致体验与业务脱节，无法实现体验对业务指标达成的重要推动作用。

例如，面对 toB 科技企业，如果把产品界面是否美观作为满意度指标，并将其设定为体验一级指标就不是一个明智的决定。因为 toB 科技企业的产品面向的是企业内部员工，他们更在意的是界面是否清晰、操作流程是否简单等。只追求界面美观度是无法提升产品销售转化率和复购率的。

2. 所选择的体验指标应能体现企业的核心价值

还是以 toB 科技企业为例，其内部数字化系统的核心价值在于降本增效，即减少员工使用内部数字化系统的时长，提升员工在系统中单位时间内完成的任务量。而从体验层面来看，界面信息内容展示得是否清晰，操作流程是否简单，都可以很好地反映这个核心价值。因此，我们可以把这两个体验指标设立为核心体验指标。

3. 所选择的体验指标应能被定性、定量表示，以能被定量表示为主

定量指标优于定性指标。比如，将指标定义为提升客户体验、提升品牌体验等是不够具体的，企业内每位员工的理解都不一样。如果将体验指标定义为把客户体验满意度得分从 6.8 分提升到 7.5 分，就非常具体了。

本节我们将详细介绍满意度、净推荐值、费力度和持续合作意愿度这四个常见指标，各位读者在选择时要切记上述三个标准。

9.3.1　满意度

满意度是常见的评判目标人群对产品 / 服务体验满意程度的体验指标，也是所有企业都比较看重的体验指标。“满意度”这个概念早在 1965 年被提出，其落地形式一般为满意度问卷，如图 9-10 所示。

京东的满意度问卷　　　　超市的满意度问卷

图 9-10　满意度问卷

常见的询问产品 / 服务体验满意度的问题如“您对 XXX 的满意度？”

- **优点：** 设计简单，扩展性强，业内广泛使用，toB 和 toC 场景均适用，可自行设定问卷问题。
- **缺点：** 题目长时回答麻烦，是一个“过去式”指标，态度不能代表行动，会产生趋中效应。
- **适用范围：** 所有行业。

用户表达对特定事件 / 体验的满意度时，大都使用五点量表，该量表中包括五个选择：非常满意、满意、一般、不满意、非常不满意。

满意度设计简单、落地性强。例如，在用户使用完一个产品功能模块之后，就可以设计一个满意度量表。但在这个过程中，一定要注意问题设计的便利性、简单性，时间控制在 1 分钟内。

在分析结果时，必须要考虑“深层原因”。设想一下，如果一个客户对产品或服务的某个环节不满意，大概会是哪些因素造成的？这些因素之间的关系或权重是什么？搞清楚这些原因有助于企业提升产品或服务的质量。

在使用满意度的时候，我会给出以下两点建议。

- 满意度的易用性、落地性非常强，可用于询问用户使用产品 / 服务过程中的各种问题，整体体验满意度、局部体验满意度、环节体验满意度都是可用的。
- 满意度相对而言是短期指标，无法用来预测未来的行为，满意度能够体现用户对产品短期内的幸福感，但无法体现用户对产品的长期态度。

9.3.2 净推荐值

净推荐值是分析客户忠诚度的预测指标，最早是由贝恩咨询企业客户忠诚度业务的创始人 Fred Reichheld 在 2003 年提出的，其落地形式通常为问卷，如图 9-11 所示。

美团买菜的净推荐值问卷　　订阅服务净推荐值问卷

图 9-11　净推荐值问卷

净推荐值用于分析客户忠诚度，常见问题如“您有多大可能将 XXX 推荐给朋友或同事？”

- **优点：** 反映客户重复购买意愿，预测客户未来行为，业内广泛使用，理解简单，回答方便，与企业业绩强相关。
- **缺点：** 关注范围过于广泛，无法针对具体细节提问；问题无法修改，不灵活；toB 场景下易失效。
- **适用范围：** 大部分行业。

做净推荐值调研比较简单，首先需要搞清楚一个问题：“您是否愿意将 XXX（产品或服务）推荐给您的朋友？”然后根据愿意程度让客户在 0 ~ 10 分之间打分，根据得分情况我们将判断出如下三类客户。

- 推荐者（Promoters）：得分在 9 ~ 10 分之间，是具有狂热忠诚度的人，他们会继续选择目前的产品或服务，并引荐给其他人。

- 被动者（Passives）：得分在 7 ~ 8 分之间，总体满意但并不狂热，会考虑其他竞争对手的产品或服务。
- 贬损者（Detractors）：得分在 0 ~ 6 分之间，使用不满意或对产品 / 服务没有忠诚度。

收集到三类客户的样本数据后，根据以下公式计算净推荐值。

净推荐值 =(推荐者数 / 总样本数)×100% －（贬损者数 / 总样本数)×100%

这里再说明一下净推荐值与满意度的区别，净推荐值询问的是意愿而不是情感，对用户来说更容易回答，且相比于满意度更为直观。净推荐值不仅直接反映了客户对企业的忠诚度和对产品的购买意愿，而且在一定程度上可以反映企业当前和未来一段时间内的发展趋势和持续盈利能力。

净推荐值调查不能完全取代满意度调查，也很难直接提升净推荐值，最好将其作为满意度的一部分，如果提高了客户满意度，净推荐值也一定会得到相应提高。

在使用净推荐值的时候，我有以下两点建议。

- 净推荐值作为侧重未来（包含当前）的客户满意度指标，可用于衡量客户长期留存情况和满意度，也可反映产品、项目、企业经营未来一段时间的收入和发展趋势。
- 虽然净推荐值指标很直观，但其度量方法比较粗糙，得到的结果并不一定等同于用户在现实生活中的推荐行为，可以将其作为产品口碑、用户推荐可能性的参考指标。

9.3.3 费力度

费力度这个概念在 2010 年于“哈佛商业评论”中被提出，按字面意思理解，费力度反映的是使用某产品和服务来解决问题的困难程度，其问卷形式如图 9-12 所示。

车贴（老用户–未进线–费力度）

师傅您好，我们是XXX工作人员，由于您是优质客户，我们想向您做一个简单的调研，想了解下您使用“车贴”业务的情况。

用户不配合：您的建议对我们来说很重要，耽误您一分钟就可以了。

1.用户号码

2.请问您觉得平添的“车贴”业务使用是否方便呢？

○ 方便

○ 不方便

3.请问您觉得哪些地方比较方便呢？【非必填】

○ 备注原因

4.请问您觉得是哪里不方便呢？

○ 更换流程复杂

○ 其他，备注

5.若对“车贴”业务打分，4–7分，您会打多少分呢？（7分最高）

○ 4

○ 5

○ 6

○ 7

图 9–12　费力度问卷

费力度用于评价使用产品 / 服务来解决问题的困难程度，常见问题如“XXX 是否让您的问题处理变得简单？”

- **优点：**能测试用户使用产品 / 服务解决问题的困难程度，预测未来的行为。
- **缺点：**指标名称带有负面性，目前几乎没有企业会实际使用，适用范围有限。
- **适用范围：**服务业。

费力度体验指标有过一次重大的版本迭代，最开始的费力度调研问题 1.0 版本一般是“为了得到你想要的服务，你费了多大劲？”选项往往从“非常低”到“非常高”，最好在用户刚操作完时询问，以防用户忘记自己的实际感受。在实际的投放过程中，企业发现这样的询问方式并不是特别好，容易有负面倾向暗示，所以后面又推出了 2.0 版本。

通用的费力度调研问题 2.0 版本是：××× 让你的问题处理过程变得简单了吗？客户选项包括强烈不同意、不同意、有点不同意、中立、有点同意、同意、强烈同意。

Oracle 的一项研究表明，82%的人把他们的购买经历描述为“花费太多精力”，因此费力度背后的理论就是，应该想办法减少客户为了解决问题而付出的精力。费力度可以帮助我们找出可以优化的问题，更容易厘清在哪里进行改善，较低的费力度也与客户续签直接相关，能增加客户的生命周期价值。

一般情况下，企业首先利用满意度来衡量客户对产品或服务的体验，当这套标准的价值到达临界点时，就应该尝试获得客户费力度数据，作为满意度的扩充，能更充分地评估客户体验情况。

在使用费力度的时候，我有以下两点建议。

- 费力度可以评价一款产品的有用和可用程度，帮助发现和解决产品体验中的各类问题，用于衡量产品质量比较适合，但不适合衡量产品或品牌在用户心中的价值。
- 对于费力度相关指标，在产品、体验设计的研发过程中，可用于前置挖掘的指标就是可用性，在产品研发阶段就测试产品的可用性能在一定程度上反映费力度。

9.3.4 持续合作意愿度

按字面意思理解，持续合作意愿度就是让目标群体与企业再次合作的可能性。进行持续合作意愿度调研时，落地形式常为问卷，如图 9-13 所示。

该指标反映了再次与企业合作的意愿程度，常见问题如“愿意再次与 XXX 合作吗？”

- **优点：** 预测未来行为能力强。

- **缺点：**适用范围有限，无法针对具体细节问询。
- **适用范围：**toB 行业。

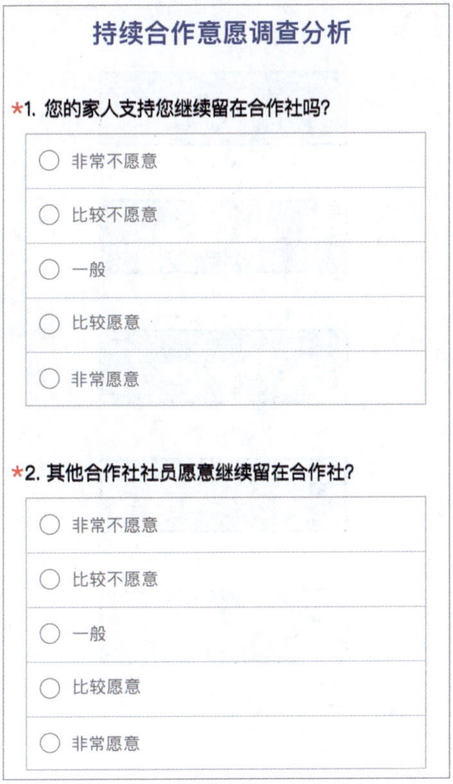

图 9-13　持续合作意愿度问卷

一般情况下，这个指标能很好地反映企业给客户、合作伙伴及员工等利益相关方交付的整体体验的质量，当对方的持续合作意愿度高时，大概率说明企业的关系体验做得比较好。最好在对方完成一次合作时提问，这时对方的反应是最真实的。

在使用持续合作意愿度的时候，我的建议是：这个指标更加强调企业与利益相关方的互动，更适用于强调长期合作关系的企业，如一般的 toB 企业都强调长期合作，SaaS 类型企业则更看重客户的复购率和黏性。

对于以上四个常见指标，如果各位读者想更深入地研究，可以查阅更专业的资料。特别是满意度、净推荐值这两个指标，还是很值得深入研究的。

9.4 企业级体验指标体系建立步骤

本节将介绍建立企业级体验指标体系的具体步骤，包括：明确体验目标、建立指标模型、拆分体验指标、落地实践、结果洞察，如图 9-14 所示。

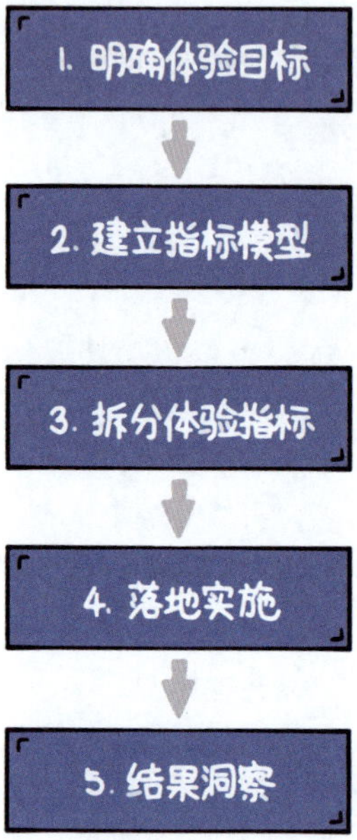

图 9-14 企业级体验指标体系建立步骤

9.4.1 明确体验目标

明确体验目标是建立企业级体验指标体系非常重要的第一步，只有在这个阶段统一企业内部思想，获得广泛认同，才能让各个部门劲往一处使，聚焦体验测量，快速获得结果。

如图 9-15 所示，企业内部不同层级的员工，对体验目标的测量诉求、关注维度是不一样的，作为体验工作者一定要非常清楚这一点。从战略层到业务部门层，再到项目产品层，员工对体验目标的关注维度如下。

- 战略层员工，如 CEO、CFO 等企业高管，他们关注测量结果，想知道体验指标有没有不断提升，体验具体拉动了多少业务量、增加了多少营收。

- 业务部门层员工，如业务负责人、体验管理者，他们关注测量过程，更希望掌握核心业务的体验质量情况。
- 项目产品层员工，如产品负责人，他们关注测量过程，更在乎具体某个产品的体验质量，以及体验指标与绩效考核指标之间的关联情况。

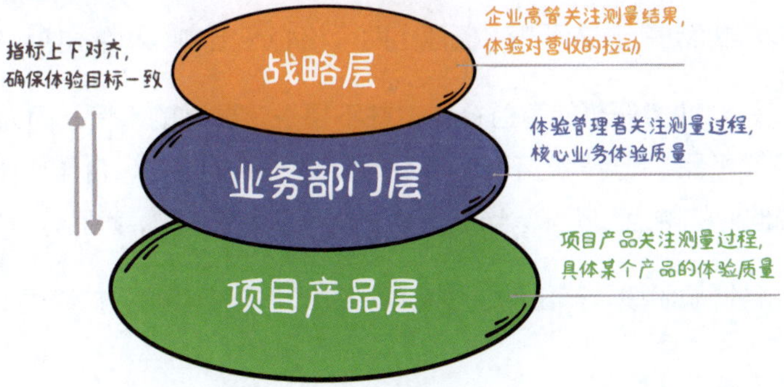

图 9-15　各层员工的关注点

如果能使上述三个层级的员工对齐体验指标，确保体验目标一致，那么建立体验指标体系就开了个好头。如果各层级员工对体验目标很难达成一致，我们可以进行业务调研，以此来建立清晰、明确的体验目标。如图 9-16 所示，业务调研主要包括三个阶段：企业内部研究、目标人群研究、竞品研究。

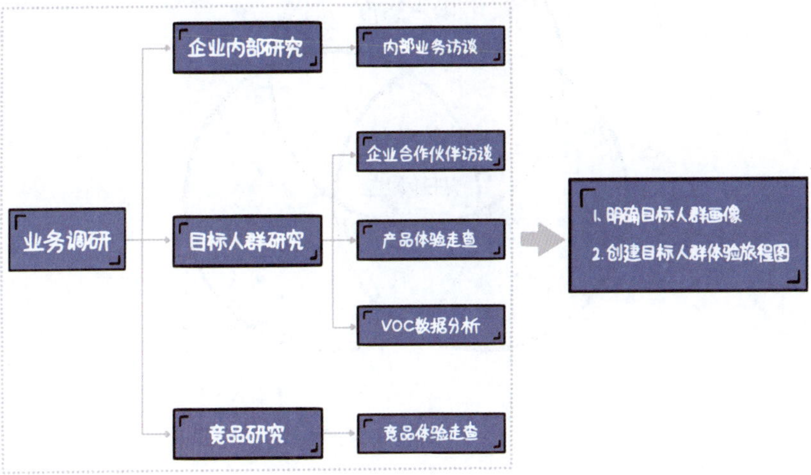

图 9-16　业务调研

在企业内部研究阶段要进行内部业务访谈，主要找企业各部门（特别是业务部门）各层级的员工，通过访谈、座谈会、共创会等形式，充分了解业务发展痛点、难点及各部门所承担的业务指标，便于在设定体验指标时将其与业务指标强绑定。

目标人群研究阶段的核心工作是对企业合作伙伴进行访谈、进行产品体验走查，以及对收集的 VOC 数据进行分析，通过各种调研手段，对服务对象的人物角色、体验旅程、体验触点进行深入研究，梳理出两个核心产出物：人群画像和体验旅程图。

竞品研究是对业务调研的有益补充，并不是一定要做的事情，因为有时与其关注竞争对手及其产品 / 服务，还不如盯着企业所要服务的客户、合作伙伴、员工等目标人群，挖掘他们的触点和需求。当然，对于大多数企业来说，竞品分析是常规操作。

在整个业务调研阶段，产出物主要有两个：人群画像和体验旅程图。

9.4.2 建立指标模型

建立企业级体验指标体系的第二步是建立指标模型，例如我们前面提到过的，阿里云体验指标体系 UES 的指标模型中包括用户态度、用户行为、系统表现三个维度，这些维度共同体现产品使用体验，如图 9-17 所示。

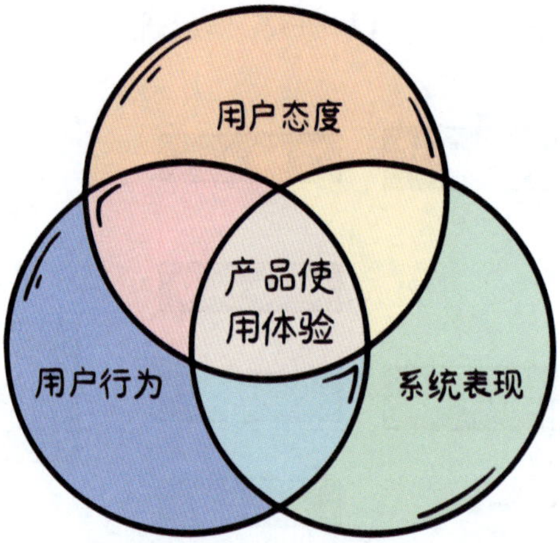

图 9-17 阿里云 UES 指标模型

9.4.3 拆分体验指标

如果体验指标体系中只有一个父指标，那这一步是可以省略的。一般情况下，因为企业级体验具有复杂性与多维性，因此建议大家进行指标拆分，至少要确立二级指标。

一般体验指标的拆分模式有两类：任务流程型和因子分解型，如图 9-18 所示。

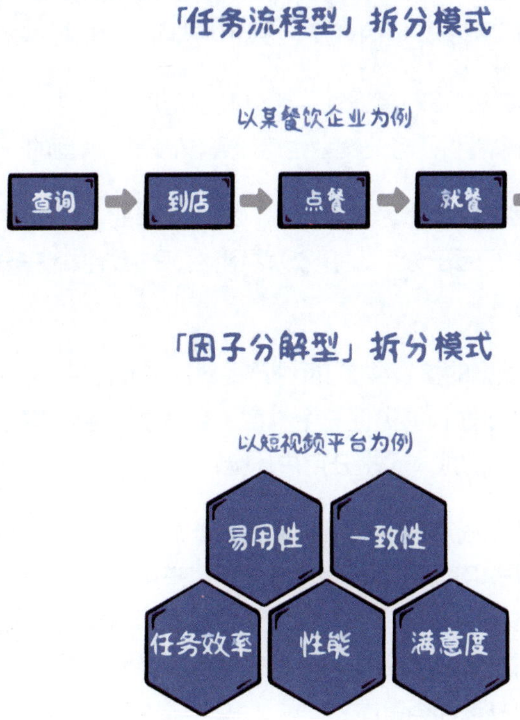

图 9-18　常见的体验指标拆分模式

1. 任务流程型

任务流程型体验指标拆分模式的原理是，企业服务的目标人群为完成特定目标会与企业产生一系列交互行为并获得体验，这些交互行为有很强的时序性，所以我们对这类体验进行测量，可以按照时间顺序进行体验指标拆分，从而构建指标体系。

这种指标拆分模式适用于以服务为主的行业，如银行业、保险业、餐饮业等。例如，我们去一家酒楼吃饭，体验过程完全按照就餐流程发生，具有很强的时序性，因此对就餐体验进行测量时可以按照就餐流程中的关键点设置体验指标。

2. 因子分解型

因子分解型体验指标拆分模式的原理是，企业服务的目标人群为完成特定目标会与企业产生一系列交互行为并获得体验，这些交互行为没有很显著的时序性，所以我们对这类体验进行测量时要先分析需要测量的体验对象的特点，然后通过归因分析提炼出影响达成体验目标的关键因素及其权重，从而构建指标体系。

因子分解型模式因具有很强的普适性，所以几乎可用于测量任何体验，适用范围最为广泛。从宏观视角来看，任务流程型也可以看作因子分解型的一种特殊形式。

因子分解型模式适用于以产品为主的行业，如零售行业、互联网行业等，如可以对阿里云产品的体验进行因子分解，拆分为易用性、一致性、任务效率、性能、满意度这五个指标进行测量。

- 易用性：产品使用质量的核心维度，反映产品对用户而言是否易于学习和使用，包含易学性、易操作性和易见性三个维度。提升易用性可以提升操作效率和任务完成率，降低学习成本，提升用户体验。
- 一致性：主要描述不同产品的共有功能在设计范式上的相似程度，包含整体样式、通用框架和常用场景及组件等维度。对于用户而言，提升体验一致性可以降低用户操作时长及错误率，降低学习成本，提升用户满意度。对于产品设计及开发者而言，保持体验一致性可以提升开发效能，产品模块的可集成性、稳定性和可延续性会更高。
- 任务效率：主要是完成任务所花费的时间成本，或者在单位时间内完成的任务量，一般包含任务完成率和任务完成时间两个维度。比如，很多 B 端系统的任务链路相对复杂，有比较明确或相对固定的任务流程，通过对系统操作人员行为习惯进行分析，深入梳理业务逻辑，可将简单操作留给人员，将复杂操作留给系统，把复杂的流程简单化或让操作流程的交互方式更加符合操作人员的认知，让操作人员更加明确、快速地完成任务。
- 性能：阿里云系统要交付卓越的体验，一定依托于人机配合，其中很重要的一点就是系统本身的性能。例如，系统本身运行速度太慢、系统 BUG 过多等性能问题必然会带来不好的使用体验。监控性能的指标有很多，其中最影响用户感知的是首屏渲染时间（FMP），即用户从发出请求到看到页面呈现主要内容的时长。还有页面请求响应时间、API 请求响应时间等指标。

- 满意度：反映用户对产品或服务的期望被满足的程度，这个指标在一定程度上会反映用户再次使用产品和对产品进行推荐的概率。

确认拆分了上述五个二级指标后，我们就得到了完整的阿里云体验指标体系 UES，如图 9-19 所示。

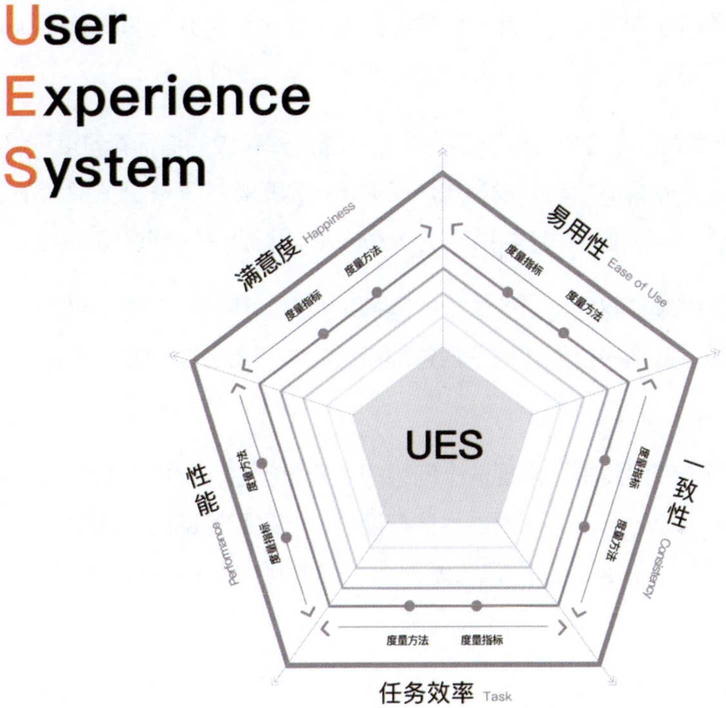

	易用性 Ease of use	一致性 Consistency	满意度 Happiness	任务效率 Task	性能 Performance
度量标准	易操作性 易学性 易见性（清晰性）	整体样式 通用框架 常用场景及组件	满意度	功能使用率 任务完成率 任务效率	首屏渲染时间（FMP） 页面请求响应时间 API请求响应时间
度量方法	易用性度量	一致性度量	问卷调查	用户行为监控	性能监控
度量工具	易用性工具Etest	一致性走查	问卷调查	UBA	ARMS

图 9-19 阿里云体验指标体系 UES

当然，指标拆分模式也可以混合使用，如前面提到的酒楼就餐案例，此前对体验的测量使用的是任务流程型指标拆分模式。如果这家酒楼研发了手机 App，主要功能是提供外卖服务，那么我们就要测量用户使用外卖服务的体验质量，此时指标体系中可能包含 App 的易用性、对送餐服务的满意度、对酒楼的净推荐值等，即采用因子分解型指标拆分模式来测量外卖服务的体验质量。

企业级体验工作不只是体验部门的事，更是全公司的事，前面提到设立的体验指标一定要和业务指标强相关。因此，搭建体验指标体系后必须要有体验指标体系确认环节。该环节往往会出现三个问题，如下。

- **指标覆盖不全：**出现这个问题的主要原因是，第一，设置的指标颗粒度不够细；第二，在设计体验指标时，没有厘清支撑该级别指标的下一级关键因子，产生重要遗漏，导致下一级体验指标不是上一级体验指标的必要补充。
- **指标无法定位体验问题：**出现这个问题的主要原因是，指标的获取方法使用不当，比如有些用户行为数据是通过埋点统计的，那么通过调查问卷是无法获取的。
- **不知道由哪个部门负责：**出现这个问题的主要原因是，指标设置前期没有和各个部门进行充分沟通。沟通的目的有两个，一是和各部门对体验目标达成共识；二是深入了解各部门的业务指标，把体验指标和业务指标进行关联绑定。

9.4.4 落地实施

这一步要将企业级体验指标体系的设计方案变为现实，具体流程如下。

1. 问卷与数据埋点

落地实施阶段，首先要对体验指标进行数据收集。在实际工作中，我们最常使用的收集工具有两种，一种是体现体验态度的问卷，另一种是反映体验行为的数据埋点，如图 9-20 所示。当然，还有其他工具可用，大家可根据实际情况选择。

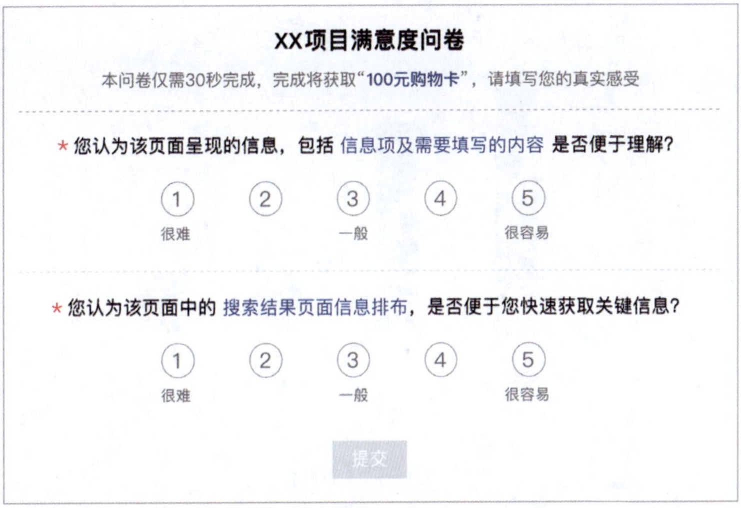

XX项目满意度问卷
本问卷仅需30秒完成，完成将获取“100元购物卡”，请填写您的真实感受
* 您认为该页面呈现的信息，包括 信息项及需要填写的内容 是否便于理解？
1 2 3 4 5
很难 一般 很容易
* 您认为该页面中的 搜索结果页面信息排布，是否便于您快速获取关键信息？
1 2 3 4 5
很难 一般 很容易
提交

目标人群行为数据埋点

行为事件	标识符	业务标签	状态
支付成功	paySuccessPage	二级维度指标 业务指标	监控正常
加入购物车	addCartPage	三级指标因子	未监控到数据
浏览商品详情	browseProductDetails- 01	三级指标因子	3天无数据
搜索商品	searchProductPage	三级指标因子 业务指标	监控正常

图 9-20 问卷与数据埋点

一般情况下，收集体验指标数据时会同时使用问卷和数据埋点。问卷的设计、投放、收集都是非常重要的，感兴趣的读者可查阅相关资料，这里就不详细说明了。数据埋点的设计方案需要和工程师沟通确定，这里也不再赘述了。

2. 数据分析

我们要对收集到的体验指标数据进行分析，一般包括水平分析、趋势分析、结构分析、下钻分析和优先级分析。

水平分析和趋势分析的示例如图 9-21 所示。

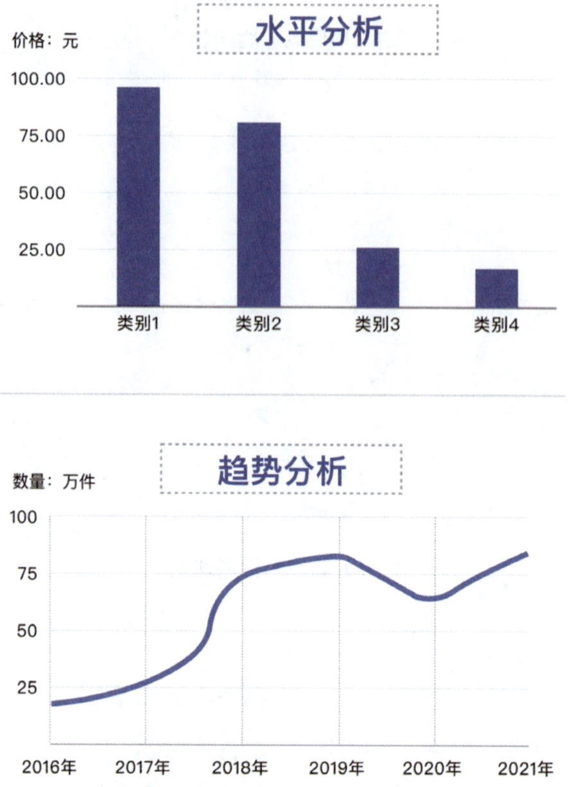

图 9-21 水平分析和趋势分析

水平分析主要回答以下三个问题。

- 对比竞品，本品的体验指标水平如何?
- 对比竞品，本品的二、三级体验指标水平如何?
- 本品的二、三级体验指标水平，谁高谁低?

趋势分析主要回答以下三个问题。

- 本品的体验指标水平变化趋势如何?
- 竞品的体验指标水平变化趋势如何?
- 本品和竞品的二、三级体验指标水平变化趋势如何?

结构分析的示例如图 9-22 所示。

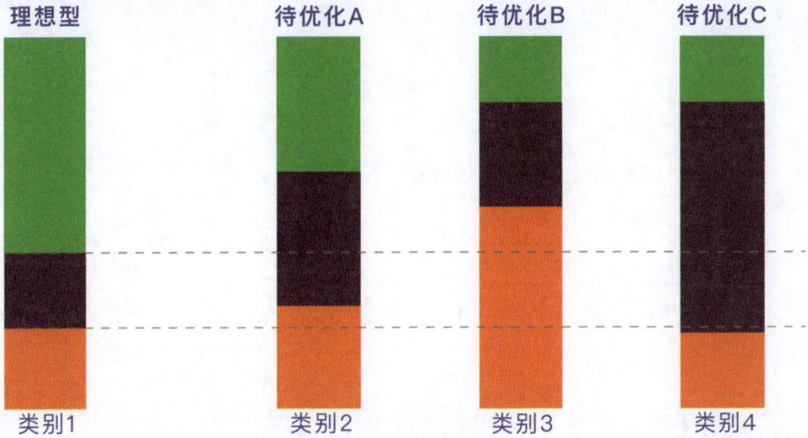

图 9-22 结构分析

我们拿最常见的净推荐值指标来进行数据分析，最终的数据呈现主要分为理想型、待优化 A、待优化 B、待优化 C 这四类。大部分数值落在后三类，如果是理想型，说明这个体验指标数据非常好。下面分别说明以上四个类别的特点。

- 理想型：推荐者占大多数，中立者和贬损者占比较少。
- 待优化 A：均衡的不推荐者，典型的如很多偏情感价值的 C 端消费行业（游戏行业），建议提升短板，同时进行亮点创新。
- 待优化 B：咆哮的不推荐者，典型的如大多数初创企业，其产品和服务不够完善，有不少缺失，建议改进短板。
- 待优化 C：沉默的中立者，典型的如与服务人群互动次数偏少的行业，如通信运营商、保险行业、电力行业，建议进行亮点创新。

结构分析主要回答以下两个问题。

- 不同细分群体中的人群结构分布如何？
- 本品、竞品的人群结构分布如何？

下钻分析的案例如图 9-23 所示。

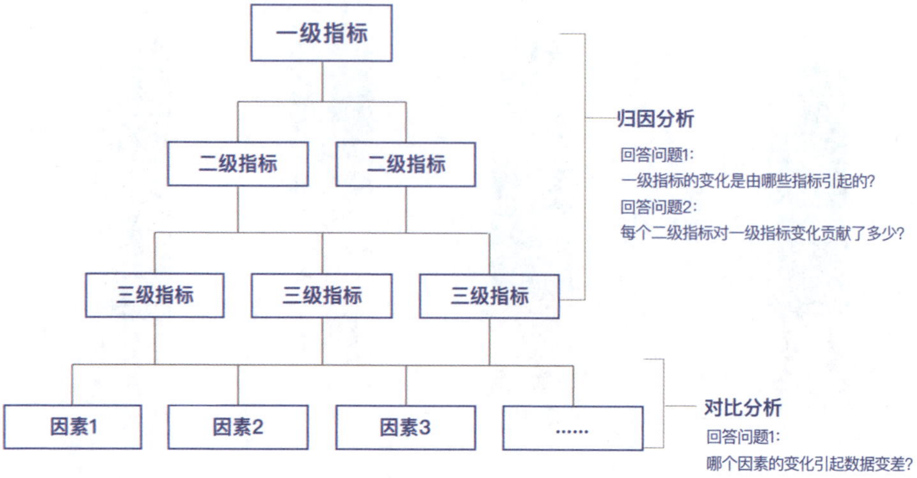

图 9-23 下钻分析

在下钻分析中，对一级指标与二、三级指标进行归因分析可以回答以下两个问题。

- 一级指标的变化是由哪些指标引起的?
- 每个二级指标对一级指标变化贡献了多少?

在下钻分析中，对三级指标下级的各个因素进行对比分析可以回答以下问题。

- 哪个因素的变化引起数据变差?

我们可以采取四象限分析法进行优先级分析，如图 9-24 所示。将商业价值设为横坐标，将体验质量设为纵坐标，将平面空间分为继续保持、重点保持、重点提升、继续提升四个象限，把体验指标按照当前的情况分别放置在四个象限中。

优先级分析主要回答以下两个问题。

- 要想快速提高一级指标数据，在不考虑成本的情况下，应该提高哪些二三级指标数据?
- 提高哪些二、三级指标数据对提高一级指标数据的性价比最高?

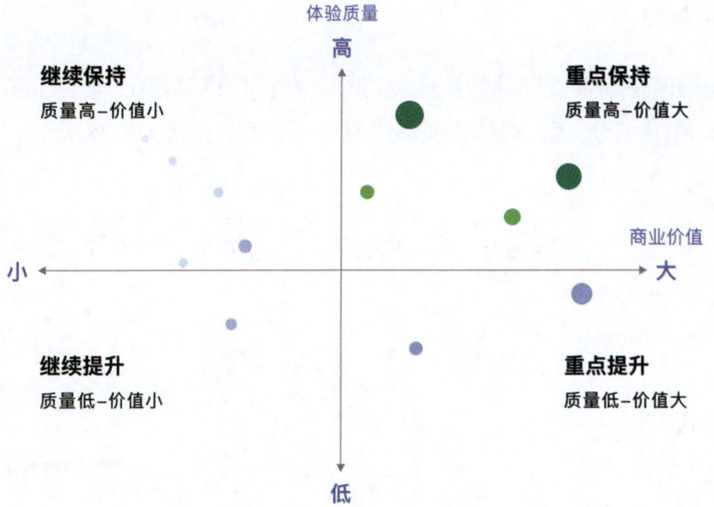

图 9–24　四象限分析法

3. 目标人群回访

如果有必要，我们也可以进行目标人群回访（见图 9–25），对体验指标数据分析进行补充，这一步不是必须做的，根据需要而定即可。

图 9–25　目标人群回访

9.4.5　结果洞察

在获得了大量有价值的目标人群态度、行为数据后，我们就要对这些数据进行充分研究，洞察体验问题背后的根因。

1. 获取基值

这里的基值是指体验指标数据的基准值，我们可以通过前面介绍的数据分析来获取各级体验指标的基值，对体验质量水平进行摸底，如图 9-26 所示。

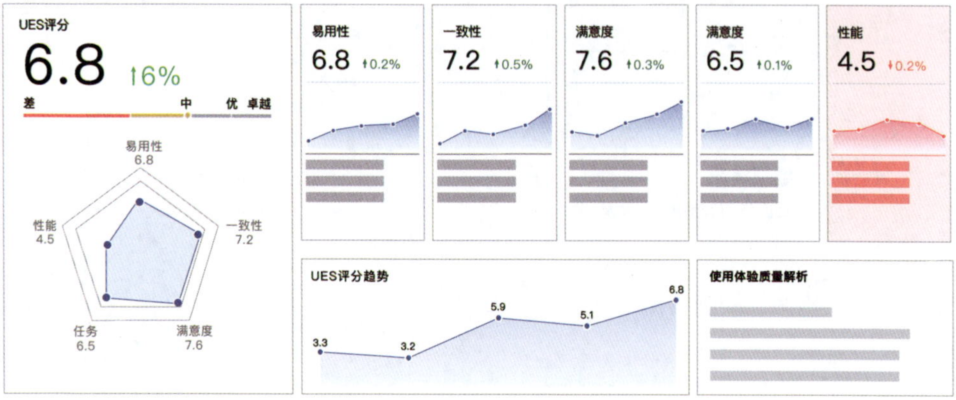

图 9-26 体验指标基值

2. 定位关键体验

通过四象限分析法，我们可以定位需要提升的关键体验，如图 9-27 所示。

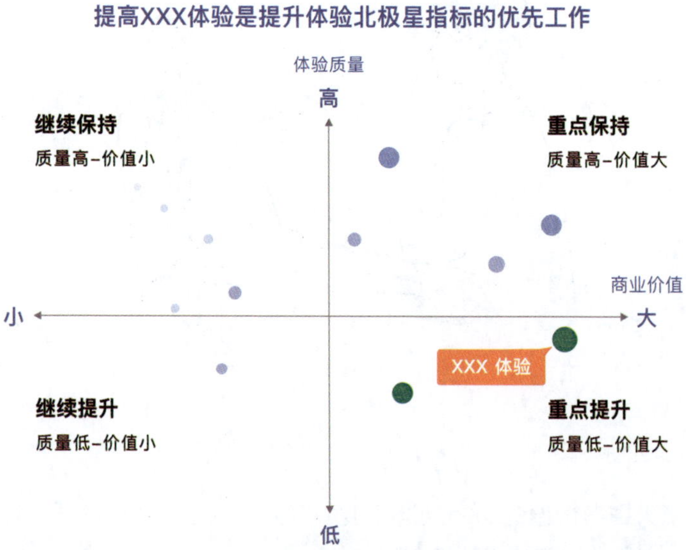

图 9-27 定位关键体验

3. 确定关键驱动因素

我们可以通过分析三级指标确定关键驱动因素，如图 9-28 所示。

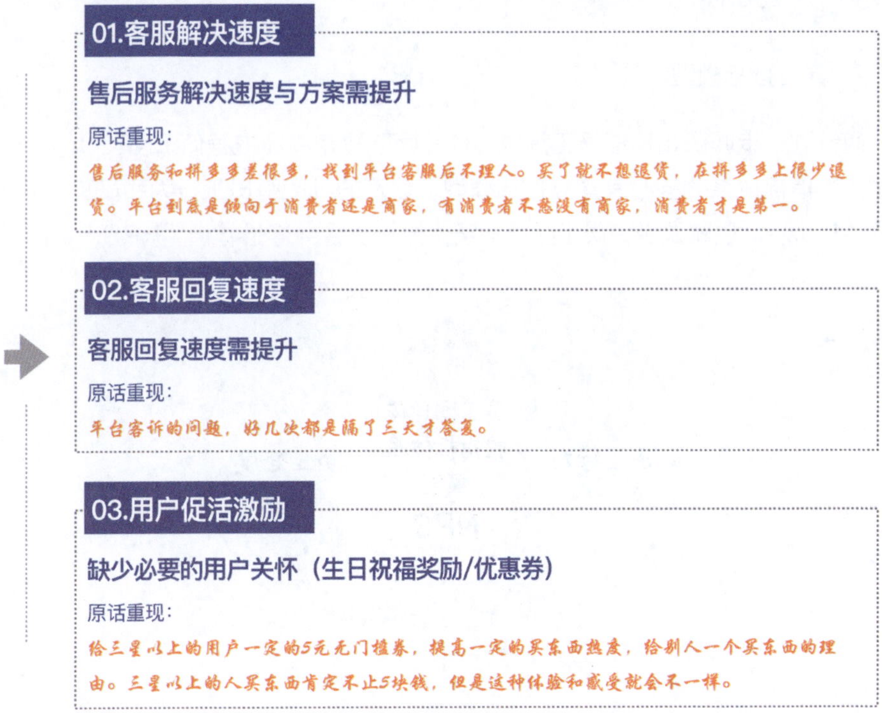

01.客服解决速度
售后服务解决速度与方案需提升
原话重现：
售后服务和拼多多差很多，找到平台客服后不理人。买了就不想退货，在拼多多上很少退货。平台到底是倾向于消费者还是商家，有消费者不愁没有商家，消费者才是第一。
02.客服回复速度
客服回复速度需提升
原话重现：
平台客诉的问题，好几次都是隔了三天才答复。
03.用户促活激励
缺少必要的用户关怀（生日祝福奖励/优惠券）
原话重现：
给三星以上的用户一定的5元无门槛券，提高一定的买东西热度，给别人一个买东西的理由。三星以上的人买东西肯定不止5块钱，但是这种体验和感受就会不一样。

图 9-28　关键驱动因素

建立企业级体验指标体系是体验管理的核心工作之一，是获取全局性的、体系化的体验指标的关键。这些体验指标可以驱动业务发展，达成企业级体验管理目标，这也是我们强调企业级体验指标体系十分重要的原因。

9.5　案例：建立员工团建企业级体验指标体系

对于企业级体验，内部员工体验也是非常重要的。本节我们以为 A 企业搭建一套小型员工团建体验指标体系为例，带大家巩固企业级体验指标体系的建立步骤。

1. 明确体验目标

每年 6 月至 11 月是 A 企业各个部门进行团建的时间段，最近企业离职率不断升高，因此管理层想通过团建来降低员工的离职率。体验团队通过和 HR 团队进行沟通，认为提升员工的工作体验可以降低离职率，而团建体验与工作体验是强正相关的，因此，体验团队和 HR 团队一起明确了体验目标——至少将员工团建整体净推荐值（NPS）提升 30%。

2. 建立指标模型

通过进一步调研和梳理员工需求，体验团队决定将净推荐值（NPS）作为员工团建体验指标体系的核心来建立指标模型，涉及的维度有员工行为和员工态度，如图 9-29 所示。也就是说，员工团建的整体体验质量 = 净推荐值（NPS）。

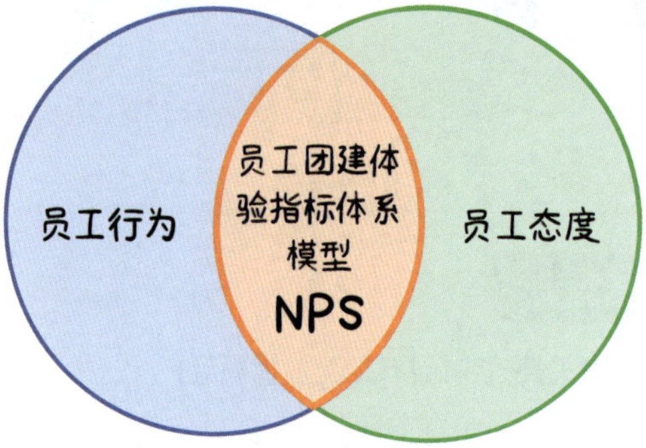

图 9-29 员工团建体验指标体系模型

该模型有以下特点，比较适用于本场景。

- 通过调研员工的推荐意愿反映员工的体验质量。
- 10 分制，体现员工行为。
- 侧重员工对公司团建活动的整体感受。
- 反映员工再次参加的意愿，能预测员工未来的行为，为团建优化方向提供指导。

3. 拆分体验指标

如图 9-30 所示，体验团队根据模型对体验指标进行了拆分，建立了三级体验指标体系。通过这样的指标体系，我们可以很好地对团建体验进行测量，评估体验质量及改善方向。

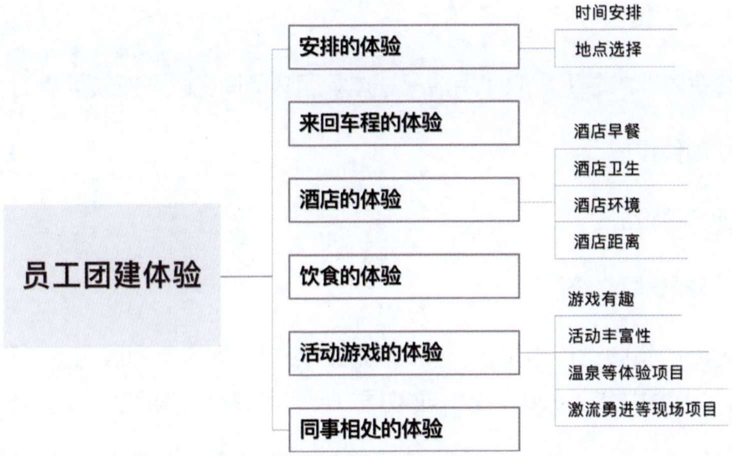

图 9-30　团建体验指标拆分

4. 落地实施

本案例中采用投放问卷的方式来收集数据，体验团队要进行题目与选项设计、投放渠道设计、数据获取与统计。

（1）题目与选项设计

根据需求，体验团队针对每个指标设计了题目及相应的选项，如图 9-31 所示。

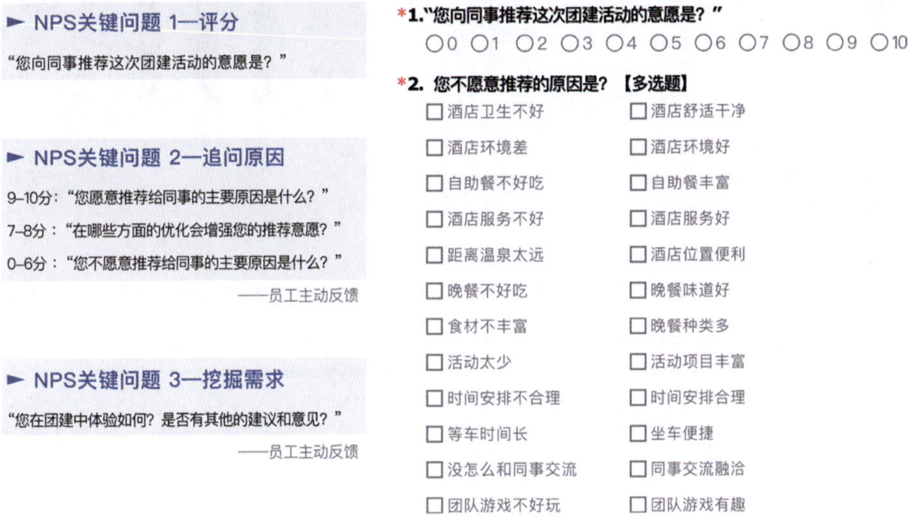

图 9-31　题目和选项设计

（2）投放渠道

根据企业内部沟通工具的使用情况，体验团队选择了以下投放渠道。

- 企业邮件投放。
- 企业微信投放。

（3）数据获取与统计

通过两周的集中宣传与投放，体验团队开始对数据进行回收清洗与统计。清洗无效数据，以描述性统计分析为主，对数据进行初步展示。体验团队的具体工作如下。

- 数据清洗：洗掉答题时间过短的数据、逻辑矛盾的数据等。
- 以频数百分比或均值等描述性统计指标为主，进行初步的数据统计。
- 选择柱形图、条形图、词云、表格、饼图等展示初步结果，如图 9-32 所示。

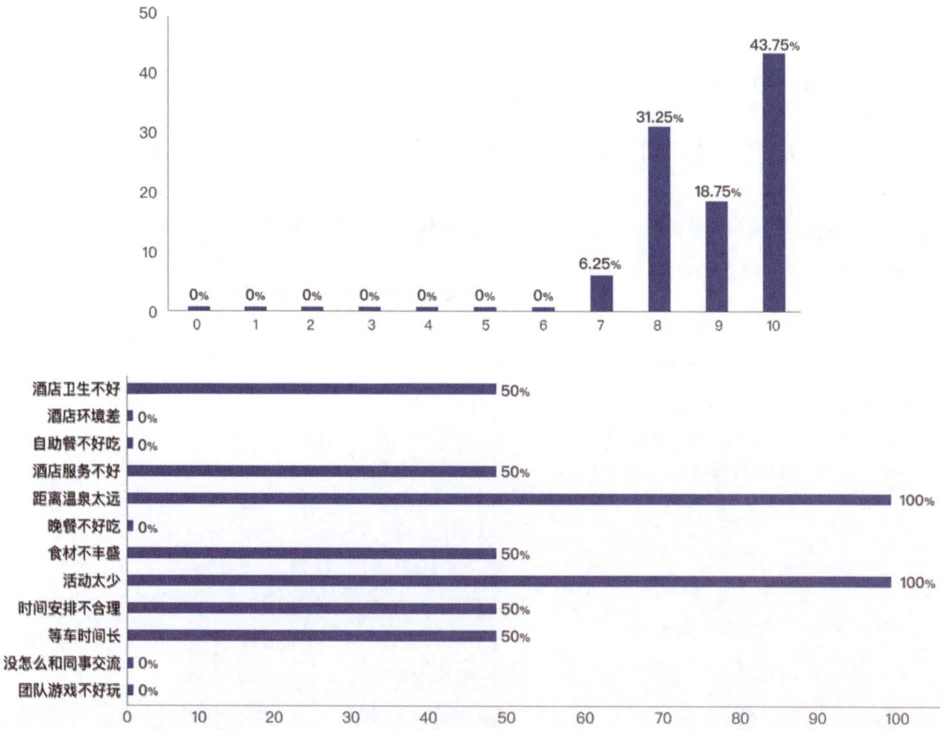

图 9-32　数据统计初步结果

5. 结果洞察

这一步，体验团队要对统计结果进行分析，洞察体验问题背后的根因。

（1）因子分析，聚合收敛

该步骤的目的是将影响团建体验的 20 个初始变量，经过聚类之后，提炼为几个关键指标。

使用 SPSS 数据分析软件对数据进行因子分析，提取出 6 个关键指标，其中每一列对应一个关键指标，如图 9-33 所示。

旋转后的成分矩阵[a]

变量 \ 关键指标	1	2	3	4	5	6
时间	.329	.192	−.102	.025	−.110	.904
地点	−.068	.071	−.167	−.044	.238	.941
乘坐空间	**.904**	.193	.016	−.010	.110	−.024
车辆卫生	.870	.299	.160	.207	.144	.148
行驶时长	.707	.572	.131	.145	.198	.102
司机驾驶技术	.802	.475	.191	.215	.047	.148
酒店卫生	−.031	.036	.921	.068	.129	−.090
酒店早餐	.128	.126	.753	.383	.076	.012
酒店服务	.235	.357	.833	.174	−.048	−.034
酒店位置便利性	.125	.123	.793	−.128	.181	−.173
菜品味道	.103	.737	.279	.243	.278	.146
菜品种类	.454	.744	.088	.179	−.069	.067
用餐时间点及时长	.301	.909	.145	.096	.108	.079
用餐环境	.301	.909	.145	.096	.108	.079
活动丰富度	.277	.423	.085	.571	.482	−.052
团建游戏	.144	.114	.140	.194	.942	.072
现场活动	.144	.114	.140	.194	.942	.072
体验项目	.016	.135	.083	.912	.165	−.066
相处融洽度	.589	.231	.219	.677	.253	.100
加深认知度	.589	.231	.219	.677	.253	.100

提取方法：主成分分析法。
旋转方法：凯撒正态化最大方差法。
a. 旋转在 7 次迭代后已收敛。

这几个变量与关键指标 1 的关系系数均大于0.4，故可聚类为一个关键指标1

图 9-33　因子分析，聚合收敛

- 当变量与关键指标的关系系数绝对值大于 0.4 时，说明该变量与该关键指标有着强相关关系，值越大，对应关系越强。例如，变量“乘坐空间”与关键指标 1 之间的系数是 0.904，远大于 0.4，说明“乘坐空间”与关键指标 1 有着强相关关系，且“乘坐空间”“车辆卫生”“行驶时长”“司机驾驶技术”与关键指标 1 均强相关，可统一归类为“来回车程”。

- 当变量与关键指标的关系系数绝对值小于 0.4 时，说明该变量和该关键指标不存在对应关系，此时可考虑将其删除，比如“体验项目”与关键指标 1 无对应关系，可删除。

由此得出以下结论。

- 影响团建体验的 20 个变量，在因子分析之后，收敛为 6 个关键指标。
- 根据变量和关键指标的相关性，这 6 个关键指标可分别定义为来回车程、饮食、酒店、同事相处、活动游戏、安排。

（2）信度检验，回归分析

该步骤的目的是判断以上 6 个关键指标对因变量（团建满意度）的影响。

使用 SPSS 数据分析软件对数据进行可靠性检验和显著性分析（系统自带的分析模块），处理结果如图 9-34 所示。

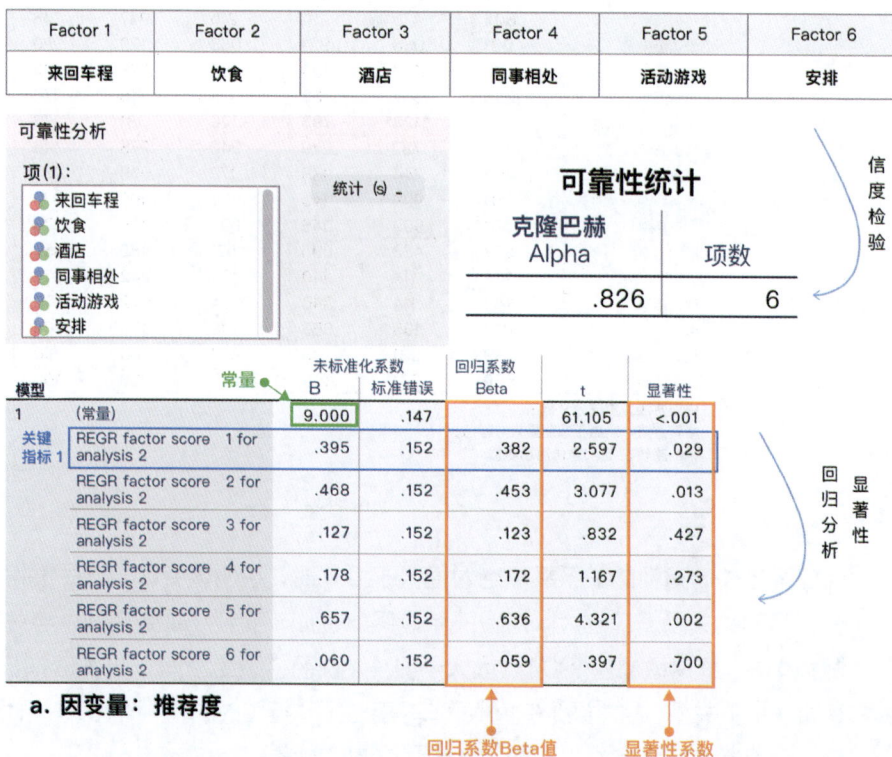

Factor 1	Factor 2	Factor 3	Factor 4	Factor 5	Factor 6
来回车程	饮食	酒店	同事相处	活动游戏	安排

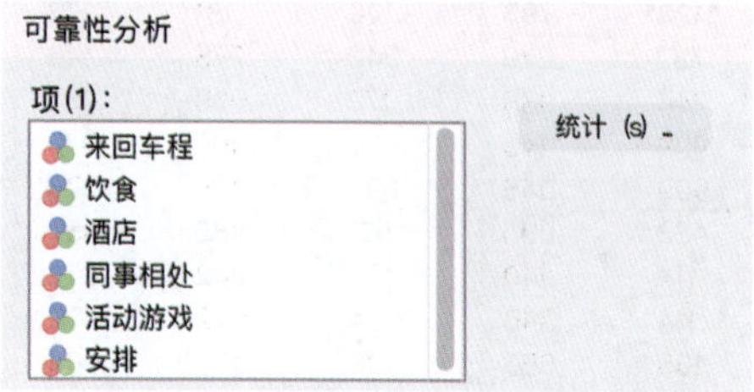

可靠性统计

克隆巴赫 Alpha	项数
.826	6

信度检验

模型		未标准化系数 B	标准错误	回归系数 Beta	t	显著性
1	(常量)	9.000	.147		61.105	<.001
关键指标 1	REGR factor score 1 for analysis 2	.395	.152	.382	2.597	.029
	REGR factor score 2 for analysis 2	.468	.152	.453	3.077	.013
	REGR factor score 3 for analysis 2	.127	.152	.123	.832	.427
	REGR factor score 4 for analysis 2	.178	.152	.172	1.167	.273
	REGR factor score 5 for analysis 2	.657	.152	.636	4.321	.002
	REGR factor score 6 for analysis 2	.060	.152	.059	.397	.700

a. 因变量：推荐度

常量　回归系数Beta值　显著性系数　回归分析 显著性

图 9-34 信度检验，回归分析

- 在显著性回归分析中，最后一列的显著性系数代表该关键指标对因变量（团建满意度）是否有影响，当显著性系数小于 0.05，说明该关键指标对因变量（团建满意度）有显著影响。例如，关键指标 1 的显著性系数为 0.029<0.05，说明关键指标 1 对团建满意度有影响。

- 第三列的回归系数 Beta 值代表该关键指标对因变量（团建满意度）的影响程度。Beta 值为正说明该关键指标对因变量有正向影响，Beta 值为负说明对因变量有反向影响，Beta 值越大则说明影响越大。例如，关键指标 1 的 Beta 值为 0.382，说明该关键指标对团建满意度有正向影响。

（3）推导模型公式，得出结论

在本案例中，净推荐值（NPS）= 常量 $+B_1X_1+B_2X_2+B_3X_3+B_4X_4+B_5X_5+B_6X_6$

在该公式中，常量的值为图 9-34 中第一行的 B 值 9.000，B 为 Beta 值，X 为自变量的满意度分值，公式中数字 1 到 6 分别代表了来回车程、饮食、酒店、同事相处、活动游戏、安排这 6 个关键指标。

关于关键指标的满意度分值，这里主要是通过发放调查问卷并打分而计算出来的，具体过程此处不做细致说明。在本案例中，关键指标对应的 Beta 值和满意度分值如表 9-1 所示。

表 9-1　关键指标数据

关键指标	Beta 值	满意度分值
来回车程	0.382	36
饮食	0.453	36.5
酒店	0.123	34
同事相处	0.172	38.5
活动游戏	0.636	35.5
安排	0.059	37

将表 9-1 中的数值带入公式：

净推荐值（NPS）=9.000+0.382×36+0.453×36.5+0.123×34+0.172×38.5+0.636×35.5+0.059×37=74.8245 ≈ 74.8（四舍五入）

同时，体验团队得出各指标对净推荐值（NPS）的影响占比（不作为重点讲解，这里不给出具体计算过程），占比越大，代表该指标对 NPS 的影响越大，如图 9-35 所示。

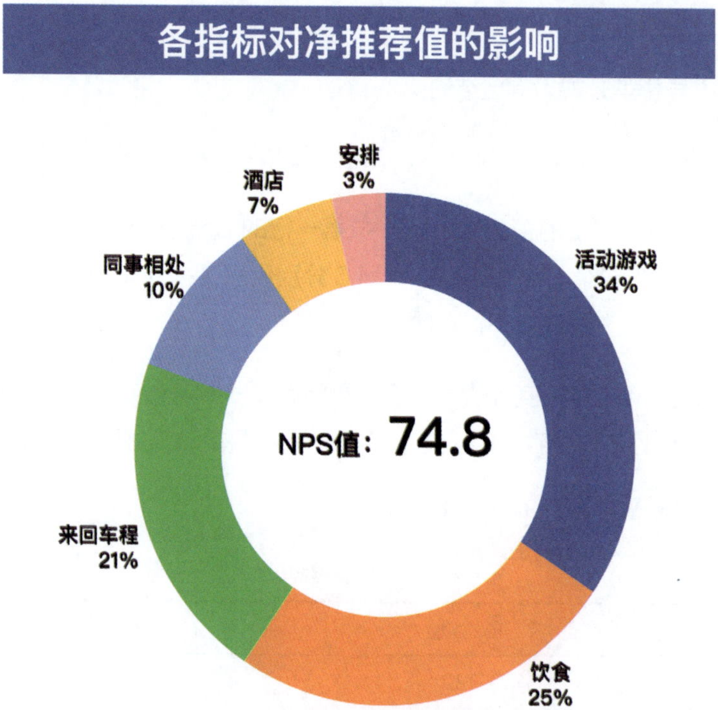

图 9-35 结论

由此得出以下结论：

- 影响净推荐值的因素有来回车程、饮食、酒店、同事相处、活动游戏、安排共 6 个。
- 活动游戏、饮食、来回车程对净推荐值的影响最大，且都正向相关。

A 企业的体验团队通过对团建体验指标体系的建立，完成了对体验质量的测量，为后期提升团建体验指明了道路，也为提升员工体验、降低员工离职率提供了参考。

第 10 章

问题在哪里：企业级体验工具平台

马克思曾说过：“人的本质是善于使用工具。”

人类经过 300 多万年的进化，如今站在了地球食物链的顶端，工具的进化对人类进化可以说起到了至关重要的作用，人类社会的发展史就是一部人类使用工具的进化史。石器的使用让我们与其他动物有了差异，蒸汽机的出现让我们进入工业社会，互联网的使用让我们进入信息时代，每一次人类社会的历史性跨越都离不开工具的进化，如图 10-1 所示。

图 10-1 工具的进化

在企业级体验领域，我们也要充分利用工具，让工具成为提升体验的助推器。那么，我们该如何使用各种工具呢？本章聚焦企业级体验的“问题在哪里”，即通过工具平台找到体验问题。

10.1 企业级体验工具平台概述

一个好的企业级体验工具平台，就是体验指标体系的落地实施工具，它可以自动测量体验指标，反映体验问题。当企业级体验工作有了工具平台的加持后，工作会变得更加简洁、顺畅、智能、高效。比如在体验数据采集和分析阶段，我们在外部对各类体验触点进行数据埋点，通过工具平台对各触点的体验数据进行采集、分析、下钻，最终可通过数据看板进行可视化展示。

“企业级体验工具平台是指整合了目标人群画像、体验旅程、触点等体验要素，实现对体验数据自动化采集、测量、监控等各种推动体验工作落地实施的数字化工具的集合。”

企业级体验工具平台通过对不同类别的体验指标进行对比，使企业能够识别整体关系类体验、旅程类体验、触点类体验，以及不同目标人群的体验差距。企业不断运用大数据、人工智能等前沿技术及数据分析等方法，能将目标人群的体验态度数据、体验行为数据和企业的运营数据进行有机结合，以全面了解当前交付的企业级体验的质量和未来的发展趋势。

企业级体验工具平台的界面如图 10-2 所示。

图 10-2　企业级体验工具平台的界面

10.1.1 企业级体验工具平台的价值

企业级体验工具平台可以在多方面助力企业级体验工作，实现企业制定的各项体验战略目标，并最终使企业顺利转型为体验驱动型企业，具体如下。

1. 整合体验数据，发现体验问题

有了体验工具平台，获取的体验数据将更全面、更具体、更直接、更客观，而不依托工具平台采集的体验数据相对零散、时效性差，人为干扰因素多导致数据不客观。

例如，某数码 3C 配件生产企业在各个主流电商平台上架了一款新的充电宝，他们需要通过采集消费者的反馈对当前新品进行产品迭代更新。按照以往的做法，他们会一方面让市场部或产品设计部进行入户访谈，去不同的电商平台查看商品评论，一方面会委托外部第三方调研机构进行问卷调查等。但是这样的传统做法有着非常明显的弊端：耗时长，单次调研耗时 1~2 个月；价格贵，动辄花费几十万；客户样本少，几百个消费者样本就需要很大的资源投入，难以适应当今数码 3C 行业快节奏的竞争环境。

因此，企业最终采用了数字化工具平台，通过后台数据抓取各个主流电商网站上消费者对该产品的评价，将这些评价集合起来，进行大数据和文本分析，再结合已经建立的体验指标体系，最终梳理出体验问题严重程度排行榜，如图 10-3 所示。

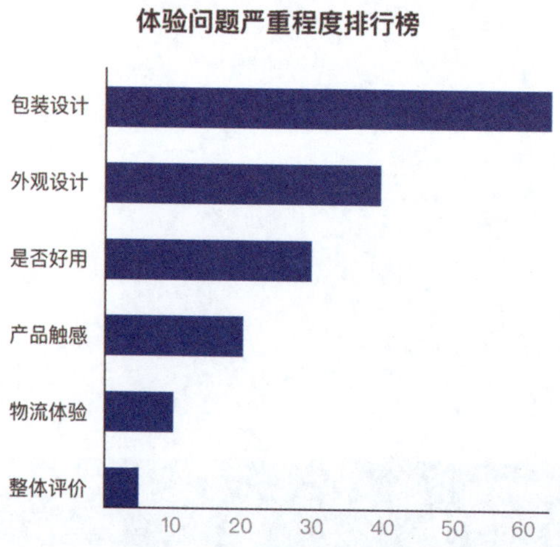

图 10-3 体验问题严重程度排行榜

我们发现，该企业新品的最大体验问题出在产品包装设计上，后期深入调研发现是因为包装结构和质量存在问题，导致在物流环节容易出现破损，划伤产品表面。

通过体验工具平台可以快速定位具体的体验问题，为后面解决问题铺平道路。

2. 体验洞察与趋势预判

体验工具平台不仅可以整合体验数据，发现体验问题，还可以用于洞察体验问题的根因，对未来的体验发展趋势进行预判。

企业肯定希望其通过产品 / 服务交付的体验可以让所有的目标人群喜欢。但是每个人的体验都是独一无二的，他们因为个人家庭背景、生活环境、消费观念等的不同而具有差异化的体验，由此需要企业在工具平台的体验数据基础上进行体验发展趋势预判，对目标人群进行差异化体验运营或体验创新。

比如在一家奶粉销售企业的体验工具平台中，奶粉的品牌体验指标是平台中的一个重要指标，最近一年对该指标进行统计发现，国产奶粉的品牌体验指标数据在缓慢上升，而进口奶粉的品牌体验指标数据趋于平稳，同时基于体验问卷的结果，可以进行体验趋势预判——随着国内奶粉品牌对宣传力度的加大和对产品质量的严格把控，未来目标人群对于国产奶粉的体验满意度会越来越高。于是，企业基于该预判迅速调整了全年奶粉销售中国产奶粉和进口奶粉的比例，更多将采购资源投入国产品牌，最终在年底让该企业的国产奶粉销售额有了两倍的提升，也使得企业全年的整体销售额大幅增长。

通过体验工具平台进行体验趋势判断，在提升企业业务发展方面具有巨大的商业价值。

3. 体验运营工作的数字化展示

通过对体验指标数据自动跟踪，可以做到体验实时预警和未来风险预测，形成“监控、分析、实施”的体验运营闭环，并将体验运营工作成果进行数字化展示。

某企业体验团队中的体验运营人员，头痛于企业内各种产品、服务的体验问题得不到快速解决，经常遇到以下困境。

- 遇到体验问题不知道找谁解决。

- 不知道已提出的体验问题处理得怎么样了。
- 不知道问题解决后，目标人群的反馈如何。

后来体验团队通过引入体验工具平台，在平台内开发了与工单管理相关的模块，实现了体验工单发起、流转、跟踪、反馈的闭环，顺利解决了上述体验运营问题，如图 10-4 所示。

图 10-4　体验工具平台

10.1.2　优秀的企业级体验工具平台

“幸福的家庭都是相似的，不幸的家庭各有各的不幸。”——列夫·托尔斯泰

在国内，市面上已经有不少企业级体验工具平台，就像列夫·托尔斯泰的这句名言一样，我认为一个优秀的企业级体验工具平台都应具备以下特点。

1. 具备全面的数据采集能力

一个优秀的企业级体验工具平台应该能使企业各部门间灵活互动，使企业以智能方式在各个渠道与所服务的目标人群沟通，方式包括电话、短信、电子邮件、语音、应用内响应等。还应该做到与企业外部平台打通，如微信、支付宝、钉钉、飞书，以及其他 App。另一方面，要打通企业各部门和各系统之间的数据孤岛，使数据联系在一起。

2. 具备差异化的体验数据分析能力

可以通过大数据、人工智能等技术，对零散的体验数据进行分析，不仅能为企业内部的体验管理者们提示体验问题，还要说明问题的原因及未来这类体验的发展趋势。比如通过体验行为数据发现从发起购买到支付完成的购买流程体验质量不断下降，导致支付成功率降低，此时平台能自动通过对放弃支付用户投放问卷来探究背后的原因。

3. 能全局性、整体性解决体验问题

平台要做的不仅是将目标人群的声音（主动的或被动的）进行采集和智能分析，洞察问题，建立全局、整体的企业级体验工作视图以解决问题也是极为重要的，例如进行个体不良体验的及时修复挽回，专项产品 / 服务整改，甚至战略级客户旅程重塑等。全局、整体的客户体验解决方案可以针对数据进行研究（产出 BI 可视化预警工单、常态化研究报告等），从客户业务侧发现产品和流程的显性 / 隐性问题，确立整改策略，推动企业内部改善执行和效果复盘。

4. 能实时进行体验监控、反馈和问题解决

体验工具平台应该能够通过数字化监控手段获取企业所服务目标人群的实时反馈，并在最重要的节点提供见解。这种及时性对于解决一些影响较大的体验问题是必要的，如减少客户流失、增加销售额、防止员工流失、增加参与度、提升品牌口碑等。

例如，某企业将体验工具平台中的地产数据和某电商网站的评论区数据进行了对接，某天一位客户在该电商平台对企业的某款产品打了差评，体验工具平台在第一时间自动将这条信息通过短信或企业微信的形式发送给了客服人员，客服人员及时联系该客户进行沟通，采取各种措施让客户满意，主动取消了差评。全流程耗时仅半小时。试想一下，要是采用传统的客户反馈收集机制，再联系到客户估计要一个月后了。

5. 具备高易用性

基于体验工具平台提供的必要工具，企业内部人员应该能通过简单的拖曳在数分钟内完成客户反馈程序设计。用户应该能在没有专业 IT 人员帮助的情况下设计、部署和更改程序，从而更快地获得洞察力。在采集到体验数据之后，平台应该提供易于使用的分析工具，分析结果也能通过图表形式直观呈现出来。平台应该可以很好地和企业内部的其他系统，如 ERP 系统等进行后台数据对接，满足具有大量内部系统对接需求的企业。

6. 能确保平台数据的安全性

平台应具备最高安全性，遵循国际隐私标准。平台需要支持基于角色的权限管理，确保只有相关人员才能访问最敏感的客户、员工信息及其他商业机密。

10.1.3 企业级体验工具平台架构

一个好的企业级体验工具平台并不只是数据展示界面的组合，其背后有一个完整架构的支撑。如图 10-5 所示，企业级体验工具平台一般由三部分组成。

图 10-5 企业级体验工具平台架构

1. 前台展现部分

这个部分是企业级体验工作连接外部人群和企业内部人员最关键的可视化沟通渠道，通常情况下包括数据采集、数据整合分析、过程改进、基础能力、知识社区这五个核心模块。

- **数据采集：** 建立多渠道、多触点的自动化体验数据采集能力，同时能很好地将企业内外部体验数据与业务数据进行对接。

- **数据整合分析：**对上一个环节采集到的体验数据进行多维度分析，建立体验管理北极星指标体系，自由搭建 BI 可视化体验数据看板，对体验数据进行研究、洞察和趋势判断。
- **过程改进：**很好地监测目标人群的体验数据，进行自动化风险预警，触发体验问题工单系统，及时发现体验触点问题，做到及时发现，及时解决。
- **基础能力：**对企业所服务的目标人群的人群画像、体验旅程、画像档案等基础资料进行研究和管理，在企业内部建立对所服务目标人群的统一认知。
- **知识社区：**主要对体验管理的产出物进行汇总和沉淀，形成知识库，便于企业内部员工学习交流，这也是在企业内部建立体验文化的重要举措。

2. 底层数据源 & 系统对接部分

这部分对接的数据主要有两种：目标人群的态度数据，目标人群的行为数据。对于其中一些数据，很多企业会通过建立 ERP 系统或采购第三方研发系统进行统计，所以体验工具平台的底层数据有一些是人工录入的，有一些是通过系统对接录入的。

3. 核心价值部分

这部分主要分为两大块：目标人群的“态度”和“行为”。无论是底层数据源部分还是前台展现部分，它们都是为核心价值服务的，核心价值是进行企业级体验管理工作的基础。

态度：定性指标，用于新场景需求挖掘、体验质量评价。

- 目标人群是谁，是月收入 2W 的消费者，或者二线城市的合作伙伴?
- 场景是怎样的，渠道和运营模式具体如何?

行为：定量指标，用于体验关键指标监测。

- 人群新增和留存。
- 人群使用产品体验：人群全生命周期体验指标及权重。
- 影响人群续约的关键因子等。

10.2 企业级体验工具平台功能

企业级体验工具平台必须具备五大重要功能模块，这些模块还应包含下级子系统，如表 10-1 所示。当然，企业级体验工具平台中还有其他功能模块，但不作为本书介绍重点，感兴趣的读者可自行查阅相关资料。

表 10-1 企业级体验工具平台五大功能模块

数据采集	数据整合分析	过程改进	基础能力	知识社区
问卷创建 / 编辑	样本清洗	风险预警	目标人群旅程	目标人群调研报告
问卷模板库建立	样本多维分析	工单派发	目标人群档案	竞品报告
人群圈选	文本分析	问题追踪	目标人群标签	体验知识分享
多端投放	舆情传播溯源分析	精准营销	目标人群画像	课程培训
周期自动投放	行业数据对照			内部讨论
舆情采集	数据看板展示			体验知识库
数据接口系统开发				

10.2.1 数据采集模块

数据采集模块是企业级体验工具平台中最基础，也是最核心的功能模块，只有具备性能良好、强大的多渠道目标人群体验数据采集能力，才能最大程度上支撑体验测量、研究和运营等各项工作，数据采集模块的主要作用如下。

1. 针对目标人群精准投放

问卷是测量企业级体验、感知企业所服务目标人群体验的最重要的工具与手段，是企业级体验工具平台的核心元素，平台要提供问卷的编辑、修改、发布、数据分析、结果可视化等能力。平台中的问卷系统还应提供人群圈选能力，如显示人口属性标签、行为标签等，支持按照细分条件筛选特定目标人群精准投放问卷，既能保证问卷填写的真实性、有效性，又能提高问卷回收效率。

2. 多渠道多触点采集数据

数据采集是企业级体验工作中非常重要的一环，通常要考虑目标人群与企业提

供的产品 / 服务交互的场景（如场合、时间段等）、终端（如手机、电脑、电视等智能终端设备）、渠道（如手机 App、线下店面等）的不同。除了采集目标人群的反馈数据，也要采集来自媒介渠道的评价、舆情数据，以保证企业级体验数据的全面性和完整性，便于后续客观地分析诊断企业级体验质量。

10.2.2　数据整合分析模块

如果只采集数据，但不对其进行很好的处理，就如同守着一座巨大的矿藏却不开采。可见，数据整合分析模块对于体验工具平台非常重要，其主要作用如下。

1. 体验数据与企业经营数据整合分析

企业级体验工作的终极目标是建立可持续、多方共赢的体验生态，使企业级体验成为企业经营的核心驱动力之一，从而提升企业的商业竞争力。仅分析体验数据，很难判断体验问题对企业经营的影响，因此不少公司尝试借助体验工具平台将体验数据与企业 CRM 系统中的企业经营数据打通，融合分析，探寻影响企业经营的体验薄弱环节。

2. 智能文本分析

企业采集到的数据中可能有大量文本数据，其中有目标人群在问卷主观题中填写的反馈，也有通过客服或 App 采集到的目标人群反馈，这种文本数据的量级很大且其中会涵盖较多的信息，通过人工处理比较耗时。因此，可以借助工具平台，通过人工智能技术进行图文与语音识别，将用户的图文与语音数据进行提炼并转化为可量化数据。

10.2.3　过程改进模块

再好的体验测量工具也只能发现体验问题，最终企业还是要把问题落实到具体的优化和解决上。因此，对体验问题的改进落地，以及对实施过程的全程跟踪和管理极其重要。过程改进模块的主要作用如下。

1. 自动触发体验问题工单

基于体验指标设定预警阈值，当实时监控的体验指标数据达到预警阈值时，自动触发体验问题工单。比如，供应商在招投标网站提交招标材料时，可将从上传材料、点击“提交”按钮，到页面显示“提交成功”这一过程的时间预警阈值设定为 2 分钟，如果该过程用时超过预警阈值，则企业级体验工具平台的工单系统会立刻给相关人员下发体验问题工单，尽快解决此问题。体验问题解决自动化是很多企业未来的关注重心，它能提高实施环节的工作效率，及时高效提升目标人群的体验。

2. 体验问题数字化线上追踪及管理

进入体验问题修复环节，需要清晰、直观地查看问题修复进度。体验工具平台实现了体验问题派发、排查、采纳、处理追踪闭环流程的线上化，极大提高了问题处理效率，避免体验问题在多部门、 多角色间流转时无人负责，或者由于问题背景不清楚而无法得到解决。

10.2.4 基础能力模块

基础能力模块主要用于采集目标人群的基础信息，建立各类目标人群的画像、体验旅程等。这些基础信息是在企业内部各部门对体验目标达成共识，对目标人群进行体验需求洞察与创新的基础。基础能力模块的主要作用如下。

1. 体现不同目标人群画像的关系

在企业级体验工作中，我们比较强调目标人群之间的互相作用与影响。如一些 B 端产品，产品的使用者是基础员工，而产品采购的决策者也许是企业高层，那么如何平衡好两者的不同需求，为两者交付不同的企业级体验呢？前提就是要把他们之间的影响关系体现出来，而不只是做传统意义上的独立的目标人群画像。工具平台可以实现上述需求。

2. 目标人群体验旅程动态化

传统意义上的目标人群体验旅程图是一张静态图像，很少更新。在企业级体验工具平台中，我们要把体验旅程与各类体验指标相结合，做到实时、动态展现体验旅程中与体验触点交互时的指标数据。

10.2.5 知识社区模块

该模块虽不是企业级体验工具平台的核心功能模块，但是可以很好地对体验相关知识进行积累与沉淀，形成一套完成知识体系，不断更新企业级体验管理方法论。

更重要的是，这是一个重要的宣传阵地，通过在平台上建立论坛和课程体系，企业能向内部所有员工进行体验文化宣导与输出。

10.3　企业级体验工具平台建立路径与发展现状

对于建立企业级体验工具平台，因为各个企业的规模、发展阶段、资源投入不同，必然平台建立路径也不同。在确定建立路径时，可以多参考行业报告。本节将从企业级体验工具平台的建立路径和发展现状两方面进行介绍。

10.3.1　建立路径：自研还是采购

建立企业级体验工具平台无外乎两种路径：企业自研、外部采购。

“我在外面看到类似的工具平台，感觉不是很复杂，我们还是自己研发吧。”

很多公司都天然有一种想要自己研发体验工具平台的冲动，认为自研更符合公司的需要，然而自研平台常常遇到一些大“坑”。

“内部研发工具平台，结果研发资源一直断断续续，很久都没有完成，现在只能人工手动填写数据报表，太痛苦了！”

“企业研发人员对工具平台的理解不够准确，研发进度慢，好不容易上线，绘制体验旅程图等核心功能一塌糊涂，还不如外面的系统好。”

……

所以很多时候，自研不一定是最佳选择。很多企业依然抱着怀疑的态度看待体验带来的商业价值，所以我们一定要追求“短平快”，要抱着“先速赢，再谈长期价值”的心态快速通过体验工作做出一些成果，这样才能让体验工作在企业内部获得认可并发展壮大起来。这个时候采购相对成熟的系统，甚至在此基础上做二次研发才是最优的选择。这种方式适合大多数企业，特别是中小型企业。

当然，也不是说一定要外部采购，如果对于数据安全特别重视，或是自研资源非常丰富，再或者企业高层对工具平台的认可度非常高，认为这是一种长期的价值投资，这样的企业可以考虑自主研发，充分利用现有资源。

10.3.2 国内发展现状

《2021 中国互联网行业体验设计工具趋势研究》报告指出，当前国内的体验工具平台呈现出以下特点。

特点一： 近 1/4 的企业拥有体验工具平台，传统企业及大型企业中占比更高，如图 10-6 所示，具体如下。

- 24.1% 的企业拥有体验工具平台。
- 从企业规模上来说，大型企业拥有体验工具平台的比例（28.6%）明显高于中小型企业（19.7%）。
- 从企业类型上来说，传统企业拥有体验工具平台的比例最高（27.4%），其次是互联网企业（25.8%）和咨询企业（21.2%）。

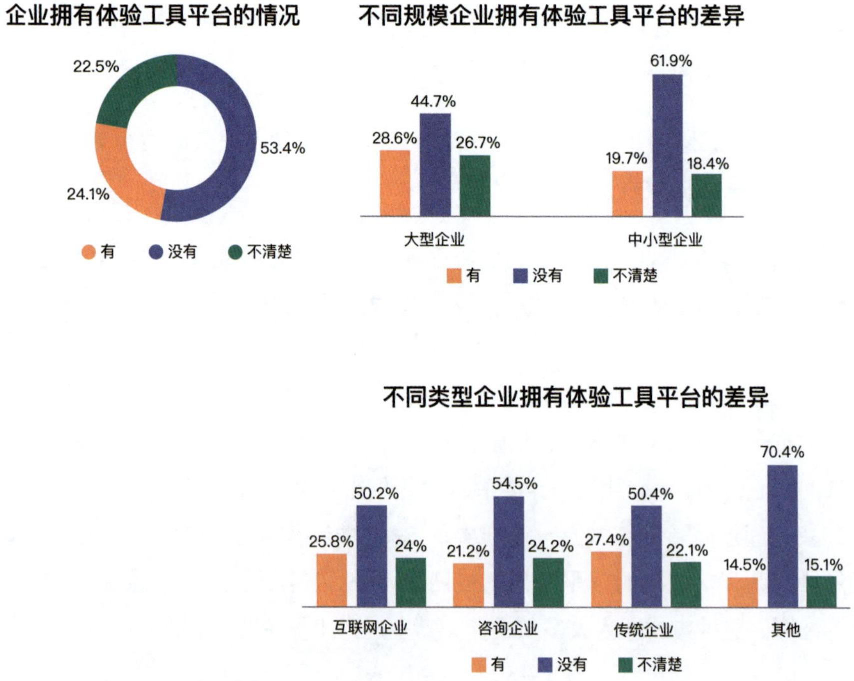

图 10-6 拥有体验工具平台的企业占比及情况

特点二： 自研体验工具平台的企业较多，其中大型企业自研比例远超中小型企业，如图 10-7 所示，具体表现如下。

- 在拥有体验工具平台的企业中，选择自研的企业相对较多（占比 45.0%）。
- 从企业规模上来说，大型企业中自研体验工具平台的比例（57.8%）远远高于中小型企业中自研体验工具平台的比例（26.3%）。
- 从企业类型上来说，传统企业和互联网企业中自研体验工具平台的比例（分别为 49.2% 和 45.8%）高于其他类型的企业。

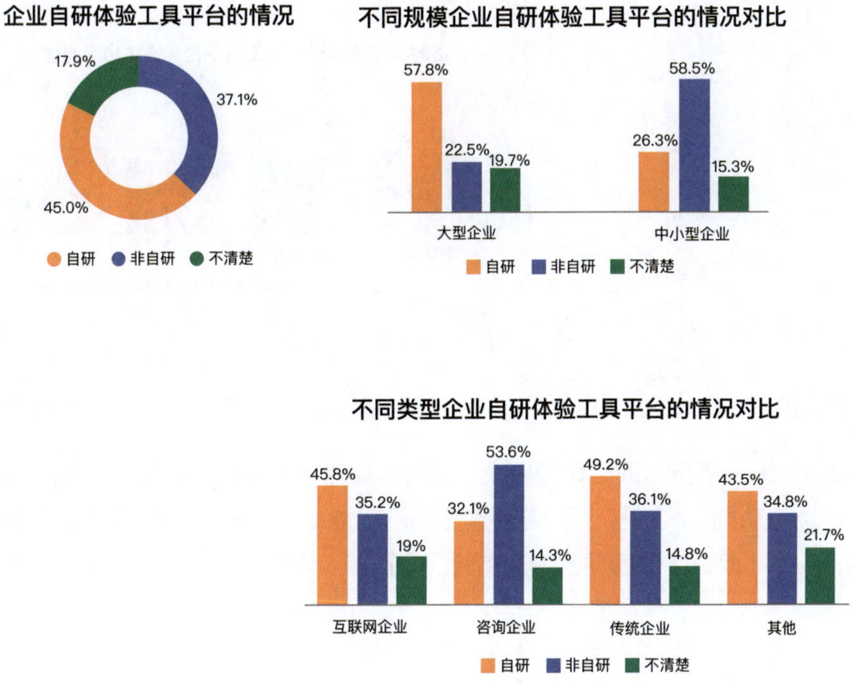

图 10-7 企业自研体验工具平台的情况

特点三：大多数没有体验工具平台的企业对相关工具也有需求，传统企业需求更强烈，如图 10-8 所示，具体表现如下。

- 在没有体验工具平台的企业中，近五成（48.6%）对相关工具有需求。
- 从企业规模上来看，不同规模的企业对体验工具平台的需求无明显差异。
- 从企业类型上来看，传统企业对体验工具平台的需求最高（有需要的占比 55.2%），咨询行业相对较低（有需要的占比 41%）。

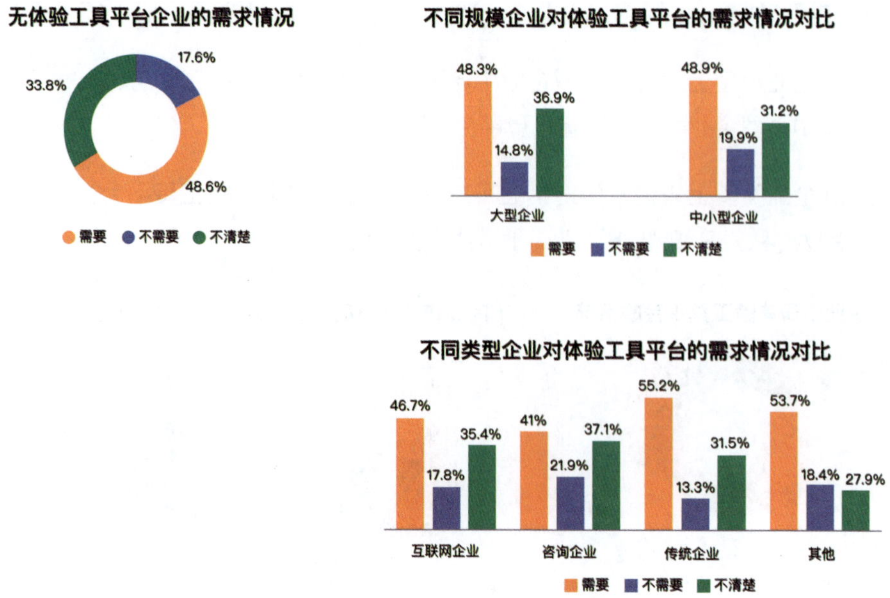

图 10-8 无体验工具平台企业的需求情况

特点四：大部分企业的体验工具平台的功能停留在数据采集、分析和展示层面。

如图 10-9 所示，现阶段国内企业拥有的体验工具平台功能比较基础，大多支持问卷调查功能（63.2%）、体验数据分析功能（55.3%）、体验数据看板功能（54.6%），而在体验问题管理、体验问题预警、体验问题诊断等方面，能力还有待加强。

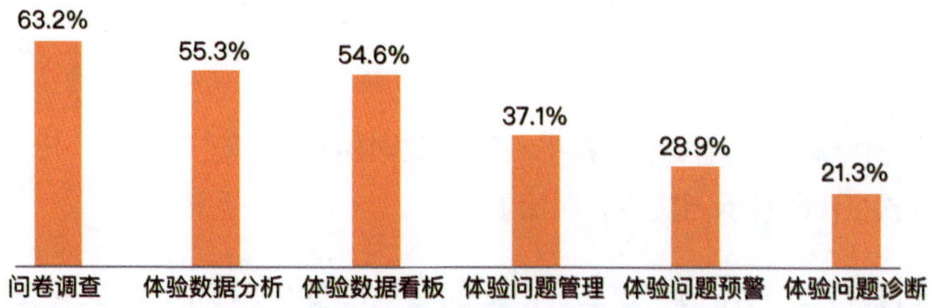

图 10-9 国内企业的体验工具平台功能统计

特点五：不同类型企业的体验工具平台侧重的功能有差异。

如图 10-10 所示，问卷调查功能、体验数据分析功能、体验数据看板功能对于各类型企业的体验工具平台，实现率都是比较高的，基本都在 50% 以上。互联网企业的体验工具平台，在体验问题管理、体验问题预警等功能的实现上，明显好于其他企业。咨询企业则非常重视体验问题诊断。

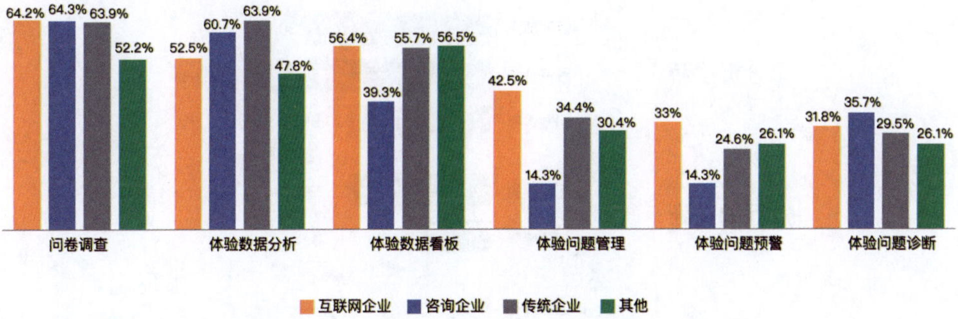

图 10-10 不同类型企业的体验工具平台功能对比

特点六：大型企业体验工具平台的功能丰富度明显高于中小型企业。

如图 10-11 所示，整体上看，大型企业的体验工具平台在各个功能上的实现上，均明显好于中小型企业，这能直观反映大型企业的体验工具平台功能更丰富。

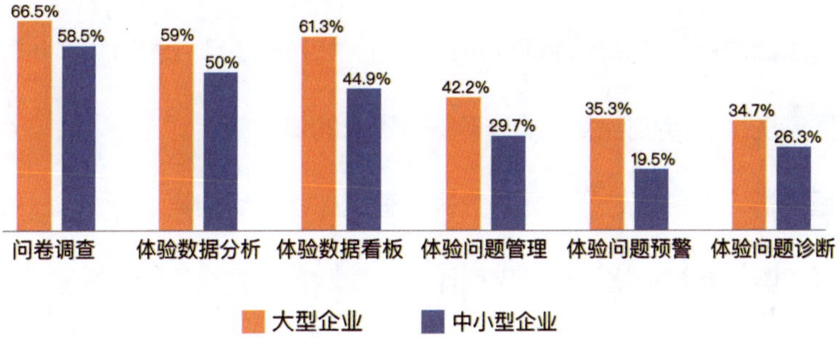

图 10-11 不同规模企业的体验工具平台功能对比

特点七：体验工具平台功能的自动化主要集中在数据采集和分析诊断阶段。

现阶段，国内企业的体验工具平台的自动化能力主要体现在采集对象选择（60.0%）、采集渠道选择（53.3%）和数据分析（50.6%）功能上，行动实施阶段的功能自动化程度较低，未来需要重点关注，如图 10-12 所示。

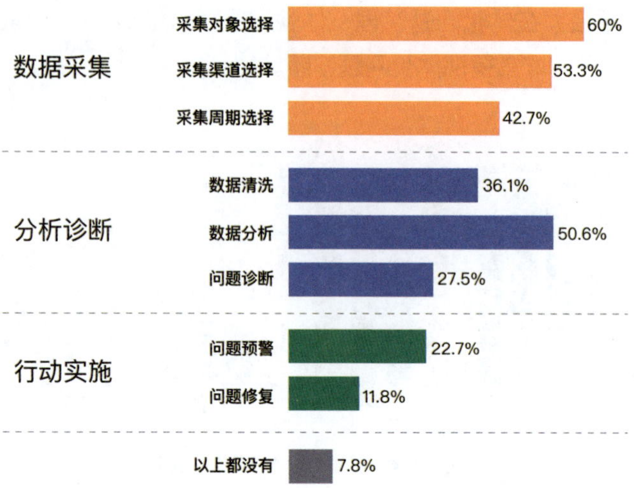

图 10-12 体验工具平台功能自动化程度

对于图 10-12 中提到的各个阶段及重点功能，具体解释如下。

- 采集对象选择：支持选择问卷投放群体。
- 采集渠道选择：支持选择问卷投放渠道，如终端类型。
- 采集周期选择：支持选择问卷投放周期，如按周 / 月 / 季投放。
- 数据清洗：支持按照条件剔除不符合要求的填写答案。
- 数据分析：支持自动分析问卷数据，输出体验测量结果。
- 问题诊断：支持根据结果计算同比、环比数据，判断体验指标波动情况。
- 问题预警：支持当体验测量结果达到预警阈值时，发起预警。
- 问题修复：支持发起预警的同时触发用户修复行动，如发放优惠券。

特点八： 互联网企业和传统企业的体验工具平台，功能自动化实现程度相对较高。

如图 10-13 所示，互联网企业在采集周期选择、数据分析、问题诊断和问题修复方面的自动化程度相对较高，而传统企业在采集对象选择、数据清洗、问题预警方面的自动化程度更高。

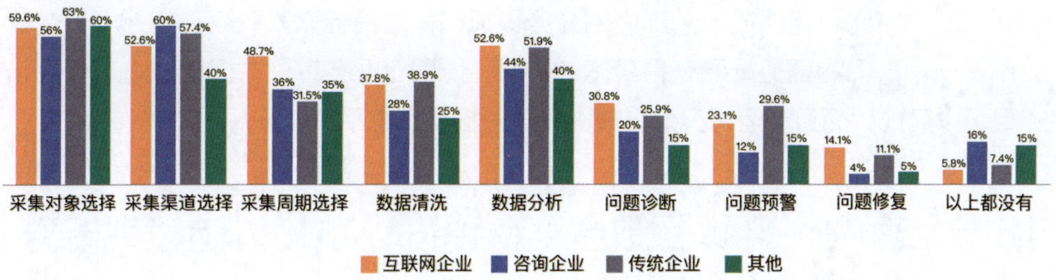

图 10-13 不同类型企业体验工具平台自动化程度

特点九： 大型企业的体验工具平台，其功能自动化实现程度高于中小型企业。（关于特点九，由于原报告中未提供数据，所以此处并未配图。）

从以上九个特点中可以看出，当前市面上体验工具平台的功能还是偏重于对数据的前期处理，对于企业级体验的其他方面，如体验洞察、体验问题优化、项目管理、体验趋势预判等，工具平台在功能实现上还是有很大缺失的。所以我们无论选择企业自研还是外部采购，都要结合企业自身情况进行功能规划。

10.4 建立企业级体验工具平台的注意事项

对于企业级体验工具平台的建立，有如下三点注意事项。

1. 机制先行

建立企业级体验工具平台，一定要有基础。例如，我们要先确定体验战略，建立体验指标体系等。没有底层基础和体验方法论的支撑，体验工具平台将是空中楼阁、无源之水。我们要清楚一点，体验工具平台再厉害也只是工具而已。

2. 敏捷迭代

我们要本着“小步快跑”的原则建立体验工具平台，要在过程中不断拿到结果，这样才能在没有太多体验文化的企业内宣导体验的价值。我们可以把平台建立规划成几期，一步步迭代实现。甚至在前期未有成果产出的阶段，可以先通过采购外部平台的方式，实现立竿见影的效果，为未来发展奠定坚实的基础。

3. 共同建立

我们要牢记，体验工具平台不是只为体验部门建设的，而是服务于企业内部所有部门的，因此一定要把各个部门的业务指标和体验指标紧紧联系在一起。平台建立不是一个部门的任务，要获得更多的资源，协同企业各部门共同建立，确保平台不但可以完成，而且能运行良好，成为企业的核心系统平台之一。

10.5 案例：用体验工具平台建设数字化体验管理能力

胡伟是某金融科技服务商的客户体验负责人，其团队的核心工作之一就是通过采集客户使用产品的行为数据和态度数据，来对企业提供的产品体验质量进行评估，进而进行产品体验优化工作。因为团队只有三个人，通过常规的客户访谈采集各类体验数据的速度比较慢，效率比较低，因此，胡伟想通过建立企业级体验工具平台来达到以下几个目的。

- 自动采集体验数据，及时获得客户反馈。
- 实现客户体验旅程管理的数字化。
- 建立企业级体验指标体系。

因为企业有自己的 IT 研发部门，因此胡伟本打算按照内部自研来立项，但后来他经过全方位的评估，包括成本、技术、时间等方面，最终决定从外部采购体验工具平台。

前期，胡伟组织项目可行性会议，进行项目招标，最终选择一家专业的 CEM（客户体验管理）企业负责体验工具平台的研发。该企业希望胡伟可以使用 SaaS 版本的工具平台，但是胡伟考虑到企业自身对于金融数据的安全性要求较高，同时企业生产以 B 端产品为主，因此最终和 CEM 企业确定采用标准化与定制化相结合的方式建立体验工具平台——指南针系统。

胡伟和 CEM 企业各自抽调了一些人手，组成了联合项目组，通过前期不断沟通和讨论，举行了项目启动会，胡伟作为甲方，和乙方 CEM 企业在以下四个方面达成了共识。

1. 项目目标

指南针系统在四个月内完成，具体分三个阶段实施，三个阶段的具体目标如下。

第一阶段： 基于乙方企业 SaaS 标准版工具平台进行部署，含客户旅程、客户画像、问卷投放方案；完成定制化功能界面交互设计。

第二阶段： 定制化开发功能模块并上线。

第三阶段： 实现客服系统、行为系统、大数据系统的对接与数据集成。

2. 项目规划

项目组一起确定了指南针系统研发过程中每个阶段的具体实现内容，并确定了里程碑节点，即每个功能的完成时间节点，如表 10-2 所示。

表 10-2 指南针系统项目内容及里程碑节点

项目阶段	项目内容		里程碑节点
第一阶段	业务调研设计	体验相关内容	2021/9/3
		多源数据对接设计	2021/9/10
	第一阶段系统集成		2021/9/10
	系统定制化需求方案设计		2021/9/17
	标准功能部署		2021/9/29
	第一阶段系统测试与交付		2021/9/30
第二阶段	系统行为数据对接		2021/9/30
	客服数据对接		2021/10/15
	用户标签数据对接		2021/10/22
	指南针系统数据对接与集成		2021/10/29
	第二阶段系统测试与交付		2021/10/29
第三阶段	定制化功能模块开发		2021/12/3
	第三阶段系统测试与交付		2021/12/31

3. 项目分工

在会上，胡伟和乙方也明确了双方人员的具体分工情况，如表 10-3 所示。

表 10-3 项目分工表

岗位 / 角色	姓名	职责分工	备注
姓名负责人 / 需求方	胡伟	确定需求，对整个项目负责	
项目经理	刘超 胡挺（乙方）	确保项目资源投入 确保项目进度 确保及时处理项目风险	
开发工程师	王国庆（乙方） 胡挺（乙方） 王萌（乙方） 李大国（乙方）	负责项目代码的编写	
测试工程师	王国庆（乙方）	负责整个项目的测试工作，确保代码质量	

4. 协作机制

胡伟和乙方企业最终确定了以下几个协作机制。

- 乙方项目经理必须驻场，开发人员中至少有一人必须驻场。
- 每周五 14:00—16:00 为项目例会时间，通过这些协作沟通方式实现该项目的最终交付。
- 每周五下班时间（18:00）之前发送项目周报。
- 在每个里程碑节点必须举行会议，进行项目推进资源协调和问题处理。

经过项目前期的一系列沟通和项目启动会的顺利举行，该项目正式进入实施阶段，具体工作由体验团队的刘超负责，胡伟作为项目负责人，对该项目的开发进度主要通过每周例会和项目周报进行了解。

项目周报如图 10-14 所示，该项目周报中主要包含项目规划、风险点、本周工作内容、下周工作计划和进度详情这五方面主内容。

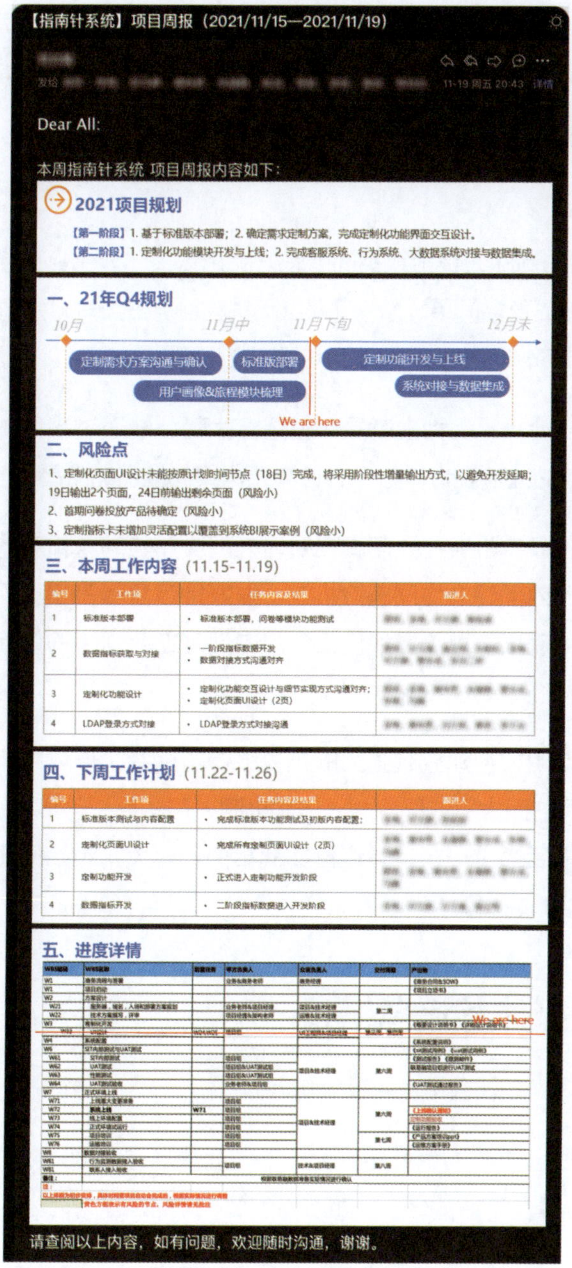

【指南针系统】项目周报（2021/11/15—2021/11/19）

[redacted]

发给 [redacted]　11-19 周五 20:43　详情

Dear All:

本周指南针系统 项目周报内容如下：

2021项目规划

【第一阶段】1. 基于标准版本部署；2. 确定需求定制方案，完成定制化功能界面交互设计。

【第二阶段】1. 定制化功能模块开发与上线；2. 完成客服系统、行为系统、大数据系统对接与数据集成。

一、21年Q4规划

二、风险点

1、定制化页面UI设计未能按原计划时间节点（18日）完成，将采用阶段性增量输出方式，以避免开发延期；19日输出2个页面，24日前输出剩余页面（风险小）

2、首期问卷投放产品待确定（风险小）

3、定制指标卡未增加灵活配置以覆盖到系统BI展示案例（风险小）

三、本周工作内容（11.15-11.19）

编号	工作项	任务内容及结果	跟进人
1	标准版本部署	• 标准版本部署，问卷等模块功能测试	[redacted]
2	数据指标获取与对接	• 一阶段指标数据开发 • 数据对接方式沟通对齐	[redacted]
3	定制化功能设计	• 定制化功能交互设计与细节实现方式沟通对齐； • 定制化页面UI设计（2页）	[redacted]
4	LDAP登录方式对接	• LDAP登录方式对接沟通	[redacted]

四、下周工作计划（11.22-11.26）

编号	工作项	任务内容及结果	跟进人
1	标准版本测试与内容配置	• 完成标准版本功能测试及初版内容配置；	[redacted]
2	定制化页面UI设计	• 完成所有定制页面UI设计（2页）	[redacted]
3	定制功能开发	• 正式进入定制功能开发阶段	[redacted]
4	数据指标开发	• 二阶段指标数据进入开发阶段	[redacted]

五、进度详情

请查阅以上内容，如有问题，欢迎随时沟通，谢谢。

表 10-14　项目周报邮件

最终在四个月过后，项目顺利完成并上线，胡伟复盘整个项目实施过程，发现如果当初选择自研工具平台肯定没有这样顺利。

第 11 章

该如何解决：企业级体验运营

2022 年年中，新东方线上直播间“东方甄选”火了，主播董宇辉也火了。董宇辉所在的“东方甄选”直播间单场斩获了7.2亿销售额，让他一跃成为抖音“带货一哥”，他也凭一己之力让新东方的股价在 5 天内涨了 600%。

董宇辉为什么会火，因为他就是一位运营大师，他通过教科书般的直播运营，给观众带来了卓越的直播观看体验，心甘情愿购买他推销的产品。

同样地，企业级体验最终要落脚在如何去解决体验问题和对体验进行创新上，这需要我们在企业内部建立协同响应机制，很好地运营体验工具平台，建立监控、分析、实施的闭环流程，也需要我们在企业内部建立起强大的体验文化。而这些的基础便是具备强大的体验运营能力。

本章将详细说明如何建立起强大的企业级体验运营工作体系，并以此来展开阐述企业级体验运营的四大组成部分——运营机制、工具平台运营、问题解决闭环流程、体验文化运营。最后通过一个体验运营实战案例，让大家对如何建立企业级体验运营能力有更加清晰的感知。

11.1 企业级体验运营概述

我想先问问大家，什么是企业级体验运营？

在解释这个概念之前，我们先讨论一下“运营”这个词。我们在工作中经常会听到各种带有“运营”字眼的任务，如市场运营、产品运营、社区运营、商务运营等。

大家有没有发现，这些工作都有一个共同的特点——为了建立更好的联系。比如市场运营是为了让企业与外部市场建立更好的联系，产品运营是让产品和客户建立更好的联系。

11.1.1　企业级体验运营定义

综合我们刚才对市场运营、产品运营的讨论，企业级体验运营的概念如下。

“企业级体验运营是指为了让企业交付的体验和企业所服务的目标人群之间建立更好的联系，而进行的人为干预工作的集合。”

那么，这个集合中包含了哪些主要工作内容呢？企业级体验运营工作主要包括运营机制、工具运营、闭环流程、文化运营四部分，具体工作内容见图 11-1。

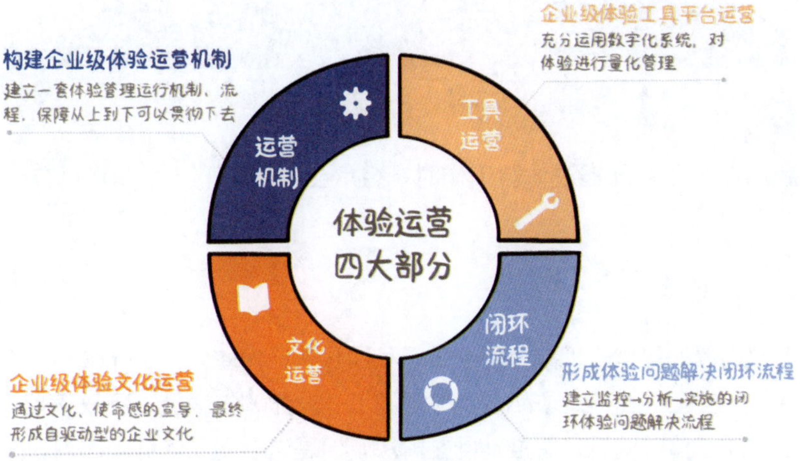

图 11-1　企业级体验运营工作主要组成部分

11.1.2　为什么需要企业级体验运营

很多人会以为，完成企业级体验工具平台的建立，体验工作就会水到渠成。但在实践中，我们经常发现，工具平台建立完成后并没有发挥出应有的价值，慢慢就会在企业内部产生“工具平台无用”“投资体验没看到回报”等质疑和非议，这对后期推动体验工作和传播体验文化会起到很大的负面影响。

所以，我们作为企业级体验从业者要有一个清醒的认识，工具平台建立完成仅仅是企业级体验体系建立的万里长征第一步，后面还有很多工作需要推动，如图 11-2 所示。

图 11-2 企业级体验体系建立第一步

当我们在企业内部推进体验工作时，经常会碰到以下四个非常具有代表性的问题。

1. 企业部门墙

企业部门墙的具体表现是，各个部门和团队各自为政，认领体验指标不积极，相互推诿，无法建立上下贯穿的响应协同机制，体验优化方案迟迟无法落地。例如，体验团队发现了体验问题，想推动问题解决，但是这个问题的落实部门却因为无关自己的 KPI 而不积极落实解决，寻找各种借口。可想而知，这个问题将迟迟得不到解决。

2. 数据碎片化，分析能力弱

一些体验数据分散在客服、运营等多个部门，非常碎片化，同时企业的数据整合和分析能力偏弱，没有专业人员对体验数据进行深度分析。在有的企业，数据采集和分析自动化程度很低，甚至为零，很多数据需要手动加工，效率低下。比如在某电商企业，客户在其平台上的购物旅程中有营销触点、浏览商品触点、下单触点、支付触点、物流触点等，其中客户流量数据在市场部，网购体验行为数据在大数据部，物流满意度数据又在客服部。

3. 体验问题解决有始无终

很多企业没有建立用于发现、追踪、管理的线上工单系统，因此无法很好地对体验问题进行闭环处理。或是建立了体验问题工单系统，但没有很好地将其运营起来。在这种情况下，体验问题的解决经常有始无终。体验团队发现问题，和业务部门沟通解决方案，到底什么时候解决、解决得怎么样，一概不得而知，需要一遍遍找业务部门核实。

4. 体验文化推动难

很多企业内部并没有很好的体验文化，因此员工对提升体验的驱动力不足，无法形成自驱动型体验组织。这种情况下，企业员工只能被动处理体验问题工单，无法进行体验创新，更无法向目标人群交付卓越的企业级体验。具体表现是：员工认为体验只是写在墙上的口号，比较务虚；向目标人群交付体验和自己没什么关系；提升体验是体验团队的职责。

其实上面的四个问题就是企业级体验运营工作要解决的核心问题。所以，万里长征第一步之后是体验运营。好的企业级体验运营能推动企业转型为体验驱动型企业。下面我们将就企业级体验运营的主要工作组成部分进行深入解析。

11.2　构建企业级体验运营机制

本节我们将围绕运营机制进行说明。好的企业级体验运营机制中应该包括三个方面：组织架构机制、绩效考核机制、内部沟通机制。

11.2.1　组织架构机制

企业级体验工作必须要由一个专业的团队来落地实施，本节我们将介绍如何组建专业的体验团队，在组建团队中遇到的挑战，以及如何对团队进行管理。特别是当你想成为这个领域的管理者时，本节内容尤其重要。

1. 从 0 到 1 组建团队的三种方式

在企业中进行体验管理工作，单打独斗肯定是不行的，就像我们常说的“一根筷子容易被折断，一把筷子牢牢抱成团”，可见组建体验团队的重要性。在《2022 年客户体验管理成熟度白皮书》调查的 237 个样本中，有约 2/3 的企业建立了专职的体验管理团队。在我的职业生涯中，有过多次从 0 到 1 组建体验团队的实践经验，而且我服务的几家企业的类型和体验成熟度阶段都有着极大的差异。我总结了一下，组建团队的方式可以分为以下三种。

（1）招聘新员工组建全新团队

很多传统B端企业，如新能源、芯片、设备制造企业，几乎是体验管理的荒漠地带。新成立的企业，在体验管理方面的经验和能力也是缺乏的。对于以上这两类情况，比较适合通过外部招聘的方式在企业内部建立全新的体验团队。在招聘过程中要特别注意对组建的团队进行前期规划，重点考虑招聘人数、岗位职责、级别要求等。在组建过程中可以优先招聘核心岗位，快速获得业务成果，再不断扩大团队。

比如，对于一家地产企业的物业部门，其核心目标是服务好小区业主，获取流量进行业主人群交叉销售，所以很重要的业务需求就是提升业主与物业的黏性。相对应的企业级体验核心目标就是提升业主的居住体验。围绕这个核心目标，我们要建立体验指标体系，以此来监控体验质量，改进问题。所以在组建团队时，可以优先招聘建立指标体系岗位的人员，这样就可以快速取得初步业务成果。

该方式最大的好处就是可以从零开始规划团队工作，容易快速在体验团队内部建立统一的体验认知和体验文化，减少实际工作中的阻力。但团队人员都是刚入职的新人，在日常进行跨部门横向沟通时遇到的困难会相对较多，需要有一个逐步适应的过程。

（2）以企业现有单一部门为基础组建新团队

这种方式在互联网企业，或者面对C端消费者的企业（如移动通信、电商等企业）中比较常见。基础团队往往是体验设计团队、客服团队、用户研究团队，因为这些团队的工作几乎都与体验的某个维度重合。

比如在互联网企业中，体验设计团队一般对线上产品的使用体验负责，而产品使用体验也是企业级体验的一个维度。再比如银行零售业务板块的客服团队，因为他们直接面对金融客户，是银行面对个人金融客户非常重要的体验触点和收集体验反馈的渠道，所以也是典型的可升级为体验团队的基础团队。

这种方式的好处是，基础团队原本就负责一部分零散的企业级体验工作，便于体验管理从某一个具体的维度切入并落地实施，容易快速产出一些体验成果。但由于之前工作内容的影响，体验团队内部的知识技能可能会很单一，缺乏多元化的专业背景，很难从企业整体层面开展统一、体系化的企业级体验工作。

（3）从企业各部门抽调员工组建新团队

一些大型企业开展新的业务板块时，往往采用这种方式组建体验团队。因为企业的其他业务板块已经有了体验管理相关人员，这样可以充分利用企业的人力资源。比如，我们可以分别从体验设计团队、一线业务团队、大数据团队抽调人手，这样能快速获得具有体验设计、体验运营、数据分析专业背景的人员，快速组成一个多元化的体验团队。

比如我当年在华润网络组建体验团队时，充分利用了华润集团 IT 部门的体验设计资源，通过人员划拨的方式快速组建了一支体验团队。

通过这样的方式组建的体验团队，成员岗位与专业背景相对多元化，容易在体验工作的实施改进过程中取得不错的成果。不过因为人员是从不同部门抽调过来的，团队成员之间相互磨合也要多花一些时间。

当然，作为体验团队的负责人，你可以在实际的团队组建过程中，综合运用上面讲到的三种方式，以减少各种组建团队方式本身的弊端。例如，你可以从外部招聘部分人员，再从其他部门或团队抽调部分人员。无论以何种方式组建团队，最终都要建立起一支符合企业当前体验战略目标要求的专职体验团队。

还有一种相对特殊的情况是，组建一支虚拟的体验团队。具体做法是从各个部门抽调一些员工或骨干定期推动体验管理相关工作，其部门归属不变。这种方式特别适用于企业开展体验工作的初期阶段。初期，企业受到各方面条件的限制（如招聘名额限制、资源投入量少等），想先少量投入，待取得一定的成果后再进行大规模资源投入，这也未尝不可。但是，我还是建议只将这样的方式作为暂时的过渡方案，最终还是要建立一支专业的体验团队来主导具体的企业级体验工作。

2. 组建团队会遇到的挑战

每次我在组建新的体验团队时，都会遇到各种不同的挑战。这些挑战会极大阻碍团队的快速建立，并最终影响阶段性成果的获得。在诸多挑战中，具有共性的挑战如下。

已经有了体验设计团队，为什么还要另外组建体验团队？

既然体验管理是大家的事情，为什么非要组建一个专门的团队来负责？

我们有售后服务部门，把体验工作交给他们不就好了？

……

以上种种质疑其实都反映了同一个核心问题：体验团队的价值究竟是什么？

如果这一点说不清楚，就无法打消企业内部各方的顾虑。针对这个问题，我给大家提供三个维度的价值，供大家参考。

（1）打造企业级体验工作特有的各类专项能力

企业想要交付卓越的企业级体验，必须具备相匹配的管理能力。要想对企业级体验进行管理，需要具备七大核心能力：成熟度评估、战略规划、研究洞察、旅程管理、体验创新、实施治理、测量验证，这些是企业现有的设计、产品、研发等各个部门所不完全具备的。当然，也许现有部门已经具备了其中的一两项能力，如设计部门已经具备了一定的体验设计能力，大数据部门具备了一定的数据分析能力。但这些零散的能力还不足以全面承担企业所有的体验管理工作。建立一支专职的体验团队是解决这个问题的最佳方式。

（2）提升企业交付整体体验的质量

企业内部往往会产生部门墙，而这是企业级体验的天敌。因为我们交付给客户、合作伙伴、内部员工等目标人群的体验是将零散体验有机组合而形成的整体体验，很多部门因为各自的部门 KIP 和视角问题，并不能与企业交付整体体验的目标保持一致，甚至南辕北辙。这里来看一个案例，说明建立独立体验团队的重要性。

比如，一家企业的售后服务部门，他们部门的 KPI 里有一个体验指标是售后电话体验满意度。因为设定了这样的体验指标，该部门的客服人员会在售后电话中无条件承诺可对商品进行退换货，以获得较高的售后电话体验满意度分数。但该部门对于客户要退换货的原因漠不关心，因为他们只关心售后电话体验满意度分数是否越来越高。

该企业的体验部门在前期建立了数字化线上客户购买商品的体验旅程图，并对该旅程图中的如售后电话、产品评价等关键触点进行了指标监控。体验运营人员通过对售后电话这个关键触点进行指标监控，发现最近两个月退换货诉求在售后总数中占比异常升高，同时通过体验工具平台外部评价数据发现，客户对于一款新产品的使用体验有几条负面评价，通过对售后电话体验触点与评价数据进行分析和回访，他们找到了体验问题所在。确实是因为近期新研发的一款产品有缺陷，导致很多客户申请退换货。体验部门及时与产品研发部门沟通，做出对该新产品停止销售、已售召回等措施。

因为有独立的体验部门，企业横向拉动了售后服务部门与产品研发部门的发展。最终避免了因为新产品的使用体验问题导致的客户流失，也挽回了企业的声誉。

（3）企业级体验工作需要由独立团队全权负责

作为职场人士，大家都知道企业内部设立的各个部门都有其明确的职责。

- 销售部门主要负责产品的销售和渠道管理。
- 技术部门主要负责产品的研发。
- 客服部门主要负责客户的售后服务和对客户声音的收集、反馈。

如果在企业整体战略层面认为向目标人群交付卓越的企业级体验是企业的核心工作之一，那必然需要有专门的部门来承担对体验的整体管理。同时，因为各个部门都有明确的分工和责任划分，大家都不太愿意承担过多的公共、协调类工作，因此，这些也需要由专门的团队来承担。

相信以上内容可以回答大家对于组建专业的企业级体验团队的质疑。同时，为了帮助大家更顺利地组建企业级体验团队，我再给各位团队负责人三条建议。

- 在组建体验团队的时候多听取各方意见，获得广泛支持。
- 要善于整合资源，充分利用企业现有的体验人才。
- 体验团队的组建不是一蹴而就的，可以分阶段逐步展开，记得在每个阶段拿到一些业务成果，这样会更有利于获得各类资源以不断扩充体验团队的规模和职责范围，进而获得更好的业务成果。

3．如何对团队进行管理

作为新组建的体验团队的负责人，如果想让企业级体验工作在企业中的价值不断被放大，团队发展的“天花板”越来越高，必须对团队的管理有以下务实的认知。

“要把体验团队定位成业务团队，而不是简单的内部支撑团队，这也就意味着团队必须要取得可量化的商业成果。”

组建好团队后，接下来就要考虑如何对团队进行有效管理。首先，我们要设定团队的核心目标，明确团队的工作职责范围，确定设置哪几类具体岗位。

（1）设定团队的核心目标

前面也提到过，我们把企业所处的体验成熟度分为萌发、生长、成熟、丰收这四个阶段。企业所处的体验成熟度阶段不同，其体验团队的核心目标也不同，如图 11-3 所示。

图 11-3　体验成熟度的不同阶段

- 在萌发阶段，体验团队的核心目标是追求敏捷和高效，拿到业务成果，让团队站稳脚跟。一般初创型企业或者一些传统企业较多处于这个阶段。
- 在生长阶段，体验团队的核心目标是进行项目管理，追求多个体验项目同时推进，建立体验管理工作体系，在企业内部建立一定的影响力。一般 C 端企业及发展中的企业较多处于这个阶段。国内的很多企业都处于这个阶段。
- 在成熟阶段，体验团队的核心目标是追求流程规范，建立体验指标体系，建立数字化体验工具平台，进行体验运营工作，建立体验回报率 ROX 模型，在企业内部形成强大的体验文化。国内外的一些互联网大厂，如腾讯、京东、亚马逊等均处于该阶段。

- 在丰收阶段，体验团队的核心目标是进行体验创新，建立整体层面的企业级体验战略，并孵化体验业务。极少数企业处于这个阶段，比如苹果公司是典型的丰收阶段的企业。

（2）明确团队的工作职责范围

我们通过给团队划定具体的工作职责范围，使得团队可以更加聚焦和有效地对企业级体验进行全面管理。常见的体验团队工作职责如下。

- 确立企业的体验管理愿景和战略，以便向企业所服务的目标人群交付卓越的体验。
- 建设企业级体验工具平台，以便对体验进行监控、分析和优化等。
- 针对企业所服务的目标人群进行体验创新。
- 建立企业级体验指标体系，并不断完善和迭代。
- 建立体验指标监控、分析和优化的闭环体验问题解决机制。
- 在企业内部开展多层次、多范围、多类型的关于企业级体验理念、知识和方法的培训。
- 在企业内部推动以体验为中心的文化建设和传播。
- 制定符合企业自身特点的体验规范和标准。
- 建立企业级体验工作的绩效考核体系。

（3）确定设置哪几类具体岗位

团队目标是由一个团队共同完成的，所以在团队内部需要做好分工。需要根据团队目标确定岗位类别，常见团队内部设置的岗位有团队管理岗、体验研究岗、数据分析岗、体验设计岗、项目管理岗及体验运营岗。

关于这些岗位的介绍，大家可参考 4.3 节的内容，这里不再赘述。

但在实际的企业实践中，因为企业类型、体验成熟度阶段、企业文化、战略目标等诸多条件的不同，体验团队在不同企业的岗位构成也各具特点。互联网企业的体验团队多以体验设计部门为主责部门，其岗位主要有体验设计岗（包含交互和UI）、品牌设计岗、体验研究岗为主体。一些传统的金融企业，如银行，因为非常看重客户满意度，因此体验团队的主责部门常为客户服务部门，其岗位主要有体验研究岗、体验运营岗，如图 11-4 所示。

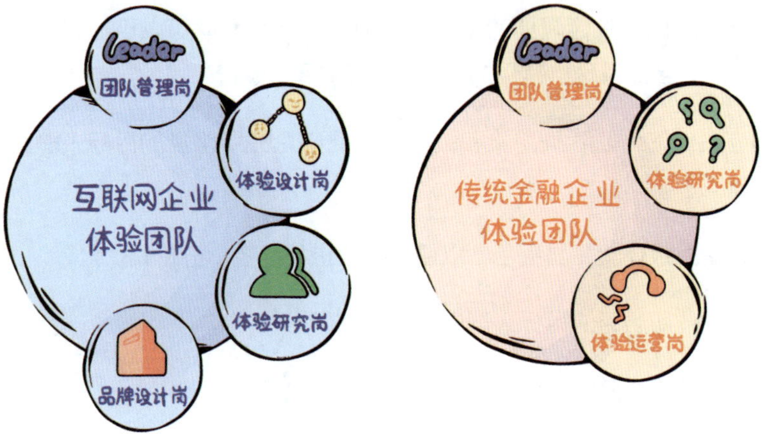

图 11-4 不同企业体验团队岗位设置

4. 实战案例：如何在某电商企业组建专职的体验团队

国内某中型女装领域垂直电商企业，面对当前日益激烈的市场竞争，最近三年的客户流量和营收都出现增长乏力、流失越来越严重的情况。企业管理层通过深入讨论和研究，确定了几条有针对性的战略举措，其中一条就是提升交付给客户的整体购物体验，并且通过三年左右的时间转型成为体验驱动型企业。

在此背景下，企业管理层决定通过招聘引入一位至少有 10 年相关工作经验的高级企业级体验专家，让他来全面负责客户整体购物体验的提升，以达到提升客户流量和营收的商业目标。

该体验专家入职后，立即开展了前期研究工作，其工作重点主要在以下两个方面。

- 在企业内部展开详细的调研，通过和企业内部各个部门同事的深入沟通了解情况。各个部门对于高层提升整体购物体验的战略举措是认可的，但是对于由哪个部门承担主要工作及如何对目标进行量化分歧较大。

- 找到大数据部门申请查看业务数据和客户行为数据，对线上数据进行挖掘与分析，找到了体验与业务数据的关联。专家发现，购物体验与复购率呈强烈正相关，同时，复购率每提升 1%，企业营收就提升 0.1%。另外，部分客户对于一些购物界面的操作体验颇有微词。

通过前期分析，体验专家确定了以下几点行动方案。

- 因为企业各部门都不太愿意对体验工作承担主要责任，因此要建立独立的体验团队负责该核心战略的实施。
- 现阶段的核心工作就是建立体验指标体系，把体验指标数据化、可视化，在企业内部建立对体验指标的统一认知，同时提升界面的使用体验。
- 争取在未来半年内完成团队组建工作，初步建立以体验设计岗、体验研究岗、数据分析岗为核心岗位的团队，后续逐步引入体验运营岗，完善团队组织架构。

同时因为时间紧迫，必须要充分利用企业内部的人力资源。企业原本有一支 6 人的小型体验设计团队，在当前组织架构中属于三级部门，该团队可作为体验团队的组建基础。企业将该团队升级为新的二级部门——体验管理部，并将原团队下属的三个小组整合为一个三级部门——体验设计团队，该团队负责人仍然是原设计团队负责人。同时创建两个新的三级部门：体验研究团队、体验运营团队，体验管理专家为二级部门体验管理部负责人，如图 11-5 所示。

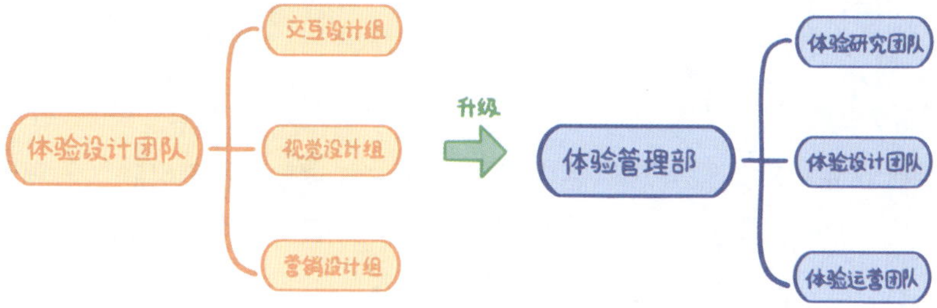

图 11-5　体验设计团队升级为体验管理部

新团队的核心职责从负责线上产品的使用体验转变为负责不断提升客户的整体购物体验，根据专家的前期调研，这将促进复购，最终提升客户流量和企业营收。

该企业的体验工作刚刚起步，属于企业级体验成熟度萌芽阶段，结合实际，该专家还完成了体验管理部部门说明书的编制，如表 11-1 所示。

表 11-1 体验管理部部门说明书

部门名称	体验管理部
部门级别	二级部门
部门愿景	不断为客户交付卓越的体验，推动企业向体验驱动型企业转型
部门负责人	体验高级管理总监：XXX
汇报对象	直线汇报给企业 COO
工作重点	研究与分析客户的体验需求，发现客户的体验问题 建立企业体验指标体系，对体验进行量化 建立企业体验运营机制，解决体验问题 建立企业体验工具平台，实现体验管理工作数字化 支持体验创新 对部门人员进行专业培养，对个人绩效进行考核
岗位设置	体验研究、数据分析、交互设计、视觉设计、运营设计、体验运营

该体验专家通过以上方式，顺利完成了体验团队的组建工作。经过 3 年左右的时间，企业成功转型为体验驱动型企业。

通过这个案例其实是想告诉大家，落地企业级体验工作，我们必须要依靠团队的力量，团队是真正推动企业顺利转型的保障。大家在日常工作中一定要有意识地“依靠组织的力量，相信组织的力量。”

11.2.2 绩效考核机制

要想建立完善的体验运营机制，我们还需要明确绩效考核机制，只有明确赏罚机制才能让各个部门紧密配合、目标一致，体验运营工作才能更加顺利地开展。

要把体验数据与运营数据相结合，以此设定业务 KPI。首先，要把体验目标拆分为几个关键驱动力，然后把体验数据与运营数据结合起来，建立体验指标体系，最终通过触点体验指标的提升带动旅程体验指标的提升，进而让体验北极星指标达到预期，如图 11-6 所示。

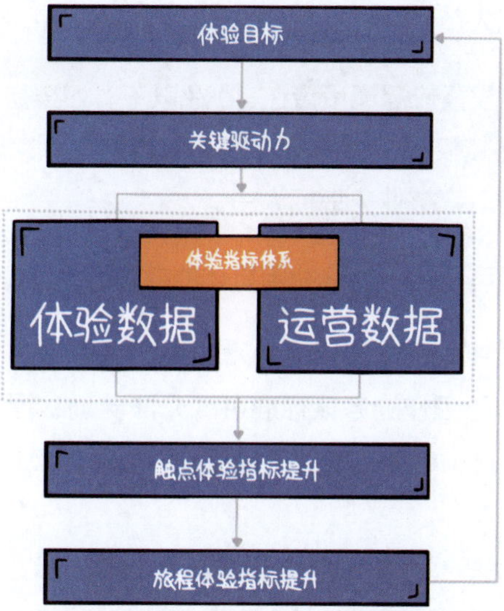

图 11-6　体验数据与运营数据相结合

通过这样的拆分，我们就把体验目标变成了具体的体验指标。既然是指标，就可以将其分配到各个部门的 KPI 中，成为对各个部门绩效考核的主要依据。

来看一个具体的案例。杭州某电商企业在 2019 年年初的企业高层管理会上，明确了当年的企业核心发展目标，其中一个 KPI 就是在年底至少将客户复购率提升 20%。于是，各个部门开始拆分该目标。售后服务是提升复购率的重要维度之一，所以，体验团队设定的 KPI 是将客户售后服务满意度至少提升 20%。

通过分析，体验团队发现要达成该 KPI，其中的一个关键驱动力就是客服快速响应并解决问题。体验运营人员先和售后服务部门确定了三个运营数据：客户投诉率、客服一次解决率、客服解决速度。体验团队通过这三个运营数据建立体验数据，最终确定，客服快响解决问题满意度指标 = 体验数据 + 运营数据。这样，体验数据与运营数据便紧密地结合在一起了，体验指标也转化成了业务指标被融入售后服务部门的年度 KPI 中。体验团队和售后服务部门通力配合，最终在 2019 年年底将客户售后服务满意度提升了 23%。

在设计绩效考核机制时，要想让体验运营效率更高、运作更流畅，要特别注意以下三点。

- 体验指标一定要和业务指标紧密绑定，不然就无法将责任落实到对应的部门，即无人发力、无人负责。

- 体验指标的考核权重应尽量设置在 20% 以下，如果是第一次设定体验考核指标，甚至可以将其权重设置为 5% 左右，特别是大家对体验价值还存在疑虑的时候。还是要以考核业务指标为主。
- 体验指标要尽量可量化，最好能用具体的数值表示。

通常，企业的绩效考核机制是由人力资源部门来设置的，但是由于职业和专业背景的局限，他们对体验工作的考核标准可能无法准确拿捏，在实施过程中也不能很好地把握程度。所以在设置体验绩效考核机制时，不能过度依赖人力资源部门。

11.2.3 内部沟通机制

体验工作涉及企业的方方面面和各个层级，因此体验运营工作也是错综复杂的，为了保证体验运营工作顺利开展，必须要建立高效的内部沟通机制，具体包括明确沟通的渠道、形式、周期、时机，以保证体验运营过程的决策、评估结果和体验优化措施能够及时准确地被传达并落实。

例如，我们可以建立完善的体验周会、月会和专项会议制度。

周会的目的及参与人员如下。

- 目的：对疑难体验问题进行充分沟通，讨论解决方案，跟踪与本部门有关的重点体验指标。
- 参与人员：各部门自行开展，相关负责人及体验团队成员参会。

月会的目的及参与人员如下。

- 目的：对所有的体验问题进展汇总，复盘改善效果，定位高发问题并对其进行核心体验风险管理。
- 参与人员：企业管理层人员、体验团队及相关部门负责人。

专项会议的目的及参与人员如下。

- 目的：汇报企业级体验项目或重点体验项目的专项分析结果，各部门认领责任。

- 参与人员：企业管理层人员、体验团队及相关部门负责人。

11.3　企业级体验工具平台运营

前面我们已经介绍过企业级体验工具平台的相关内容，企业级体验工具平台运营主要是指充分地利用工具平台中的问卷、工单等工具，更好地推动体验问题的改善和解决。做好体验工具平台运营可以让体验数据更透明。具体来说，体验工具平台运营工作主要如下。

1. 对平台进行功能规划

随着体验工作的不断推进，企业级体验工具平台也要不断迭代，如开发新的功能或集成更多的工具。例如，在企业发展初期，平台只要具有问卷功能模块就可以满足基本的数据采集需求，但随着企业的不断发展，外部客户群体规模越来越大，这时需要增加数据抓取自动化能力，以便可以快速、及时地采集数据。要想实现新功能，就要不断对平台进行功能规划。

2. 对平台进行系统维护

企业级体验工具平台也是一个数字化系统，因此需要对其进行日常维护，保障平台各个功能可以正常使用。例如，随着企业不断发展壮大，数据流量也不断增大，需要有相应的后台运维工程师对平台流量进行扩容，在平台发生故障时及时排查问题，确保平台持续运行。

3. 对平台使用人员进行培训

企业级体验工具平台是面向整个企业开放的，其使用者并不只有体验团队的员工，也有企业其他部门的成员。因为体验工作的推动不单单靠体验团队，还要其他部门协同配合。因此，对平台的使用人员进行培训可以提升平台使用效率。例如，我们可以定期开展培训，同时编写电子版平台使用手册或教程。

11.4　形成体验问题解决闭环流程

在体验运营工作中，最重要的一点就是建立监控、分析、实施的体验问题解决闭环流程，如图 11-7 所示。在体验工作相对成熟的企业，主要通过数字化工具平台来落地实施。

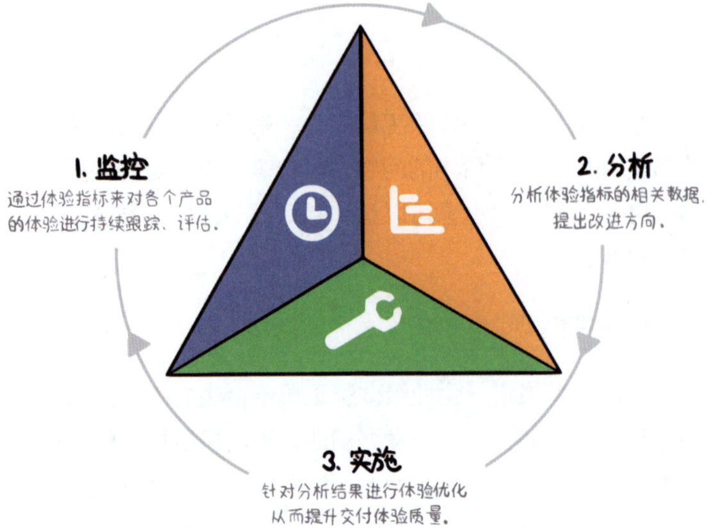

图 11-7 体验问题解决闭环流程

1. 监控

通过对体验触点、体验旅程等体验指标进行监控，可对企业交付给目标人群的体验指标健康情况进行评估。随着数字化技术的不断发展，对体验指标的监控向着智能化方向发展，可以通过对指标设置预警阈值等功能让体验指标监控变得更加及时、准确。

2. 分析

对于上一步监控到的异常体验指标，要进行深度分析，并协同相关业务部门排查线索，定位体验问题，提出解决方案。最关键的是协同业务部门。

3. 实施

根据监控和分析结果、预定目标和问责机制，对相关部门、团队和个人进行问责，并监督解决方案落地，实现闭环管理。

在体验问题解决闭环流程中，有一个核心环节是体验问题分配（见图 11-8），不厘清这个环节，体验问题解决流程就很难形成闭环，解决方案也很难实施。

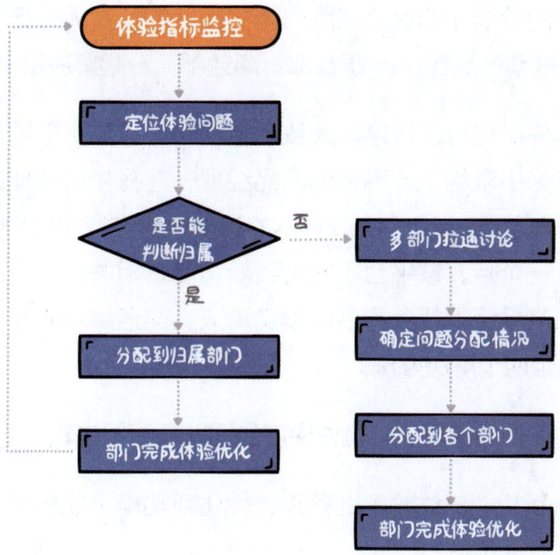

图 11-8　体验问题分配

在体验运营初期，体验指标应该和各个部门的业绩指标相绑定，所以可以依据这个原则对发现的问题进行分配，把体验问题优化落实到相关部门，由该部门负责改进和跟踪。体验运营人员可以在一旁负责提供协助，督促问题尽快解决。

对于综合性体验问题，可以由体验运营人员来牵头，协同关联部门共同讨论，确定解决方案，再按照工作职责分配到各个部门。甚至可以从各部门临时抽调一些人员组成一个独立的项目组，进行体验问题专题公关。

下面，我们来看一个通过建立闭环流程解决体验问题的案例。

某企业体验团队成员小李，一大早在上班路上就收到了企业内部的体验工具平台——风铃系统自动发送的预警邮件，原来是企业所服务的生态伙伴的体验满意度分数下降到了 58 分。之前，小李在风铃系统上对这个指标设置了预警惩罚机制，如果分数下降到 60 及以下，系统便会自动报警。

小李到公司后的第一件事就是查看详细问题，通过数据下钻和挖掘，最终发现导致体验满意度下降的主要原因如下。

- 问题一：企业交付给生态伙伴的开发平台满意度降幅达 20%。
- 问题二：再次合作满意度下降了 10%。

小李通过简单的分析，把这个问题向体验团队的负责人进行了汇报，最终负责人授权小李牵头，推动产品部、IT 研发部、商务部，一起解决这个问题。

小李对工作优先级进行了排序，大致判断问题一应该更容易解决，即开发平台满意度更容易提升。小李约了该平台的产品经理一起找生态伙伴进行电话访谈，确定问题的原因。两人通过对 10 个有效样本的访谈内容进行挖掘和分析，最终发现问题的根因是：最近一个月，该平台不断上线新功能，相关操作培训却没有跟上。问题找到后，小李和产品经理找到平台研发负责人，沟通解决方案。三人经过沟通和头脑风暴，最终确定两个解决办法。

- 加强对新功能的操作培训，具体由产品团队负责跟进和实施。
- 加强对平台新功能上线频率的管理，优化新功能上线节奏，具体由产品团队和研发团队共同负责。

小李将解决方案通过邮件发送给三个部门的领导，同时在风铃系统中提交了两个体验工单，以此作为问题跟踪的数字化工具。第二天，小李又开始推动问题二的解决……

建立体验问题解决的闭环流程，可以及时发现体验问题，深入分析体验问题，跟踪体验问题解决的全过程。

11.5 企业级体验文化运营

所有的企业为了保持经营利润的持续增长或可持续增长，都会想到不断提升所交付体验的质量。但这会给企业带来几个巨大挑战。

- 当企业发展越来越壮大时，目标人群对于企业所交付体验质量的期望也越来越高。
- 企业设立的部门、分公司、渠道越来越多，在这种情况下企业内部多部门协调会越来越难，保持一致的价值观也是很大的问题。
- 为了对越来越壮大的企业进行有效管理，必然会增加工作流程和管理机制，体验质量会面临巨大的不确定性，很难对体验进行创新。

针对上述问题，其中一个重要的解决办法是在企业文化层面增加对体验维度的建立，通过建立体验文化，一线员工能更好地理解什么是体验，如何交付好的体验，自发地朝着交付卓越体验的方向前进。建立体验文化还可以激发卓越的体验创新能力。那么，什么是企业级体验文化呢？

“企业级体验文化就是坚持‘以人的体验为中心’的价值观，以向目标人群交付卓越体验为奋斗目标，进而展现出的一系列个人言行。”

然而，体验文化的建立是一个长期的过程，它不是可以自己产生的，是需要有人专门投入精力运营的。在企业级体验文化建立过程中，企业内部不同岗位层级想要达到的目的是不同的，因此需要有针对性地设置体验目标。

如图 11-9 所示，对于企业高管，重点是提升他们对体验价值的认可，更多的是意识层面的；而对于企业中层来说，要增强他们对于体验项目的落地实践能力；对于普通的基层员工来说，要夯实他们的体验项目执行能力。

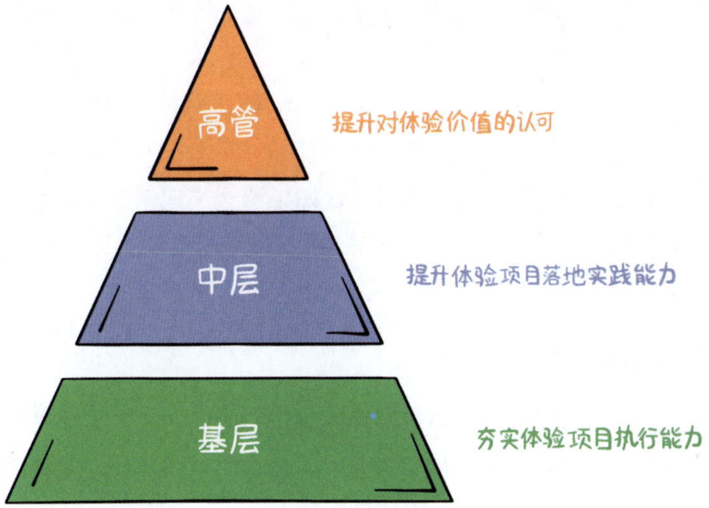

图 11-9 对企业不同岗位层级设置体验目标

建立体验文化，我们可以从以下四个方面入手。

- 提升体验意识：安排一些有关企业级体验的理论学习，学习行业标杆企业的做法，甚至去标杆企业参观学习。

- 增加体验实践：在方法论学习的基础上，落实体验实践。
- 开展体验活动：对体验优秀个人和部门进行表彰，举办“人人都是体验官”活动等。
- 建立可视化文化传播载体：发布体验周报，编写内部教材，开设体验宣传栏等。

在体验文化运营中，要避免以下问题。

1. 过于重视宣传而不落实具体行为

不要一上来就急于进行体验文化的宣传和推广。体验文化的建立一定要通过具体的行为展现出来，可确立行动宣言，推广一些典型的体现体验文化的行为。

2. 没有很好地与企业文化融合，急于破旧立新

企业长期发展的必然结果是形成自己的文化，这些文化是经过时间洗礼的，是获得企业员工高度认可的。如果贸然推倒重来，肯定会引发不少企业员工的抵触，这样很不利于体验文化的推广。我们要了解企业现有的文化，将体验文化很好地融入企业文化中。

3. 对建立体验文化缺乏耐心

体验文化的建立是一个循序渐进的过程，如果急于求成，往往导致动作变形，无法获得好的阶段性成果，企业员工也会丧失信心。结果就是体验文化建立半途而废，甚至失败。因此，我们要有耐心。

4. 忽视对体验文化建立的持续投入

正因为体验文化的建立是一个非常缓慢的过程，因此，千万不要想着短平快，快速出成果，然后停止投入。企业必须持续对体验文化进行宣导，同时将持续的反馈闭环和对成功的激励结合在一起，以持续强化在个人、团队和企业层面上的体验文化的价值。

11.6 案例：亚马逊“体验按灯”

“体验按灯”就是亚马逊为了实现“成为全球最以客户为中心的公司”这一伟

大愿景而落地实践的体验运营制度。在这个制度的指导下，亚马逊公司不仅成为全球 500 强中排名前三的企业，还把“痴迷于客户”的理念扎扎实实地落在了员工日常工作中。通过这样的体验运营机制，亚马逊不仅向客户交付了卓越的体验，还赚到了钱，最终成了一家体验驱动型伟大企业。

“体验按灯”制度具体是：在亚马逊电商平台上，如果一个商品或一条营销规则出现了客户体验问题，而且同一个体验问题遭到两名以上的客户投诉，那么无论这个商品如何火爆，这条营销规则带来多少利润，接到投诉的一线客服专员都可以直接按下“红灯”，将该商品下架或将该营销规则取消，直到体验问题解决。

亚马逊为什么会建立“按灯”这样的体验运营制度呢？起因是，十几年前贝佐斯在一线客服专员旁边接听了一个客户投诉商品质量问题的电话，客户称其购买的商品出现了破损，客服专员通过换货并发放免费购物券安抚了该客户。接完电话，客服专员对着贝佐斯叹气道：“其实这个体验问题并没有解决，你看着吧，过几天这个客户还会来投诉，虽然我知道发生体验问题的根本原因是什么，但这不是我的工作职责，我也解决不了。”贝佐斯深受触动，决心要建立一套有效的体验运营制度。这套体验运营制度必须达到两个标准：一线员工使用起来不费力；一线员工这么做有好处。

最终“体验按灯”制度诞生了，具体包含三个方面。

1. 科学的体验运营机制

为了让按灯制度可以顺利、持续地进行下去，亚马逊公司在绩效考核方面做了如下规定。

- 一线客服专员只负责按灯，按灯次数多（意味着发现和报告的客户体验问题多）将会受到表扬和奖励。
- 部门管理人员对按灯的质量负责，每周按灯质量不良率不能超过 2%。
- 每周一的高管例会上，第一个议题被硬性规定为 VOC（用户之声），复盘上周的按灯情况，对于所有超过七天还没有解决的问题工单，高管例会上要一单一单去解决。

在这样的制度下，高管层足够重视“按灯”这件事。同时，部门管理人员为了不让客服专员按错灯，他们会很用心地做好客服培训，也会很耐心地与客服专员搞好关系。

2. 高效易用的按灯操作

亚马逊的按灯操作非常简单，一线客服专员只需要在当前后台系统界面点击“按灯”按钮，然后写两句话就可以了，操作过程非常简单。

3. 全链路的解决流程

2007 年，亚马逊公司开始研究在客服中心使用第六版体验按灯制度。贝佐斯非常热衷于使用这一版，并且马上开始推行了为期六个月的试运行。当客户发现从亚马逊买到的东西有问题时，他们就会给客服打电话，此时体验按灯制度启动。如果客服发现这是一个重复发生的问题，公司便会授权一线客服专员直接将该商品下架，直到问题解决才会重新上架，如图 11-10 所示。

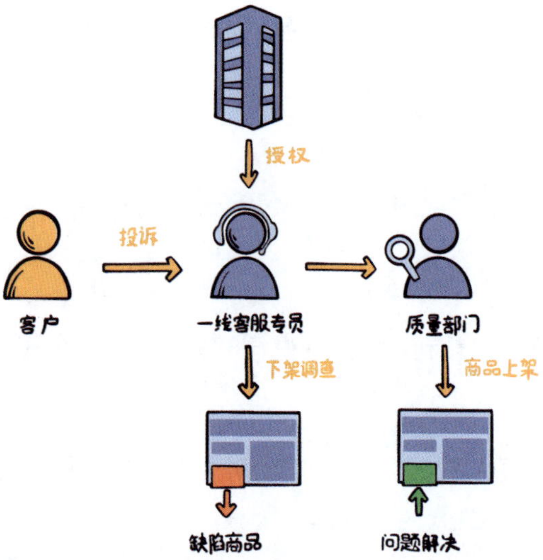

图 11-10 体验按灯制度流程

客服部门的下游质量部门，会发起一个体验报警提示，根据事件重要程度可分为五级，其中一级最高，五级最低，划分依据是对客户体验的影响程度。体验报警提示发出后，会通过内部邮件通知相关责任人去解决，当出现一级或二级提示时，系统还会给相关责任人发送短信，这时无论责任人在做什么，都要上线解决问题。

4. 深入人心的体验文化

亚马逊有一个“奇葩”的规定——所有管理人员半年之内必须听一整天的用户电话。这个规定就是创始人贝佐斯提出的，对此，他始终身体力行。

亚马逊中国副总裁张思宏曾在企业内部培训分享会上提过：任何在办公室吹着空调的管理人员，都不可能比在一线被用户问候十八代祖宗的客服专员更懂用户端发生了什么；而且那些只会在办公室听报告、作报告、研究报告的管理人员，是不可能比一线客服专员更懂得怎么帮助客户的。只有和客户站在一起，才能建立起同理心，在心底认同以人为本的体验文化。

第四部分
走向企业级体验理想国

在前面三部分中，我们从理论到能力素养，再到实践，全面阐述了企业级体验的体系，由此构建了一个企业级体验领域的理想之国。

但是去往理想国的道路注定不会是坦途，而是布满荆棘和各种艰难险阻的勇敢者之路。我们要从思想上、行动上真正做好准备，迎接挑战。只有这样，我们才能最终抵达理想国，实现职业理想。

在人类的发展史上，AI 的出现绝对是划时代的，对构建企业级体验理想国起到了深远的影响。本部分将和大家分享 AI 对企业级体验的重塑，以及我对于企业级体验理想国的美好描绘。

第 12 章 企业级体验的现状与未来

通过前面 11 章的详细阐述，相信大家对于企业级体验的理论与实践都有了深入的了解。千里之行，始于足下。在这本书的最后，我们将回到现实的商业环境中了解企业级体验当前的发展现状，包括目前遇到的问题、职业转型的艰辛。同时，我们也要看到企业级体验并不是孤立发展的，肯定会受到外部事物的影响，并与之发生一系列奇妙的化学反应，比如与推动人类文明发展的 AI 技术产生关联。

我们坚信，企业级体验未来必然会有广阔的发展空间，我们必将建立起企业级体验领域的理想国。

12.1 企业级体验的困境及应对策略

本节将简单介绍企业级体验领域目前的情况，主要分析目前的现实窘境，以及未来应该如何发展，以应对实际发展中的问题。

12.1.1 体验设计的现实窘境

2020 年至 2022 年是很艰难的三年，全球经济受到沉重打击，我国也不例外。再加上人口红利的削弱，作为体验领域排头兵的互联网行业从巅峰回落，行业光环几乎消失。随之而来的是，国内各个大厂先后开始“降本增效”，很多在互联网企业从事体验设计工作的设计师纷纷“毕业”。大家也许会发现，体验设计师成为受伤最重的群体之一。

很多时候，体验设计师所做的工作在企业看来是属于“锦上添花”的，并不能体现核心商业价值，所以当企业在其经营状态不佳、营收不断下滑的下行时期，进行降本增效往往会优先考虑砍掉“锦上添花”性质的团队和岗位。

所以，如果体验设计的岗位价值在企业的价值传递链中一直处于中下游，类似的“毕业”仍然会经常发生。

很多设计师也意识到了这样的问题，一些大厂的体验设计团队也给出了解决方案，比如开始在团队内部孵化产品，希望通过产品的对外销售提升团队在企业中的商业价值；还有的团队开始提出全栈设计师的理念，试图把交互设计师、UI 视觉设计师，甚至用户研究专员的职责，集合在体验设计师岗位职责上，通过提升工作效率来提升设计岗的商业价值。

但是，这些方法都是治标不治本的，没有从根本上解决体验设计岗远离企业核心商业价值的现状。如图 12-1 所示，不同企业对于体验的关注点是不一样的。

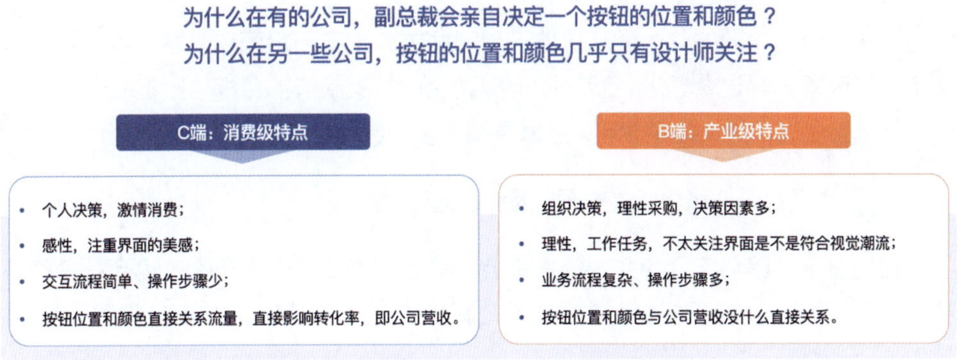

为什么在有的公司，副总裁会亲自决定一个按钮的位置和颜色？
为什么在另一些公司，按钮的位置和颜色几乎只有设计师关注？
C端：消费级特点
个人决策，激情消费；
感性，注重界面的美感；
交互流程简单、操作步骤少；
按钮位置和颜色直接关系流量，直接影响转化率，即公司营收。
B端：产业级特点
组织决策，理性采购，决策因素多；
理性，工作任务，不太关注界面是不是符合视觉潮流；
业务流程复杂、操作步骤多；
按钮位置和颜色与公司营收没什么直接关系。

图 12-1　C 端企业与 B 端企业对体验的关注点不同

就像之前我在本书前言中提到的一样，我们可以从更宏观的角度看待这个问题。

体验设计只是体验领域的一个环节，在很多企业，体验设计也许没有那么重要，但是体验本身是非常重要的。因为对于企业来说，如果给目标人群提供卓越的品牌体验、使用体验等，目标人群必然会不断通过购买企业的产品 / 服务来获得更卓越的体验，由此形成一个正向反馈。只有这样，体验的商业价值才是多面的，可以根据企业对体验的诉求不同，找到与体验最好的结合点，把体验的价值发挥到最大，让体验从“锦上添花”变为“雪中送炭”。

当前的经济环境处于下行趋势，企业会更加关注营收和投入产出比，如果作为体验领域从业者的我们，可以从体验侧服务好客户，让其收获卓越的体验，同时通过量化手段建立起体验和企业营收之间的正相关关系，那体验岗位肯定会不断得到企业的各类资源倾斜，也就从根本上解决了当前体验设计群体在企业中面临的窘境。

这需要我们企业级体验从业者不断努力，虽然现在企业经营环境严峻，但是只要我们紧紧抓住企业所服务的目标人群的体验需求，不断提升体验质量，就一定可以让企业级体验工作的星星之火呈现燎原之势，让企业级体验领域的发展成为大势所趋。

12.1.2 新经济常态下，企业级体验的应对策略

在许多重大因素的影响下，我国经济进入了新常态。相比于之前经济的高速增长，未来的经济环境可能具有更多的不确定性，因此很多企业也提出了类似“去肥增瘦”等策略，来提升企业的抗风险能力。

那么，企业内部的体验团队应该运用哪些策略来不断巩固和发展自身呢？在充满不确定因素的经济背景下，我们如何推动企业与其服务的目标人群建立起牢固的企业级体验生态，最终让企业可持续发展呢？下面我将给出三个原则性策略。

1. 要认识到企业级体验是一项长期的价值投资

在经济下行趋势下，企业对外投资会变得更加谨慎，个人和家庭也会减少不必要的开支，捂紧口袋。很多企业会下意识地减少体验投入，其实这样做往往适得其反。

我们需要知道的一点是，企业对体验进行投资，就是不断加强企业与其服务的目标人群之间的信任关系，提升目标人群对品牌的信任度。同时，建立品牌体验的过程也是建立品牌知名度的过程。在经济下行时期，我们发现知名品牌更容易生存，因为人们对知名品牌更加信任。这其实是互相促进的。建立品牌知名度是一个长期投资，所以要正确看待企业级体验的价值。

2. 关注复购率

企业往往更加关注对于老客户的维护，因为无论是企业还是个人，在面对未来不确定的经济发展趋势时，都会更加倾向于长期合作，规避风险。

而企业通过对体验的持续投入，能不断巩固其与目标人群之间的合作关系，增加复购率，获得高投入产出比，在未来建立巨大的竞争优势。

3. 不要停止体验创新

只有不断进行体验创新，企业才会有持续的生命力。在经济下行时期，企业不但不能砍掉体验创新项目或解散体验团队，反而应该进行反周期投资，以此来建立

领先于整个市场的竞争优势。

企业要对体验工作做出有信心的投资的确不容易。但作为企业级体验从业者，我们应该通过对体验价值的挖掘，并运用一些合理的、接地气的策略进行体验创新，让企业认识到体验的价值。

12.2　职业转型之路不是坦途

前面我们讲到企业级体验的一个侧面——体验设计面临的窘境，也提到了企业级体验未来的光明前途，然而作为体验设计师，要踏上职业转型之路也并非那么一帆风顺。本节将探讨体验设计岗转型为企业级体验岗经常会遇到的问题。

12.2.1　进入企业级体验领域是正确的选择吗

我想先给大家讲一个故事——股神巴菲特关于价值投资的故事。

可口可乐公司是全球最大的饮料公司，拥有全球 48% 的市场占有率，巴菲特充分认可其公司的在碳酸饮料市场的巨大价值，由此可口可乐公司成为巴菲特首选的投资目标企业。

从 1977 年到 2003 年，26 年间，巴菲特持有可口可乐股票从未动摇，投资收益率高达 681.37%。

尽管这期间可口可乐公司也一度出现过业绩下滑，但巴菲特坚持对其长期竞争优势的信任而绝不把股价的一时跌涨作为持有或卖出的标准。1997 年，可口可乐公司的股票资产回报率为 56.6%，1998 年下滑到 42%，1999 年更跌至 35%。许多投资者纷纷抛售可口可乐公司的股票，但巴菲特不为所动。

他坚决持有可口可乐公司股票，并与董事会一起解雇了可口可乐公司原 CEO 艾维斯特，聘任达夫为新的 CEO。不久之后，可口可乐公司重振雄风，为巴菲特继续创造高额投资回报。

可口可乐公司的百年辉煌业绩，使它成为一个不败的股票传奇。巴菲特曾表示自己“打死也不卖”这只股票。

为什么巴菲特能成为股神，并不是他具有多么高明的炒股手段，主要是因为他的核心理念——价值投资，不会因为短期的波动而随波逐流。

我们选择职业方向也是一样的，要从价值投资的角度来看待。我们从事的企业级体验工作就是与人的欲望打交道，只要有人存在就会有各种欲望，也就需要各类企业提供产品 / 服务来满足人的各种欲望，当然也包括未来占比会越来越大的体验需求。

所以企业级体验领域是为了满足人们不断更新的体验需求而存在的，而这将是一个永恒的话题，永远不会被时代所抛弃。足见，进入企业级体验领域是一种价值投资。

说到这里，你还对转型进入企业级体验领域这个决定有什么质疑吗？不要质疑，这一定是个正确的选择。

12.2.2 你做好准备了吗

有些读者通过上面的介绍，可能已经对进入企业级体验领域摩拳擦掌、跃跃欲试了。但是作为初学者或转型者，你有没有从道、法、术、器四个层面（见图 12-2）做好准备呢？

- “道”就是“原理、规律、本质”。要进入企业级体验领域，要先把基本原理和来龙去脉搞清楚：自己是否对企业级体验理论有着深入的认识，有没有一套底层的方法论做支撑，对于企业级体验能给企业带来什么样的商业价值是否认知清晰？
- “法”就是“战略、计策”，转型进入企业级体验领域，你有没有想好方法？比如，进入企业级体验领域，可以“冷启动”也可以“热启动”。“冷启动”就是从零开始学习企业级体验管理的体系、方法、工具等。“热启动”就是利用自身现有的领域知识直接进入企业级体验领域。
- “术”是“战术、技巧”，即具体可以实施的步骤，在这里就是你有没有为职业转型确立行动指南，首先做什么，接着做什么。比如作为体验设计师要进行转型，第一步可以先扩大自己的工作范围，在做好设计的前提下做一下体验满意度问卷。第二步则通过第一步中收集到的体验数据，锻炼自己的数据处理和分析能力，进而尝试搭建体验指标体系。
- “器”是“工具、技术”。要想进入企业级体验领域，需要掌握专业技能，了解该领域经常使用哪些工具，比如培养旅程管理能力、体验创新设计能力等，以及需要熟练掌握旅程绘制工具——体验旅程图的使用。

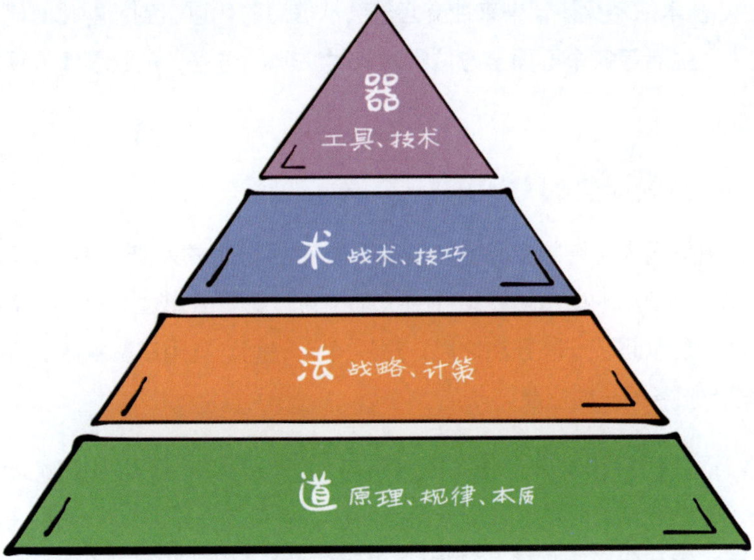

图 12-2 道、法、术、器

只有在道、法、术、器这四个层面想清楚了，你才能准备进入企业级体验领域。

12.2.3 行动永远比想重要

记得在股市中有一个说法，当买菜的大爷大妈都知道要投资股票赚钱的时候，股票基本上要大跌了。因为机会永远留给那些先行动的人。

当前企业级体验领域还处于萌发阶段，也没有特别成熟和被一致认可的理论与方法，所以这个行业还在野蛮生长，只有多多实践才知道如何把企业级体验工作落实在实际中。只有实践才能让企业认识到企业级体验的价值，产生更多的相关岗位，让企业级体验理论发展壮大。因此，目前的企业级体验领域还有很多值得期待的机会。

只要认清了企业级体验的底层逻辑和核心价值，就不要犹豫，撸起袖子加油干，机会是不会等你的。

12.3 AI 对企业级体验的重塑

技术的进步深刻影响着人类社会的发展，从蒸汽机时代到电力时代再到信息时代，每个时代都见证了科技为商业和社会关系带来的根本性变化。

目前 AI 技术依然火热，未来社交必然会从信息时代过渡到智能化时代，最终从经济、文化、生活等各个层面全方位影响人类文明的进程，企业级体验领域也不会例外。

12.3.1 从当前最火的 ChatGPT 说起

最近，由美国人工智能实验室 OpenAI 发布的对话式大型语言模型 ChatGPT（Chat Generative Pre-trained Transformer，聊天生成型预训练转换器）在各大中外媒体平台掀起了一阵狂热之风。短短 4 天时间，其用户量到达百万级，注册用户之多导致服务器一度崩溃。

它能够通过理解和学习人类的语言来与人进行对话，还能根据聊天的上下文与人互动，真正像人类一样与人聊天交流，甚至能完成撰写论文、邮件、视频脚本、文案，翻译，编写代码等任务。它也能够回答“企业级体验是什么”，如图 12-3 所示。

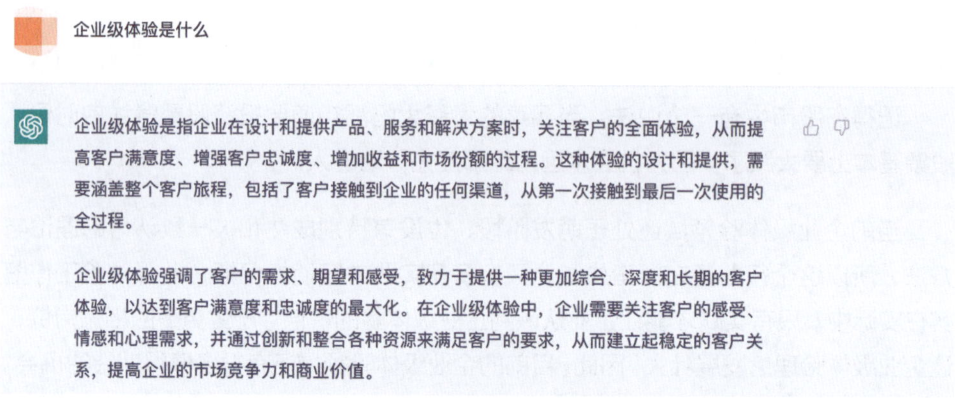

企业级体验是什么
企业级体验是指企业在设计和提供产品、服务和解决方案时，关注客户的全面体验，从而提高客户满意度、增强客户忠诚度、增加收益和市场份额的过程。这种体验的设计和提供，需要涵盖整个客户旅程，包括了客户接触到企业的任何渠道，从第一次接触到最后一次使用的全过程。
企业级体验强调了客户的需求、期望和感受，致力于提供一种更加综合、深度和长期的客户体验，以达到客户满意度和忠诚度的最大化。在企业级体验中，企业需要关注客户的感受、情感和心理需求，并通过创新和整合各种资源来满足客户的要求，从而建立起稳定的客户关系，提高企业的市场竞争力和商业价值。

图 12-3 ChatGPT 对于“企业级体验是什么”的回答

继 AI 绘画之后，ChatGPT 的横空出世让其成了新的流量收割机，写代码、写论文、写小说、做题……它什么都会！连马斯克都认为“ChatGPT 的功能太强大了，我们距离强大而危险的 AI 已经不远了”，如图 12-4 所示。

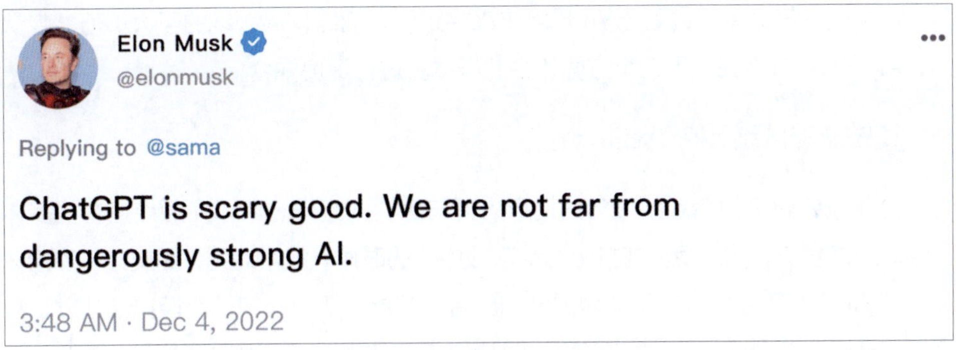

图 12-4 马斯克的言论

以 ChatGPT 为代表的 AI 技术自诞生以来，已经获得了巨大的进步。AI 从最初的一个理论概念，发展到现如今，已经深刻影响到人类社会的方方面面，无时无刻不在改变着我们的生活和工作方式。

12.3.2 企业级体验的未来必然与 AI 深度融合

AI 技术具有巨大的影响力，其影响力也将持续而深远地影响着企业级体验领域未来的发展。2022 年，麻省理工学院的《客户体验的未来工作》报告中展示了对 800 名高管和一系列专家进行访谈的结果，在涉及正在使用或未来即将使用哪些工具与技术来改善企业级体验的统计数据中，我们发现与 AI 技术相关的霸榜前三名，分别是 AI 培训与辅导（占比 93%）、AI 绩效监控与评估（占比 92%）、AI 聊天机器人与语音机器人（占比 90%），如图 12-5 所示。

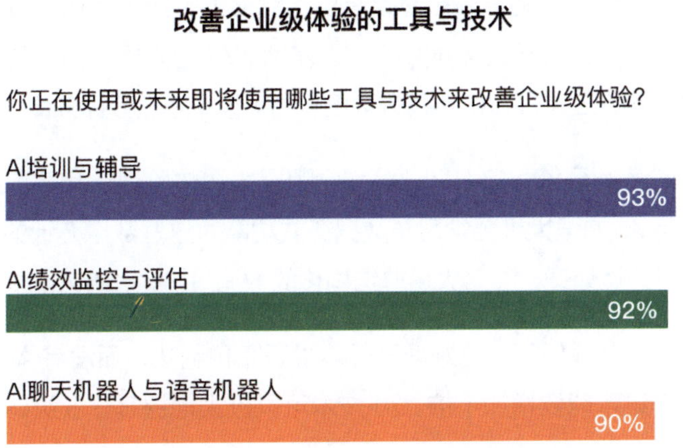

图 12-5 改善企业级体验的工具与技术前三名

从上面的统计中可以看出 AI 技术未来将赋予企业级体验领域的巨大价值。我认为，AI 技术未来将在以下三个方面和企业级体验进行深度融合。

1. 在体验触点上相互促进

企业级体验来自企业所服务的目标人群与企业的互动，所以在触点上有很多体验痛点亟待解决。例如我们在打电话给客服中心的时候，经常遇到“踢皮球”现象，而有了 AI 技术后，可以基于问题内容的聚合与智能分析进行电话路径自动分发，将客户与最适合处理该问题的客服座席匹配起来，有效解决“踢皮球”问题。

同样地，AI 技术的发展能让企业针对目标人群提供更加有深度的定制化体验服务，做到“千人千面”，因此，未来会有越来越多的企业使用诸如 ChatGPT 等各种 AI 技术，这样目标人群对于定制化体验的需求将日益高涨，反过来也能推动 AI 技术的不断发展，为 AI 技术找到更多的商业落地场景。

比如企业通过部署类似 ChatGPT 这样的智能客户机器人，可以在售后服务场景下为个体客户提供量身定制的一对一沟通服务，相比于当前客服系统与客户千篇一律的互动来讲，体验会有本质上的提升。客户对于售后服务的体验有了更高的期望，能不断推动 AI 三大支柱算力、算法、数据技术的提升，最终应用在智能客服领域提供更好的个性化使用体验。

2. AI 技术可以很好地赋能企业级体验，提升交付效率

企业向目标人群交付的体验必然是高度定制化的，所以其中涉及的工具和工作流程必然和传统的标准化产品 / 服务有很大差别。AI 的人机协同和融合的技术特点让企业级体验领域的工作方式和实践有了更多的可能，必然会提升体验交付的效率。

很多企业的各类系统，如 CRM 等都会积累大量体验数据和客户原始数据。我们可以通过运用 AI 的强大机器学习与数据算法功能对这些数以万计的邮件、文档、视频、语音进行分类处理，并对大量非结构化的数据进行预排序和分析。

通过这些工作，我们可以更好地进行体验研究和洞察，而没有 AI 技术的帮助，类似这样的工作量可能要增加十倍。AI 技术可以极大地提升企业级体验各项工作的效率。

3. AI 技术让企业级体验的交付方式发生巨大的变化

在当前的企业实践中，体验交付是需要通过企业所提供的产品 / 服务这个载体来实现的，所以我们更多时候要关注产品 / 服务本身的质量，但是因为 AI 技术的出现，体验交付的方式有了更多的可能。我们利用 AI 技术，通过分析目标人群背后的体验行为和体验态度，了解其体验意图，可以为其交付卓越体验，把交付的注意力更多地放在数据和体验本身。

例如，在电商领域，我们可以充分利用 AI 技术，通过数百亿个体验数据点来描述买家个体的体验特征。比如其中的一些体验数据涉及以前的沟通、购买偏好、交易方式、推荐来源等。据此，企业可以让 AI 主动分析出某类活动应该让哪些客户关注，向特定的客户提供有倾向性的产品或服务。

12.4 企业级体验的理想国

《理想国》是古希腊哲学家柏拉图（公元前 427 年—公元前 347 年）创作的哲学对话体著作。在这本书中，柏拉图详细论述了自己心中对理想国的伟大畅想，这本书可以说代表了整个希腊文化体系中对于未来的美好向往。

在企业级体验领域，我们也需要有自己的理想国，它代表了我们对企业级体验领域未来发展的美好憧憬。在我个人的企业级体验理想国中，会有如下美好的事情发生。

1. 企业交付的体验成为独立的交付物

我憧憬着未来体验经济时代会真正来临，那个时候企业交付的体验本身就是一件产品 / 服务，作为企业级体验从业者的我们可以很自豪地告诉周边的朋友，我是从事体验工作的，就像从事金融、设计、互联网工作一样稀松平常。在未来物质供给高度充盈的社会里，大家消费的就是体验本身，一切的产品都是围绕着不断交付卓越体验这个最终目标而产生的。体验成为人类社会的终极需求。

2. 体验战略成为企业的核心战略

在未来的企业日常经营活动中，体验战略将成为企业的核心战略，即企业日常经营工作的指导思想，也能指导企业各级员工的日常工作。在未来的企业中，一切工作都是围绕着体验展开的，围绕着客户、员工、合作伙伴等目标人群的人性满足和人文关怀。

3. 体验驱动型企业成为市场主体

在未来的市场经济时代，体验经济将成为市场经济中的主流模式，在这样的环境下，体验驱动型企业会成为市场中的主体。在未来激烈的商业竞争中，只有不断为其所服务的目标人群交付卓越体验，企业才能建立起独特的竞争优势，在激烈而残酷的企业竞争中屹立不倒，成为“百年老字号”。

以上就是我建立的企业级体验理想国，这是我的一丝憧憬。

后记

前进路上且行且阻，砥砺前行

本书记录了我工作以来对于企业级体验工作的一些心得，虽然算不上真知灼见，但也是敝帚自珍。希望这本书可以给从事企业级体验工作的同行们，或者想转型进入企业级体验领域的读者们带来一些参考和启发。如果能为这个领域贡献一些见解，我倍感欣慰。

这几年，随着数字化的兴起，互联网企业掀起体验热潮，“体验”这个词越来越多地出现在各个场合。

但是我们也应该清醒地认识到，目前流行起来被提及最多的还是 CEM，即客户体验管理（Customer Experience Management）。很多第三方软件公司都开始对外销售 CEM 系统，而一些风投公司也开始在这个领域进行投资。

国外体验管理平台 Qualtrics 在纳斯达克成功上市，Qualtrics 的开盘价为 41.85 美元，较发行价上涨 39.5%；收盘价为 45.5 美元，较发行价上涨 51.67%；以收盘价计算，Qualtrics 市值 273 亿美元，把体验管理这个领域炒得火热。

目前市面上的“体验管理”系统，往往只是用于收集各类体验数据及构建数据看板的线上系统，充其量只是为企业级体验提供数字化数据收集与展示的工具。这只是完整企业级体验工作的冰山一角，解决不了企业级体验面临的诸多重大根本性问题。

“如何在企业中体现体验的价值，而不只是发放调查问卷？”

“如何把企业级体验方法论用到各行各业，而不仅仅用于面向终端消费者的 C 端企业？”

“如何在企业内部建立起完整的从战略到落地实施的企业级体验指标体系，而不仅仅只对体验进行修修补补？”

“如何通过企业级体验工作让企业在商业环境中获得巨大成功，而不仅仅让体验成为‘花架子’？”

……

所以说，未来企业级体验发展之路任重道远，让我们在前进的道路上且行且阻，砥砺前行。

做时间的朋友，等风来

我们要做时间的朋友。

虽然现在企业必须借助产品 / 服务来为各类目标人群交付卓越体验，但是在人类社会物质供给极大满足的前提下，我们必然会迎来精神需求的大爆发，在企业的经营活动中，企业级体验的商业价值贡献度占比肯定会越来越高。

我坚信以下趋势会成为现实。

- 企业级体验工作将在各行各业普及开来。
- 企业级体验团队将成为一个“业务部门”，不再是成本中心。
- 越来越多的企业将会把企业级体验作为其核心战略。
- 对企业级体验领域的方法论、分析模型等的创新将会百花齐放。
- 充分利用大数据、AI 等前沿技术，通过企业级体验工作让体验的个性化需求与对企业交付物大规模可复制的要求不再矛盾。

我们需要做的就是在方法论层面不断完善企业级体验的内涵与外延，在实践层面不断勇于尝试、敢于尝试，然后，等风来！

感谢

原本以为列好提纲就可以顺利写完，真正动笔写的时候却踟蹰良久，方觉写书不易。

在撰写本书的过程中，我遇到很多困难，非常感谢家人、同事和朋友的大力支持，在此表示感谢。

我要特别感谢我的妻子孙魏欣一直以来对我工作的无条件支持，家里的琐碎家务一概承担。感谢我的母亲、岳母、妹妹等家庭成员一直以来对我的支持和照顾，感谢我最可爱的宝贝闺女，是她让我有了不断前行的动力与勇气。

感谢联易融 CTO 钟哥对体验工作的全面支持，感谢创意设计团队的张慧丽为本书绘制了绝大部分插图，感谢客户研究团队的顾菲、李梅、祁文静为本书做了资料编辑、书稿校对等细碎的工作，感谢产品设计团队的胡明波、陈豫及其他各位同事在我写书过程中给予了帮助。

感谢卯时创意的创始人张真、朋丽两位女士，在我不断因修改书稿而挠头的日子里给予我各种支持。

感谢北京师范大学心理学部应用心理专硕 UX 方向的刘伟老师、辛欣老师，以及 18 级的同学们对于本书案例材料的贡献。

还要感谢电子工业出版社博文视点的董英、孙奇俏两位老师，她们在我写书过程中给我提供了很多专业的建议和指导，让本书能够以最佳状态呈现给各位读者。

最后还有很多同事和朋友需要感谢，这里就不一一列举了。感恩，我的朋友和同事们！